统计学实验指导教程

（第二版）

主　编／谭　莹

副主编／陈利昌　范文正　呙玉红　李宗璋　石　敏

科学出版社

北　京

内 容 简 介

本书是经济管理类专业“统计学原理”课程的配套教材。通过具体案例分析、实际操作、习题解答等方式，将“统计学原理”部分应用到具体的经济、管理类专业学习中，提高学生有关数据收集、处理及应用等的基本技能。本书中的案例根据经管类专业的学科特点编写，注重对宏观经济现象、社会关注热点及各类企业在生产经营中问题的描述，让学生可以结合本专业的特点有针对性地学习应用。

本书适合经济管理类的本科、专科以及高职高专学生阅读及参考，既可作为学生用书，也可作为教师的参考书。

图书在版编目（CIP）数据

统计学实验指导教程 / 谭莹主编. -- 2 版. -- 北京 : 科学出版社, 2025. 6. -- ISBN 978-7-03-082568-1

Ⅰ. C8-33

中国国家版本馆 CIP 数据核字第 2025U42W04 号

责任编辑：王京苏/责任校对：贾娜娜

责任印制：张　伟/封面设计：有道设计

科 学 出 版 社 出版

北京东黄城根北街 16 号

邮政编码：100717

http://www.sciencep.com

三河市骏杰印刷有限公司印刷

科学出版社发行　各地新华书店经销

*

2017 年 3 月第　一　版　　开本：787×1092　1/16

2025 年 6 月第　二　版　　印张：16

2025 年 6 月第五次印刷　　字数：376 000

定价：68.00 元

（如有印装质量问题，我社负责调换）

前言

Preface

统计学是以社会经济现象为研究对象，收集、整理、描述和分析统计现象的方法论科学，在自然科学和社会科学中都有广泛的应用。在当今的信息化和数字化时代，统计学科也遍及几乎所有的学科，教育部把统计学列为高校经济、管理类专业的核心（基础）课。对高校的经济管理类专业建设来说，关键的问题是如何将高深晦涩的统计学原理部分应用到具体的专业学习中，提高本学科学生有关数据处理的基本技能。因此，加强经济管理类专业“统计学”实验课程内容的改革及优化体系的研究，对于提高经济管理类学生的培养质量有重要的意义。

统计学内容十分丰富。本书侧重于统计学的应用和实践，把统计知识的学习与计算机软件运用有机结合，采用 Microsoft Excel、R、SPSS 三种软件作为数据处理工具。Excel 是普及的数据处理和分析软件，非常便于统计计算和统计作图。在本书各章中，结合实例介绍其应用。R 是基于 R 语言的一种便捷的免费统计软件，它不仅提供了丰富的数据分析技术，功能十分强大，而且其更新速度快、使用灵活，可以包含很多最新方法的实现方案，它的绘图功能是其他统计软件难以比拟的。SPSS 也是著名的统计分析软件之一，“易学、易用、易普及”已成为 SPSS 软件的最大竞争优势之一，大量成熟的统计分析方法、完善的数据定义操作管理、开放的数据接口以及灵活的统计表格和统计图形，更是 SPSS 长盛不衰的重要法宝。

党的二十大报告指出：“我们要坚持教育优先发展、科技自立自强、人才引领驱动，加快建设教育强国、科技强国、人才强国，坚持为党育人、为国育才，全面提高人才自主培养质量，着力造就拔尖创新人才，聚天下英才而用之。”[①]教材是教学内容的主要载体，是教学的重要依据、培养人才的重要保障。在优秀教材的编写道路上，我们一直在努力。

本书第二版各章执笔人如下：谭莹（第 1 章，第 11 章），范文正（第 2 章、第 12 章），陈利昌（第 7 章、第 10 章），冈玉红（第 5 章、第 6 章），李宗璋（第 8 章、第 9

---

① 《习近平：高举中国特色社会主义伟大旗帜 为全面建设社会主义现代化国家而团结奋斗——在中国共产党第二十次全国代表大会上的报告》，https://www.gov.cn/xinwen/2022-10/25/content_5721685.htm[2022-10-25]。

章），石敏（第 3 章、第 4 章）。

本书得到广东省本科高校教学质量与教学改革工程建设项目“经管类专业《数据处理及分析》平台课教研室”项目资助。

感谢为本次修订提出宝贵意见的教师和读者。感谢科学出版社对本书出版的大力支持。

由于作者水平所限，书中的不足和疏漏之处在所难免。敬请读者提出宝贵意见，以便进一步修订和改进。

谭　莹

2025 年 5 月 20 日

目录

Contents

第 1 章

社会研究的一般方法

1.1 社会研究的一般步骤和方法

社会研究不同于自然科学研究，研究选题来自社会和日常生活中常见的、与人们生活相关的问题，如“性别平等”“环境保护”“老龄化”“网络化”等问题，这种看起来很普通的问题，经常会引起大家的关注，大家想去探讨背后可能会存在的问题及引发的原因。但要找到一个可以研究、值得研究的问题还需要一定的思考和梳理，因为社会的因素很复杂，如何从复杂因素中将真实问题剥离出来，需要一定训练和指引的过程。

1.1.1 怎样找到研究问题

选择一个研究的课题是进行任何一个项目的起点，也是整个项目过程中最重要和最困难的工作之一，可以说完成了一个好的项目选题就完成了一个项目 50%的工作。初次进入研究领域的研究者都会说，我有很多的“ideas”（想法），但我不知道怎样确定“研究课题”，又或者“这个课题可不可行？”，这些是初学者普遍会遇到的问题。例如，有些同学感兴趣的研究课题是“对大学生消费习惯和消费观念的调查”“对大学生失眠影响健康的调查”等，这些课题的问题不是特别明确，还可以继续深挖以寻找可行的研究问题。但实际上课题和研究是否可行，需要研究者通过大量的材料阅读和数据收集才能确定，是自己在寻找课题的过程中逐渐确立起来的，光是一个题目很难确定研究可不可行。所以，要有一定的方法和技巧来学习怎么寻找课题，如何来甄别有意义的研究课题。

一般来说，课题的选择要具有以下的特征：①重要性，就是所关注的问题是否对社会具有重要的意义。②明确性，对于该问题的描述是否准确清楚，易于理解。③相关性，和你们的生活是否有关联，能否进行一手数据的观察和获取足够数据来开展研究。

那么通常情况下，可以按以下的步骤来确定研究问题：①试着用一句话概述你所关心的问题。②你为什么选择这个问题？你在哪里观察到这个问题？有没有身边的故事和实例？这个问题是怎么影响到你或者别人的生活的？③你有没有查阅相关的背景资料来确定这个问题？有没有办法接触到直接受影响的对象？是否可以获取充足的样本？④在有限的时间内，你是否可以选择一个很小的角度来研究（如从缩小样本人群、限定时间、特点地域、精减原因和结果等多个角度进行考虑），对于这样细分的角度，是否可行？如果可行，请写下你的具体研究问题。⑤你能回答研究问题吗？比如是什么原因造成的，或者会产生什么样的结果，你有猜想吗？这些猜想和你最初的研究假设一致吗？请写出你的研究假设。⑥你试图用什么样的方法来研究这个问题？在研究设计上有什么想法吗？试图怎样收集这些数据？采取什么样的方法？例如，是否采用调研、实验或者田野调查的方法。

1.1.2 社会科学研究的方法

本书的研究分为社会科学的研究和自然科学的研究，一般来说，科学研究问题的方法是提出问题、仔细观察、探究方法、反复试验、根据现象得出结论。具体来说，第一步要提出问题，这个问题应是具有社会性的问题，通过仔细观察和查找文献，缩小自己的研究范围。第二步选择研究方法，如调研、实验或者田野调查，获得一定的数据，进行一定的分析。最后经过现实的分析得出一定的结论。

明确问题就是根据调查的目的，确定想要获得的数据，然后明确调研的问题。这看起来是非常容易的，但在实际的调研工作中，如果调查组织者不认真思考，不经过深入的沟通和分析，是很难确定的。社会问题的研究一般指影响社会中大部分人的、普遍的社会现象或行为，通常这些影响是负面的，需要我们关注和改善，如“超前消费”“沉迷网络”“性别歧视”等，这些问题都有复杂的成因。我们经常看到这些社会问题引发的各种争论，它们涉及日常生活中的方方面面，在不经意间影响我们的生活。如何发现问题，主要有以下两种方法。

1. 看看专家怎么提出问题

首先，将你关注的问题进行梳理，去查阅资料，看一下专家是怎么观察的。一种方法就是用关键词去搜索，看一下别人的研究是什么，总结一下。例如，对大学生的“超前消费”现象进行研究，用关键词去搜索，有许多题目，总结一下可能有：有关网络时代消费观的问题；有关消费信贷对消费行为的影响；消费心理对消费行为的影响；朋友圈消费对消费行为的影响研究。对这些研究的关键词进行总结，再归纳出自己感兴趣的研究内容。例如，考虑最近比较火的网络主播，研究网络主播对消费者行为的影响是一个比较新的课题，也可以具体化到一个因素对另一个因素的影响，再去细化研究网络主播具有哪些特征，如性别、文化程度、内容等，也可以对不同的内容进行分类，如服饰、化妆品、食品等。这样就可以逐渐地将内容缩小，归纳出所要研究的变量，再思考研究的变量之间是什么关系，是因果、相关还是没有关系；研究的因变量和自变量之间应该是什么关系；可能会构成什么样的模型；更进一步有可能会用到什么方法进行分析；符不符合我们的假定；和以前所学的经济理论及其他理论是一致的还是相互矛盾的；可否用理论去解释这些问题。

2. 观察身边的现象，提出相关问题

鼓励初次研究者就自己本身所关心的课题提出问题，而不是因为“方便”或者“现成”，迫于各种原因去研究自己不感兴趣的课题。世界上有很多的社会问题，需要研究者深入地思考。一旦进行有意识的研究，就会发现以前忽略的问题。

例如，当你在餐厅吃饭，你发现很多菜的口感不太好，你怀疑是预制菜；你辛苦一天，顺手在超市买了一包预制菜方便回家做饭。同样都是预制菜，你的感受和选择为何不太一样？由此联想出预制菜是否安全？消费场合和范围是否有要求和标准？是否应该告知消费者？政府和厂商可以采取什么方式来减缓人们的疑惑和让人们放心消费？你准备从哪些角度去研究？等等。就这样不断地提出几个问题，就可能会有不错的选题和方向。社会问题的研究就在我们的生活中。

再如，当你看到爷爷奶奶看着你们用电子产品获得新信息时，有没有想过他们其实也非常想学这些新科技？可是哪些 App 的功能是适合老年人的，有什么方法可以让老年人快速入门呢？这类 App 的开发对于商家来说，是不是有兴趣，是否可以通过一些途径（如补贴）来为针对老年人的 App 开发提供支持？

进一步，将提出的社会问题进行具体化。同一个社会课题，可以展开很多研究题目，研究问题肯定比社会问题的范围还小，可以分析成因、影响，要说清楚研究什么。

（1）这个问题值得去研究吗？是否显示了你们思考的深度？还是仅仅总结了一个大家都已经知道的事情？例如，大家都对“食堂菜谱”进行研究，但“食堂菜谱研究”如果只是罗列菜谱和每个菜谱的历史来源就没什么深度；如果研究菜谱和受欢迎程度之间关系，以及背后的校园饮食文化、健康关系及社会饮食文化的演进，就显然有了深度和可研究的内容。

（2）问题足够具体吗？有合适的范围吗？问题的具体化可以通过适当缩小研究区域、研究对象来进行，尤其注意人群、地区和年代的范围界定。例如，“青少年拖延症普遍性研究”不是个好题目，到底要研究什么地区？青少年是几岁到几岁？为什么要研究这个人群？显然此题目未写明这些内容。

（3）问题表述得清楚和完整吗？读者看得懂吗？在进行很多研究之前可能并不清楚这一点。可以用十几个字写出来，看写出的问题是否能让大家看明白。

1.1.3　好的研究问题的标准

在任何社会问题的选题中，都有值得研究的具体问题，对于这个问题的研究，没有现成的答案，需要通过实验和理论推理来验证。但是从整体上来说，一个好的研究问题通常具备以下几个特征：①具体。小而明确的题目，才能帮你指定明确的研究目标。②清晰。清晰阐述所要研究的内容，不会产生歧义。③探索。能够穿过事物的表面，去追求深层的原因。④有趣。挑战自己，从不同的角度去看待问题。

从以下几个具体的案例可以看到，研究问题从大的学科范围缩小到某一领域的问题，再细化成研究问题的过程，最好研究的变量是可以测量或者可以通过相关的变量进行度量的。

（1）感兴趣的方向：社交媒体。

社会性问题：过度使用社交媒体 App 对青少年有害吗？

具体的研究问题：不同的社交媒体 App 的使用强度会如何影响青少年的自尊心？（缩小为使用强度对自尊心的影响，使用强度和自尊心都要可以测量。）

（2）感兴趣的方向：自律和成功。

社会性问题：许多成功者的特点是自律性。

具体的研究问题：如何适度地自律以提高效率和改善生活状态？

（3）感兴趣的方向：青少年性教育。

社会性问题：青少年性教育不科学会引起一些青少年成长问题。

具体的研究问题：如何寓教于乐，建立青少年对性教育正确的认识和态度？

（4）感兴趣的方向：性别研究。

社会性问题：社会文化如何影响职场中的性别角色？

具体的研究问题：中西方审美标准的碰撞如何影响中国服务业中对性别角色的看法？

1.1.4 将所研究的问题进行分层次研究

在确定了研究主题以后，就要对问题进行深入研究，然后分层次进行问题的剖析，逐渐对问题进行细化。例如，前述的“青少年性教育”的例子中，首先要确定的是青少年性教育的正确认知，正确的认知有哪些？可以从卫生健康的层面，可以从道德的层面，也可以从性发展的层面开展。然后针对这些层面的认知，采取什么样的方法比较好呢？如果从讲故事的角度，这种适合多大的孩子？如果从实际案例的角度，适合多大的孩子，说服力在哪里？通过这样一环环的提问，就会逐渐形成不同的思路、进行合适的研究。再如，一个调研机构在调研居民对政府工作评价的课题，就要将调查的目的细化，从不同的层次和角度进行分析，可以从生活水平的提高、居住环境的改善、教育资源的获得等方面明确所要调研的主题，然后再根据主题确定合适的调查问题。

要达到此效果，可以将所涉及的问题全部列出，然后逐个地讨论，根据各个问题的重要程度进行分类，重要的问题放在前面，不重要或者无关的问题放在后面。

1.1.5 设计研究内容的假设

在研究中，需要设计一定的研究假设（research hypothesis），它是研究者根据经验事实和科学理论对所研究问题的规律或原因做出的一种推测性论断和假定性解释，是在进行研究之前预先设想的、暂定的理论。简单地说，研究假设即研究问题的暂时答案。主要分为：描述性假设、解释性假设、预测性假设、内容性假设。假设的功能在于，它不仅是一种带有方向性的有待验证的想象，还影响如何确定研究活动的过程、研究逻辑和研究途径。假设不是无目的地胡思乱想，而是把大脑思索的范围限制在所研究的问题上，从而使研究者探索目标更加有的放矢。一旦形成假设，研究人员可以根据确定的目标，在限定的范围内有计划地设计、进行一系列的研究活动。因此，假设是社会科学研究探索的必经阶段，是准确把握学术研究的正确途径和有效手段。

要提出一个好的假设，必须注意把握科学合理假设的主要特点：一是具有科学性。即假设的提出要合乎规律、合乎逻辑，它是建立在已有的科学理论或事实的基础上的，而不是毫无事实根据的推测和臆断；二是陈述具有明确性，即假设要以清晰、简明、准确的陈述方式，说明两个或两个以上变量间的期望关系，切忌宽泛、冗长、模糊；三是具有可检验性，即变量间的期望关系能被研究及以后的实践证实，这是科学假设的必要条件。

研究假设是对研究问题的预测回答，而检验研究假设的好标准是，圈出因变量和自变量，并知道收集、衡量这两个变量的方法。假设阐明了因变量和自变量的关系，我们可以通过以下方法将提出的研究问题和研究假设进行联系。

（1）你的假设真的回答了问题吗？成因的问题应该回答原因或结果，对比的问题应该回答异同，描述性问题应该回答定性定量的描述。

（2）你能找到因变量和自变量吗？有变量间关系的论述吗？如果找不到自己所研究的变量，可能是没说清楚变量。

（3）你的假设可以被论证和测试吗？不可知或不能衡量的东西不能作为变量。例如，“每个学生都受到妈妈好学程度的影响”，学生和妈妈的好学程度，这个假设根本无法证明，如果把这两个因素变成孩子的成绩和妈妈受教育程度这两个可以衡量的变量，则“妈妈的受教育程度会影响孩子高中成绩”这个假设就可以成立，而且变量也可以测量。

（4）你的假设能找到相关的文献或事实依据支持吗？可以通过相关的事实及文献来证明和佐证，如果找不到任何支持的材料，那很可能这只是你的主观猜测。

（5）阐述是否清晰？阐述不要模糊，不要用难以理解和有歧义的词，尽量使用准确的、专业化的术语。

案例 1.1

期望确认理论（expectation confirmation theory，ECT）是由 Oliver（奥利弗）于 1980 年提出的，是研究消费者满意度的基本理论，主要的概念为消费者通过购前期望与购后绩效表现的比较，判断对产品或服务是否满意，而满意度成为下次再度购买或使用的参考（图 1-1）。

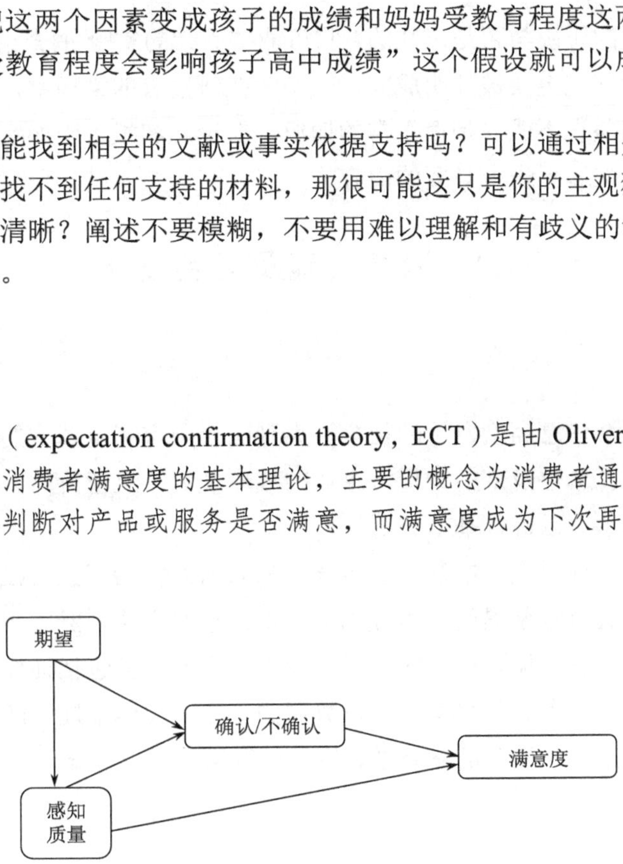

图 1-1　期望确认理论

可以根据这个理论提出以下几个研究假设。

H1：用户对××的期望确认与他们对××的感知有用性呈正相关。

H2：用户对××的期望确认与他们对××的满意度呈正相关。

H3：用户对××的满意度与他们持续使用××的意愿呈正相关。

H4：用户对××的感知有用性与他们对××的满意度呈正相关。

H5：用户对××的感知有用性与他们持续使用××的意愿呈正相关。

一个好的研究假设要说明变量间的关联性，以及存在何种关联。通过经济学理论或者管理学理论提出假设，并且这些假设可以转成适当的、可以测量的变量，再进行统计学的分析就构成相对比较完整的分析框架了。

当然并非所有的研究都需要假设。通常，描述性研究、探索性研究不需要假设，但是定量研究中的实验研究、预测研究和评价研究等，它们往往要建立理论模型，通过参数检验、非参数检验、相关分析、回归分析、对数线性模型等高级统计分析方法分析模型中各因素间的关联程度，从而达到检验理论模型的目的，这些研究都需要有研究假设。

当然研究假设的正确与否是未知的，它可能被后续的实验/调查结果支持或否定。如果提出的所有假设都一定要被证明成立，一切都在研究者的掌握中，那就没有研究的必要了。因此，研究假设不成立是很正常的情况，在论文和报告中如实汇报即可，分析不成立的原因也是论文和报告中必要的内容。

1.2 调查实施及问卷设计

1.2.1 调查的概述

现代社会是一个信息高度发达的社会，大到一个国家制定基本的宏观经济、社会政策，小到一个企业、单位及部门分析本企业的战略规划、经营特点、顾客偏好等，都需要一定的社会调查数据以进行基本分析。

社会调查有很多种形式，本章的“调查”（survey）特指那些旨在借助通过提问（通常是对样本中的被调查对象提问）的方式来获得数据的方法，然后在调查数据的基础上进行归纳、分类、整理并加以描述的主要手段。这样的调查包括抽样方法、问题设计和访谈技巧等多个方面，有利于收集、分析数据的工作人员详细地了解调查的实施步骤，了解调查的哪一个方面对调查的精确性、准确性和可靠性产生影响。问卷调查的流程如图 1-2 所示。

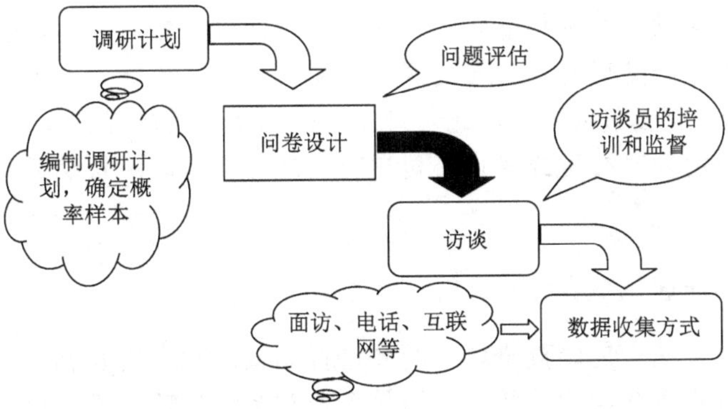

图 1-2　问卷调查的流程

1.2.2　调研的计划组织

案例 1.2

“月牙白”公司应如何制订企业调研计划

深圳英式月牙白科技有限公司（以下简称月牙白公司）是由几个志同道合的年轻人，在当前电子商务蓬勃发展的背景下，于 2013 年在深圳创立的创新型综合电子商务平台公司。该公司创始人创建公司基于以下的创新经营理念：希望不仅能够解决企业难以真正与电子商务融合的难题，也能解决消费者对网络消费缺乏信心的问题，创建新型的电子商务模式。

该公司与其他电子商务平台公司相比拥有不同的理念：要做与企业业务紧密结合的电子商务，从企业实际需求出发，而不仅仅做提供信息交易的平台；企业服务的对象目标是知名品牌价值企业，帮助企业合理规避线下经营冲突的电子商务，减少经营困局；做支持应季商品销售的电子商务，合理库存商品；关注企业的长足发展，支持企业战略发展；做真正理解企业需求的电子商务，而不是只会要求企业降价促销。

做真正理解消费者需求的电子商务。要保证商品质量，就要做提供便利消费的电子商务，做充满趣味的网络消费的电子商务，而不是只有卖商品这么乏味；做只有品牌汇聚的电子商务，而不是盲目支持所有人；做不盲目低价的电子商务，而不是只会压榨所有人的利益。

为了了解目标企业和客户，该公司在成立之初，需要从所服务的企业及目标消费群获得以下几个方面的信息资料。

从服务企业角度来看：①根据企业的类型，目标的顾客群体是哪些人？他们的特点有哪些？②如何在同类企业中创建品牌效应，并进行顾客细分？③如何帮助企业合理化库存？④如何根据企业需求，帮助企业建立合理化发展战略？

从了解顾客的角度来看：①电子商务顾客最关心的质量问题如何保证？②如何提供最方便的支付、物流渠道？③如何在提供最基本的商品供应之外，给顾客提供更多、层次更丰富的需求？④顾客的价格需求弹性是多少，降价销售对顾客的吸引力有哪些？

该公司的创立小组整理自己公司的服务对象，发现在创建之初开展一次市场调研是必要的，而且调研的问题还不少，因此制订了一个调研方案来保证调研达到预期的目标。他们找到一家专业的调研公司或咨询公司进行沟通，先编写一份调研计划，再一起探讨这一调研。

1.2.3 调研过程的计划

最重要的研究方法，是调查研究，而要进行调查研究也需要制订一定的研究计划，因此调研计划的实施也非常的重要。无论是企业对经营战略、产品市场分析的调研，还是进行经济运行、政策分析的调研，要保证调研工作取得预期的效果，就必须对整个调研活动进行合理的计划和有效的组织实施。调研的整个计划、组织和实施过程要尽量保证在合理投入的情况下，尽可能地减少和避免各种误差，获得尽可能准确的信息。

调研是由一系列环节组成的完整性的系统，每一个环节的设计、实施及所花费的时间、精力都会对最终结果产生一定的影响。因此，为了保证调研工作达到预期的目的，事先对整个调研过程进行详细的计划是非常有必要的。整个调研的计划实施过程可以称作调研设计或调研方案，就是明确调研中所需解决的问题，需要合适的收集数据、处理数据及展现数据的程序。应在满足数据质量要求的情况下，以最小的成本获得所需信息。

误差是调研过程中不可避免的，我们的任务是尽量减少误差，获得准确的信息。我们首先对有可能产生误差的原因做以下的分析和总结。

1. 抽样框误差

抽样框就是包含所有调研单位的名单框架。好的样本选择程序应该是某些个体都有入选的机会，而且最好是唯一的入选机会。在抽取样本之前，最好设定一个抽样框，否则就会造成样本选择性偏差。如果抽样框设计有误，就会造成偏差。例如，一个物业管理公司想要对社区服务质量进行调查，采用了住户名册，可能就会遗漏一些租房客户。又如，想调查一家医院的服务质量，如果采用就诊记录，那么经常看病的人被抽取的概率就高，不经常看病或不看病的人被抽取的概率就很低。

2. 未回答误差

未回答误差是调查人员按照抽样框确认的样本开展调查时，无法与其联系，或者被调查者不愿意接受调查或者不愿意回答所有问题所造成的偏差。一般来讲，邮寄调查比电话调查的响应率要小一些。一些经验表明，如果开始时有一个高的响应率，那么可以假定未响应者也以同样的比例做出回答。但如果开始的响应率低，如不超过 50%，那么不响应的影响就会很大。

如果未响应的样本改用其他的样本替代，也可能会造成新的问题。例如，在一个电话调查中，若将未响应的人家的电话号码更换为其他的电话号码，就有可能将不经常在家的人忽略掉。因为根据常识，未响应的样本是经常不在家的人，经常在家和不经常在家的人有区别，这就违背了每人都有固定被调查的概率的原则。对不经常在家的人，唯一的办法是以后再打电话或以其他方法再访。

3. 回答误差

回答误差是调查过程中由调查问题的提问方式、问题的位置及访员的影响造成的被调查者回答问题时产生的偏差。例如，问题措辞不当，使被调查者容易接受别人的观点，造成偏差。又如，如果把收入、个人隐私的问题放在开始，可能会造成受访者尴尬而不愿说出真实的想法。另外，在涉及敏感度问题时，访员的年龄、性别、亲和度等因素也会影响回答误差。

在调查开始或者预调查阶段，通过分析可能得到产生回答误差的原因应制订有针对性的方案，尽量减少和降低回答误差。

4. 测量性误差

测量性误差一般是指物理学中测量工具、测量仪器或方法不准确而造成的偏差，在社会调查中是指由调查人员所需要的信息的实际值与测量过程中所获得的信息值之间有差异而引起的误差。造成测量性误差的原因很多，如不恰当的调查时间、地点，以及在调查中调查员的粗心大意（将调查的小数点记错或者将被调查者的性别记错）等。

在实际的调研过程中，上述的调研误差可以通过提高调研方案的有效性、增加样本容量、进行预调查等方式降低。因此在调研过程中，要非常重视调查方案与调查计划的设计。

1.2.4 调研过程的组织和实施

1. 选择合适的模型

当调研人员对问题有充分的了解后，应尽可能明确问题模型。模型是指针对上述的问题可能要达到的调研结果、所需要的变量、变量的相互关系，以及变量和结果之间关系的各种描述。首先列举所研究问题的各种可能的答案及其说明，然后根据调研目的、所希望获得的数据及调研问题，确定具体的收集方法，确定信息度量的方法及资料分析方法等。

一般而言，为了便于分析问题，尽量采用数量型数据，减少质量型数据和描述型数据。还可以根据所调查问题的不同采用不同的调查手段，如调查隐私性问题可以网络调查为主，或采用与其他方式结合的手段。

2. 合理成本和信息的价值

在调研过程中，成本总是有限的，如何在有限的成本预算范围内获得最大的信息量，需要对调研目标做一定的修正，使调研信息的精度达到最大化。调研的目的就是通过信息获得更高的价值，如果信息的成本过大，超越了信息的价值，就要修改方案，否则就会得不偿失。因此在调查的初期阶段，进行预算控制还是很有必要的。

3. 选择合理的资料收集方法

资料按来源方式可分为两大类：一手数据和二手数据。二手数据是指利用公开发表的统计年鉴、网络数据及公司内部数据。有些二手数据是免费的，但有些是付费的，在调研前，也要考虑到相关的成本。

一手数据的获得有实验和调查两种方式，可以通过实验室实验获得，也可以通过现场调研来收集。调研方式有面对面访谈（以下简称面访）、电话调查、网络调查、邮寄问卷等，考虑到成本及信息获取精度的要求，每种方式都有自己的优缺点（表 1-1），这里不再一一赘述。在收集数据时要根据研究经费、信息价值、数据要求的精度等综合因素来考量，确定收集数据的具体方式，在通常的调研中，要综合应用几种方法，才能满足调研的要求。

表 1-1　几种调研方式优缺点对比

调研方式	样本可获性	准确度	成本	时间	隐私性	扩展度	对调查者要求
面访	较难	最高	最高	较长	可以	可以	高
电话调查	易	较高	低	较短	不易	不易	较高
网络调查	易	较差	最低	无限制	可以	不易	无
邮寄问卷	较难	差	低	无限制	可以	不易	无
自填问卷	易	差	低	无限制	可以	不易	无
团体调查	较难	高	高	较长	不易	可以	最高

案例 1.3 调研实践：市场调研项目计划书

我国生猪补贴政策实施效果及效应分析

一、调研目的及背景

我国每年消费生猪约 5800 万 t，生猪产业年产值约在 7000 亿元以上。生猪产业是一种“高投入、高风险、周期长、效应低”的弱质产业，因此，各国普遍采取支持和保护政策。当前我国生猪产业向规模化、集约化发展；但生猪产量低，技术落后。改革开放以来，我国生猪生产呈现波动中增长态势，波动不仅损害了广大猪农的利益，也不利于生猪产业的健康发展。我国政府 2007 年实行生猪补贴政策，以促进生猪产业的健康稳定发展，提高技术效率，平抑猪肉价格波动。健全和完善我国生猪产业的补贴支持政策，对于我国生猪产业的健康稳定发展、提高生产技术效率、优化组织生产模式和提高农民收入等，都具有重要的理论和现实意义。

本调查的目的是分析我国的生猪补贴政策对养殖户生产决策的影响，从微观视角分析补贴政策的效果及绩效，为进一步完善和改进我国的生猪补贴政策提供决策参考。

二、调研的具体目标

根据上述调研目的及研究意义，确定本调查的目标是：①生猪补贴政策对养殖生产决策行为是否有影响？②生猪补贴政策是否促进养殖户的养殖积极性，养殖效果是否有提高？③生猪补贴政策是否满足养殖户补贴意愿，在数量上和方式上是否让养殖户满意？

三、调研的内容和方法

（1）生猪补贴政策的实施对不同阶段生猪生产的影响，以及政策的滞后效应对生猪补栏、生猪供给及猪肉价格的影响。

（2）补贴政策对养殖户收入、养殖户决策行为及生猪生产链的影响，探求生猪补贴的效应和效率。

（3）在抽样调查与典型案例研究结合的基础上，找出不同区域、不同规模养殖户补贴效应差异及其根源，寻求补贴最优机制。

四、调研的工作进度及安排

（1）20××年 2 月～20××年 5 月，收集各种相关的政策、猪肉生产、销售等二手资料，编写调查问卷。

（2）20××年 6 月～20××年 7 月在广东、湖南等地的养殖生猪区域进行预调研。分析调查问卷存在的问题，改进调查问卷。

（3）20××年 8 月～20××年 9 月，确定抽样计划，实施实地调查，并对数据进行整理分析。

五、研究经费的预算

调研课题的总预算为××万元，各项具体的费用开支预算如下：调研差旅费××万元；现场调研委托费××万元；咨询费××万元；通信费××万元；资料费××万元；管理费及其他费用××万元。

六、调研小组的成员及分工

调研小组有 10 人，组长由××担任，负责整个调研的统筹规划，与调研地区被调查者联系。副组长××，负责账务处理及调研安排，××等负责问卷的设计、修改及排版印刷，××负责模型构建等工作，××负责数据收集及录入工作。

资料来源：作者科研小组内部资料。

1.3　调查问卷的设计

问卷调查法已经成为现代社会收集数据的重要方法，发挥着重要的作用。从某种程度上讲，一个成功调研的基础是有一份好的问卷。问卷通过一连串有系统、有顺序且有目的的题目或题组的集合，达到收集研究者所需要的数据的目的。根据上述所讲的调研方案，首先要确定问卷的目的、主题及调研内容，确定调研所要获得哪些数据，然后根据所列的提纲设计相关的问题。

1.3.1　调查问卷设计概述

一般来讲，一份问卷通常从结构上可细分为问卷的标题、问卷的说明、填写要求、调查甄选问题、调查主要内容、编码、必要的注释及被调查者基本情况（背景资料）等部分。

1. 问卷的标题

问卷的标题要能清晰地概括问卷调查的研究主题，使被调查者对所要回答什么方面的问题有一个大致的了解。标题要简明扼要，并且要易于引起大家的兴趣。例如，“大学生考证状况调查”“大学生网络购物状况调查”等。最好不要简单地采用“问卷调查”这样的标题，有可能会引起误会或导致被调查者失去调研兴趣而拒答。

2. 问卷的说明

问卷的说明通常以简短的信出现，或其他短文的形式出现，旨在向被调查者说明此调查的目的、意义、组织者、数据的用处等，以引起被调查者的重视和兴趣，争取他们的有效合作。问卷的说明一般要放在问卷的开头，用比较简洁的、开门见山的方式呈现，语气要谦虚、诚恳、平易近人，文字要简洁、准确、肯定。问卷的说明中最好交代一下可能会占用的时间，让受访者在心理上有一定的准备。另外，若涉及隐私问题，要有保密承诺，让受访者放心。最后表示感谢，如果有小礼品，也可列出。

案例 1.4

尊敬的养殖朋友：

您好！我们是来自××大学××学院的调研组。现正进行教育部人文社会科学项目“畜牧业政策性保险对畜牧生产的影响及政策优化研究（14YJA790050）”的调研工作，主要目的是了解我国最近几年的政策农业保险的实施效果以及您对这些政策的认知与满意程度。

本次问卷将占用您 20 分钟左右的时间，我们承诺本次调研获得的情况仅用于学术研究，对您的个人情况予以保密。您的回答不涉及是非对错，只需要按照实际情况回答即可。感谢您的支持与合作！

案例 1.5

先生/女士：

我是××市场研究公司的访问员××，我们正在进行一项关于某产品的消费调查，我们很乐意知道您对某产品的意见，以便我们改进产品，请您根据实际感受回答问题。访问只需要 15 分钟左右的时间，访问完我们将送给您一个小小的礼品作为纪念。感谢您的配合，现在可以开始访问吗？

3. 填写要求

填写要求一般包括对数据的要求、填写的方法、填答要求以及需要注意的事项，有时还要对某些概念进行解释。填写要求一般在引言之后、问答题及答案之前，如果内容简单，也可以和引言合并。

4. 调查甄选问题

许多调研只有部分调查者才符合要求，如具体产品的消费调研只有品牌使用者才具有资格，有些杂志调研只针对特殊群体的读者，化妆品调查大多只针对女性或者一定年龄层次的顾客等。过滤性问题可以很快地排除不合格的访问者，大大提高调研的经费使用效率，在其他条件都一样的情况下，一个所有人都适合接受访问的调查的费用会比有调查甄选条件的调查费用低很多。

案例 1.6

如果对公交车或地铁的满意度做调查，首先公司及工作人员亲属应被排除在外。

问题1：您工作的单位是（　）。

A. 公交系统　　　中止访问

B. 其他行业　　　继续访问

问题2：您有没有家庭成员在公交系统工作？（　）

A. 有　　　中止访问

B. 没有　　　继续访问

关于化妆品公司的调查问题如下。

问题3：请问您使用过××品牌的化妆品吗？（　）

A. 从来没有使用过　　　中止访问

B. 使用过　　　继续访问

问题4：请问您的年龄是在（　）。

A. 25岁以下　　　中止访问

B. 25岁以上　　　继续访问

5. 调查主要内容

问卷的主要内容按照问卷的提纲和大体的框架编写，按框架结构整块设计问题，不要改变问题的排列顺序，否则会造成受访者在回答问题时思维来回跳跃，产生心理上的反感和急躁心理。问题排列顺序有问题，还会造成漏答、错答的现象，造成调查结果的偏差。

除了按大纲内容编制问题顺序外，还有一些技巧性内容：一般而言，应该将简单的、容易回答的、能提起人们兴趣的问题放在前面，通过这些“热身”问题之后，人们可以对调查的内容、概念、类型等有大体的了解。例如，关于化妆品的调查问卷，可以这样开始：“在过去的3个月里，你曾经购买过口红（或其他）化妆品吗？”，这样就可以让被调查者开始考虑有关化妆品的问题。

我们通常将需要思考的问题放在问卷的中间，因为“热身”问题以后，受访者会逐渐对访谈的问题有一定的兴趣，与访谈员的关系也会进一步融洽，这时就可以转入较难的需要思考的问题了。注意在受访者兴趣可能下降的时间内，优秀的访谈员可以努力重新培养其兴趣，在问卷的关键点可以插入简短的鼓励，如“下面的问题会更容易一些”，或者“既然你已经给我们提了很多的意见，我们可否再多问一些问题？”，等等。

我们通常会把一些敏感的、让人为难的问题放在最后，这样可以保证在受访者不愿回答这些问题之前已经做了大多数调查，更重要的是通过应答模式的多次重复，这些难以回答的问题受访者往往会条件反射地做出回答。

6. 编码

为了便于统计和输入电脑及进行统计分析，通常将问卷中的调查项目及问题变成编码的形式。编码可以在问卷设计的初期就进行，也可以在调查工作完成后再进行。前者可以称为预编码，后者称后编码，在实际调查中，通常采用预编码。在问卷设计时，每份问卷都应该有编号，即问卷编号。应确定每一个调查项目的编号，也需要将问题进行合适的编码。

案例 1.7

政策性畜牧业保险对畜牧业生产影响
养殖户调查问卷（节选）

尊敬的养殖朋友：

您好！我们是来自华南农业大学经济管理学院的调研组。现正进行教育部人文社会科学项目“畜牧业政策性保险对畜牧生产的影响及政策优化研究”的调研工作，主要目的是了解我国最近几年的政策农业保险的实施效果以及您对这些政策的认知与满意程度。

本次问卷将占用您 20 分钟左右的时间，我们承诺本次调研获得的情况仅用于学术研究，对您的个人情况予以保密。您的回答不涉及是非对错，只需要按照实际情况回答即可。感谢您的支持与合作！

问卷填写须知

1. 调查员不得误导受访对象。
2. 调查员需要主动追问，获得确切答案，尽量避免模糊的答案，这样才是一份合格问卷。
3. 调查员需出示介绍信和身份证明。
4. 问卷编号 □ □ □ □ □ □ □ □

省	市	县	村	调研员	问卷号

请填写个人情况（表 1-2）。

表 1-2　个人情况

市名	
县名	
乡名	
村名	
户主姓名	
民族	
固定电话	
手机	
访谈员	
访谈日期	
农户编码	

A. 生猪养殖场信息

生猪养殖户信息见表 1-3。

表 1-3　生猪养殖户信息

项目	01	02	03	04	05	06	07	08
养殖场场主	性别	年龄	学历	是否村干部	是否当地居民	是否党员	是否务农	非农工作时间
代码	1=男 2=女	周岁		1=是 2=否	1=是 2=否	1=是 2=否	1=是 2=否	月

……

10. 您认为饲养生猪的主要风险来自（　　）。

1=猪肉价格波动　　2=养殖成本上涨　　3=疫病

4=自然风险　　5=苗猪质量　　6=饲料安全　　7=兽药安全

（选择最重要的三项）

11. 2014 年，该养殖场有无借贷款？（　　）

1=有　　2=无

……

C. 对补贴政策的满意程度

13. 您是否满意以上的三种补贴政策，请填写表 1-4。

表 1-4　生猪养殖户对政策的满意度

政策	非常满意 5	满意 4	无所谓 3	不满意 2	很不满意 1
能繁母猪补贴政策					
能繁母猪保险政策					
规模养殖补贴政策					

在完成问卷的收集工作后，根据问卷的实际内容和目的，制作编码表（表 1-5）。

表 1-5 编码表

原始题号	变量（variable）		数值（value）		遗漏值	SPSS 栏位
	变量名称	变量标注	数值	数值标注		
A01	ID	被试编号	0～999			1
A02	GENDER	性别	1	男	9	2
			2	女		
A03	YEAR	年龄	0～99		99	3
A04	EDUCATION	受教育程度	1	小学及初中	9	4
			2	高中		
			3	大学		
			4	研究生		
A05	CADRES	是否干部	1	是	9	5
			2	否		
A06	RESIDENT	是否当地居民	1	是	9	6
			2	否		
A07	COMMUNIST	是否党员	1	是	9	7
			2	否		
A08	WORK TIME	工作时间	1～12			8
B10	RISK	风险来源	1	价格上涨	9	9
			2	成本上涨		
			3	疫病		
			4	自然风险		
			5	苗猪质量		
			6	饲料安全		
			7	兽药安全		
B11	LOAN	贷款	1	有	9	10
			2	无		
C13（1～5 量表）	SOW SUBSIDY SOW INSURANCE SCALE CULTIVATION	母猪补贴 母猪保险 规模养殖	1	很不满意		
			2	不满意		
			3	无所谓		
			4	满意		
			5	非常满意		

编码表的内容通常包含：变量名称与标签、变量数值与标签、遗漏值处理与分析处理记录。每一份问卷的编号是重要的管理数据，因此在进行数据处理时，每一份问卷若非事前已经编定好一个号，通常都会额外在问卷上编流水号以资识别。

问卷中经常使用心理测验或者量表，通常以特殊的量尺来代表强度，如 1 至 5 的五点量表，分数越高代表强度越强，称为正向题，但有时分数越高代表强度越弱，称为反问题，这些都需要在问卷编码中标注。

对于遗漏值的处理，一般情况下，遗漏值以变量的最后一个数值来表示，个位数的变量，遗漏值为 9，两位数的变量，遗漏值设为 99，当研究者有需要时，可以自行定义不同的遗漏值。

7. 必要的注释及被调查者基本情况

在调查表的后面，常常应该附有调研的证明资料，以明确调查人员完成了工作。如果可以，尽可能写上被调查者的姓名、特征或家庭地址，以便进一步审核和进一步追踪调查。有时可以增加一些访问者在访问时的感受，对调查者面貌信息、语言信息的描述，以便以后回访者顺利地回忆有关信息。当然上述信息，需要受访者同意方可记录，特别是回答敏感性时。

问卷记录可以检验问卷完成质量，了解发生数据记录错漏的责任，以便追究责任者和采取相应的补救措施。其中也可以增加访问员、审核员和编码人员的责任感，出问题时也便于追究责任。同时，编码记录也可以避免问卷出现混乱。

1.3.2　调查问卷中常用题型及问题设计技巧

1. 调查问卷中选择题目的原则

对于一份调查问卷，问题的数量越多，收集到的信息就越详细，但题目过多会降低回收率，可能会增加问卷填答中的误差。为了提高调查效率，要反复地询问“这个问题是不是必要的，这个问题是否需要一个题目就能问清楚”。因此，对于收集数据，一定要收集所需要的有用信息，或服务于某些特定目的的信息。

因此我们在设计问卷时，一般有以下标准。

（1）问题精准原则。一份问卷应该包含多少个问题，没有固定的标准，但一般来讲问卷问题不宜过长过多，20 分钟以内完成为宜，最多不要超过 30 分钟，如果太长会引起回答者心理上的厌倦情绪，造成填答质量下降和回收率下降。当然基于特别研究目的，在调研经费充裕和人员配备充足的情况下，可以给被调查者一定的礼物或误工费等，问卷长一点儿也可以。总之，问卷的选择不仅决定问卷内容的难易程度，还决定问卷调研的客观性、科学性和可行性。

（2）考虑被调查者的理解能力。问卷是给被调查者看的，里面是让他们理解、接受而且有兴趣的问题。因此调查问卷要充分考虑到被调查者的受教育程度、职业特征、价值取向、行为习惯、经济状况、心理特点、生活方式、心理状态等方面的特征。同一份问卷不同被调查者的反应可能是不同的，有的人会非常紧张、认真地填写，有的人会轻松面对，草率行事。所以在问卷设计中，要充分考虑到被调查者的行为特征，在有必要的情况下，可以区别设计，用不同的用语进行调研。例如，对农村地区的调研，应该尽量用生活化的语言。如果对某区域调查，还可以使用地方方言以便拉近与调查者的距离，让调查者轻松面对。

（3）考虑被调查者的处境。当调查内容涉及一些隐私性或者被调查者对调查的内容有所顾忌时，他们就会担心如实填写会给自己带来麻烦，他们可能会拒绝回答或随意作答，甚至会做出符合研究者意图或者与某些大众化的主流价值相一致的回答。这种情况就有可能发生调查资料的失真，违背调查者调查的目的。因此在设计问卷时，要充分地设想，被调查者不太可能如实回答的问题，最好不要正面提出。例如，收入问题是个比较敏感的问题，涉及税收等，最好用其他的相关资料来推算或者预估，在调查时问题可以大大高出被调查者的收入水平，被调查者可能就会顺着思路进行修正，从而获得较为正确的答案。又如，如果是公务员、事业单位人员，可以问公积金、养老金等多少，进而大体预估收入。

2. 问题设计的题型

1）开放式问题和封闭式问题

A. 开放式问题

开放式问题是只提问题，不给具体答案，调查者可以根据自己的实际情况选择回答的问题。开放式问题可以使被调查者根据他们对问题的理解给出自己的答案，充分表达自己的意见和看法。开放式问题也给调查者提供大量、丰富的信息。被调查者以自己的主观感受回答问题，会给调查者意想不到的意见和见解。开放式问题一般适用于答案不确定、很难预料或答案可能性较多的情况，作为开始调查的介绍或者在信息收集时进行。在实际调研中，访谈员可以采用“追问”的形式，如“还有什么要补充吗？”“在某某问题上，我们很有兴趣，是否可以讲得更详细一点？”等形式。通过这种追问，可以更清楚被调查者的兴趣、态度和感觉等。在计算机软件分析和记录中，开放式问题占据越来越重要的地位。

当然开放式问题也有以下缺点：答案过于复杂，结果非标准化，很难进行计量分析，编码和编辑费时费力；对被调查者的文字表述或口述能力有一定的要求；“追问”不恰当也容易造成访问员误差。

B. 封闭式问题

封闭式问题是一种需要被调查者从一系列应答选项中做出选择的问题。对于封闭式问题，被调查者只需要选择合适的选项，比较简单、易操作，可以进行编码和编辑工作。被调查者无须对有关主题进行解释，避免对问题有不同看法。若对文化程度的要求不高，回答的效率会提高，能节省调查时间和费用。

封闭式问题对问卷的质量要求比较高，调研人员要花很多的时间来思考一系列可能的答案。封闭式问题也给选项范围带来更多的误差，选项不宜过长过多，否则被调查者就会失去兴趣。

2）直接性问题、间接性问题和假设性问题

A. 直接性问题

直接性问题是指在问卷中能够通过直接提问的方式得到答案的问题，通常会给被调查者一个明确的范围，问题多涉及个人基本情况或意见。这些都可获得明确的答案，对统计数据的要求低，统计分析比较方便。

案例 1.8

您的性别是?

您的文化程度是?

您是否喜欢旅游?

您曾经到过××地方旅游吗?

B. 间接性问题

当我们的问卷涉及一些敏感性问题，或涉及态度、动机等不太容易回答的问题时，直接性问题可能会太唐突，让被调查者不敢或不愿真实地表达意见，就会造成问卷调查信息收集的偏差。所以，采用间接性询问方式，使被调查者更愿意将一些意见反映出来，使问卷更具有针对性。

案例 1.9

我国的社会学研究者李银河认为同性恋应该享有正常的婚姻权，您怎么看待这个问题?

您听说过有些养殖户将病害猪卖给违法商贩的事情吗?

C. 假设性问题

假设性问题是通过假设一个情景或现象，通过对被调查者提问，得到数据的方法，这种一般适合感觉或感受类的问题。

案例 1.10

假设您参加一项有奖竞赛节目，并且胜出，您希望获得的奖励方案是（　）。

A. 立刻拿到 1 万元现金　　B. 有 50%的机会获得 5 万元现金的抽奖

C. 有 25%的机会获得 10 万元现金的抽奖　　D. 有 5%的机会获得 100 万元现金的抽奖

假设国家对生猪保险不补贴，您还有购买生猪保险的意愿吗?

A. 有　　B. 无　　C. 不清楚

3. 调查问卷设计中存在的常见问题

1）问题的假设明显存在不确定的标准

案例 1.11

您是不是素食主义者?（　）

A. 是

B. 否

对于案例 1.11，大家对素食者的定义会有疑惑，不吃肉被有些人定义为素食者，而有些人不吃鸡蛋及奶类，也被定义为素食者。所以，在不同人的眼里素食者的标准是不太一致的。这样就会造成一定的混乱，可以进一步定义得准确点，如不吃肉、不吃蛋等。

因此案例 1.11 可这样问：

您是不是素食主义者？（　）

A. 不是

B. 是（蛋素、奶素、蛋奶素）

2）问题不应该过于笼统、抽象或专业化

在问题的设计中应尽量准确、具体，过于笼统、抽象或专业化的问题容易造成误解，不易回答，并且对实际调研工作并无指导意义。

例如，你认为××牌子的咖啡好吗？

该问题本意是要询问消费者对这种咖啡的感觉如何。但是好与不好怎么区分，是一个很虚的概念。因此，要尽量将这类问句询问得具体些，如分别询问咖啡的口味、可溶解性等，这样就让被调查者容易判断了。

例如，在对学生专业了解性的调查中，问题如下：

你能适应专业课老师的授课方式吗？（　）

A. 十分适应　　B. 还可以　　C. 不太适应　　D. 完全不适应

在这个问题中，“适应”这个词会让同学们觉得很难把握，很难确定。可以改为：

你认为专业课老师在授课过程中更注重（　）。

A. 知识传授　　B. 能力培养　　C. 素质教育

3）问题中涉及的细节不应超出被调查者的能力范围

问题当然是越具体越好，但也要考虑被调查者的记忆能力，因此调查的时间不宜过久，如果时间久，就不要用特别详细的语言。

例如，你们去年生猪生产的饲料成本是多少？

你们去年家庭生活费支出是多少？

你们去年的生产性投资是多少？

对于目前所学过的专业基础理论，你认为自己掌握了多少？（　）

A. 80%及以上　　B. 60%～80%（不含 80%）

C. 40%～60%（不含 60%）　　D. 40%以下

4）问题不应该涉及推断与猜测

你认为考证，是越多越好吗？（　）

A. 是　　B. 不是

5）你觉得考证重要，还是实践能力重要？（　）

A. 考证　　B. 实践能力　　C. 两者都重要

上述问题是在问卷设计中经常出现的错误，这是在调查大学生对考证的认识，但如果被调查者多为没有经验的大学生，这两个问题就需要通过推测和猜测去回答，所得结论的意义也不太大。因此观念性问题不要过多，需要用数据证明的问题会更有说服力。

6）不应该询问过多的无关问题

例如，关于大学生时间分配的调查中，问题如下：

在您学习效率最高的时候会做哪些事情？（　）

A. 坚持学习　　B. 闲聊　　C. 听音乐　　D. 上网　　E. 其他________

电脑对于您来说是（　）。

A. 与朋友保持联系的工具　　　B. 玩游戏的工具

C. 接触外界、了解新事物的桥梁　　D. 与电视差不多

7）问题中不应该使用有歧义的词语

在调查问卷中，问题要指示清楚，一个问题中不能同时询问几件不同的事件。否则就会有歧义，造成理解上的偏差。

例如，你是否经常看电影？

被调查者就不知“经常”是指一周、一个月，还是一年看一次。对于这样的问题，可以将次数具体化。

又如，你的孩子上哪一类型学校？（　）

A. 小学　　B. 初中　　C. 高中　　D. 大学

如果这家人有不止一个孩子，可能就不知道怎样去填写问卷了。

再如，您在业余时间是打篮球还是踢足球？

这种询问往往令既不打篮球又不踢足球的调查对象无从选择，或者对于篮球和足球都不在业余时间涉及的调查对象，只能选择一个并非本意的答案。

8）不应该将两个问题合并为一个

例如，你的父母退休了吗？

A. 退休了　　　B. 没退休

这个问题是同时询问了两件事情，即父亲退休和母亲退休。

又如，你一天抽多少支烟？

这种问题即为断定性问题，被调查者如果根本不抽烟，就会造成无法回答。正确的处理办法是此问题前加一条“过滤”性问题，即“你抽烟吗？”如果被调查者回答“是”，可继续提问，否则终止提问。

9）不应该诱导被调查者回答特定答案

××品牌的洗发水，泡沫丰富，洗发后柔顺清凉，你是否喜欢？

这个问题就是引导性问题，可能会导致被调查者不加思考就同意引导问题中所暗示的结论；另一种引导性问题可能是引用权威或大多数人的看法，如果考虑到大多数人的结论，就会产生心理上的顺向反应，影响对某件事的个人看法。

10）问题不应该具有暗示性

《新神榜：哪吒重生》是一部受到大家欢迎的电影，特别受儿童观众的喜欢，您看过没有？

这个问题设计的主要问题是对电影的描述，会给被调查者带来暗示，也会导致各种形式的假设和诱导性的东西。在提到某一具体事物时，要避免强化特别的性质。例如，我们想了解大家对某一品牌手机的看法，“××品牌的手机是不是你所喜欢的类型？”这

样的问题具有暗示调查者喜欢这种手机的倾向，因此是不适合的。

1.3.3 调查问卷格式编排技巧

问卷经过调研组反复修改、确定以后，如何呈现得美观、大方，让被调查者看着很舒服、大气，很乐意填写问卷，这在某种程度上会影响调查的质量。

1. 版面简洁、明快，信息清楚

我们经常看到有些问卷，调查者为了节省调查费用或者为了压缩空间，采用较小字号、较小行距、较窄页边距等方法，造成字体太小无法辨认，行距过小，页面排字过多，会形成拥挤和不美观，让人感觉很紧促、烦躁，没有做下去的耐心和信心；而且没有适当的问题间距，就会使被调查者回答问题时容易串行出错，也会为后期编码录入造成困难。如果开放式问题预留的空间较少，受访者就会忽略问题，给出极少信息，或不回答。

因此在进行排版时，要尽量美观、大方，问题最好竖排，更加有针对性。

案例 1.12

如果选择参加相关培训，你愿意花费的培训费用是多少？（　）

A. 200 元以下　　B. 200～500 元（不含）

C. 500～1000 元（不含）　　D. 1000 元及以上

如果选择参加相关培训，你愿意花费的培训费用是多少？（　）

A. 200 元以下

B. 200～500 元（不含）

C. 500～1000 元（不含）

D. 1000 元及以上

为了使文字更为突出，要尽量留出足够空间（上下左右四边）。字体选用要大小合适，避免字号过小。全部调查问卷的行字间距、段落间距要保持一致，保证美观、简洁。

2. 根据问卷的题目特征进行编排

整个问卷要按照内容适当地分段或分区，如第一、二、三、四部分，每个部分最好有一个主题，以让被调查者清楚所要做的调查，不至于思维过于跳跃。每个题目的编号要统一，以便编码。在需要重点强调的地方，字体可适当用黑体加粗，也可用另外的字体标出，但不宜过多，过多就失去标注重点的意义。另外，同一个问题应该尽量排在一页，避免翻页对照的麻烦和漏题。

3. 问卷外表要求质量精美，装订整齐

很多问卷由于经费的限制，会采用较薄、较差的纸张，印刷效果不好，装订混乱，造成问卷的视觉效果很差。被调查者拿到这样的问卷，就会轻视，甚至产生厌烦心理，甚至拒绝调查，直接影响调查质量。因此，调查问卷在财力允许的范围内应尽量采用精良的纸张，印刷考究。如果问卷比较多，还可以订成小册子，配上封面，而不是仅仅订在一起而已。这样既可以利用纸的双面进行排版，节省纸张，还便于携带和保存。更可以使问卷显得庄重、专业，使被调查者以更认真的态度对待调查。

1.4　调查报告的写作概要

1.4.1　有一个明确的标题

经过调查问卷的设计及问卷的数据整理和分析，最后要写出一个调查报告。一个好的报告要有一个能明确表述研究内容的题目，当然这个题目应该在写计划时就有，但经过实际的调研和写作，有可能会有微小的调整，甚至对最初的调查问卷进行了比较大的调整，所以建议在最后写调查报告时，再次审核当初的题目是否和现在的研究报告相匹配。首先，题目要明确研究目的，核心问题要突出。不要用太多花哨的形容词和婉转语。其次，题目和内容要高度贴合，如有些内容明明研究的是 A，标题却是 B。一个检验的方法就是读一下题目和内容，看内容是否偏离题目。当我们完成内容写作时，通常是修改题目，使之和内容相符合。一个简单的方法就是看一下题目和内容，或者考虑在你的题目下，内容应该通过哪些层次展开，来检验题目和内容的匹配程度。

1.4.2　摘要的要求及写法

一般来说，摘要是要展示研究问题的意义、假设、方法、结论及引申思考和解决思路。就是让读者不用阅读全篇就能明白研究内容的提要；摘要也是对题目的补充，以弥补不足；摘要更为建立文献检索数据库提供方便，所以摘要的好坏直接影响检索的质量。但在初学者的文献综述中，经常会有误区，就是用大量的篇幅来介绍写作的意义，而对采用的方法和结论一笔带过。

具体而言，摘要的写法可以大约从四个方面来把握：第一是研究的目的和重要性，这部分要简明扼要，用一句话高度概括最好，有时限于篇幅也可以省略；第二是研究的主要内容，完成了哪些工作，用了什么样的研究方法，这些方法的假设有哪些，用的哪些数据等，当然也可以根据要求进行适当的删减；第三是获得的成果及结论，突出了哪些新见解；第四是结论及结果的应用，可能会有哪些政策建议和结论。

摘要根据要求，一般不超过正文的 5%，文字要简练且高度概括，一般不用数学公式和化学结构式，不出现插图、表格；要使用规范化的名词术语，不用非公知公用的符号、术语、公式；不要自我评价，用第三人称进行陈述。建议采用“对……进行了研究”“报告了……现状”“进行了……调查”等记述方法标明文献的性质和文献主题，不必使用“本文”“作者”等作为主语。

案例 1.13

《经济政策不确定性对农产品产业链的价格冲击研究——基于供需双方“议价能力”

视角》，谭莹、胡洪涛、李大胜，农业技术经济，2018（7）：80-92。

摘要：近年来，我国农产品价格波动剧烈，出现供需脱节等新情况，经济政策不确定性成为价格波动冲击的重要因素（研究意义和目的）。本文在蛛网模型的基础上加入不确定因素寻求其对生产周期较长的农产品价格波动的冲击规律，利用 TVP-FAVAR 实证模型研究经济政策不确定性对农产品价格冲击的纵向传导机制及各环节的反应特征（研究内容和研究方法）。研究发现：经济政策不确定性对产业链不同环节及不同时期的冲击均存在差异性；经济因素比政策因素不确定性对农产品产业链的价格冲击更大；产业链中势力较强的批发商更容易受经济政策不确定性的影响，成为整个产业链价格波动的“放大器”（研究结论）。政府应采取合理宣传和引导，预防和疏导经济政策不确定性对市场存在的投机行为和恐慌情绪，加强对农产品批发市场的管控及农业流通组织建设等（结果及建议）。

1.4.3 如何写文献综述

文献综述和阅读应该贯穿整个研究，在确定研究题目之前，需要对研究的主体进行文献的查询，以确定合适的题目；确定了选题后，在对选题所涉及的研究领域的文献进行广泛阅读和理解的基础上，对该研究领域的研究现状（包括主要学术观点、前人研究成果和研究水平、争论焦点、存在的问题及可能的原因等）、新水平、新动态、新技术和新发现、发展前景等内容进行综合分析、归纳整理和评论，并提出自己的见解和研究思路；而在研究论文或报告中，因最终的行文和题目有可能经过一定的修订，因此文献的归纳也应随着论文或报告作一定的调整，因此本书将文献综述写作部分放在报告的写作中进行论述。

从技巧来讲，文献综述可以根据论文或报告的题目、所研究的问题展开论述，文献综述是通过分析、阅读和整理，提炼该研究问题的最新进展，并做出综合性的介绍和阐述。正因为研究问题是一个没有确定答案的问题，会有多种观点，所以综述里面不仅需要有支持你观点的论据，分析这些论据和论点的关系；同时也需要有相反观点的文献，你需要有理有据地去反驳。在文献综述中，应按照内容进行综述，而不是介绍某人的观点，所以文献的框架结构很重要。在引用文献的时候，绝不是直接把别人文章大段的内容复制粘贴进来，而是概括参考文献中的论据，并加入自己的理解，说明和研究论点的联系，这才是正确的方法。最有效的学习方式，就是去寻找几篇完整的学术论文，看看这些论文的文献综述是如何分析他人的文章观点，并与自己的论点相结合起来的。

写作完成时，首先要看一下文献的量够吗？至少 2～3 个不同来源的佐证资料，至少 1～2 个反对资料，这些资料不是“数据点”，而是他人做过相关研究后得出来的一些结论。其次，判断找的文献质量高吗？不能是随手搜到的一篇好像有点关系的文献，而应是真的找到你所研究领域的权威、可靠、有参考价值的文献，文献的引用度是衡量的标准之一。还要看引用文献的时间，是否有最新的文献，就是要考虑本研究最新的进展是什么。当然一般在文献综述的最后，还要有一部分是对前述文献进行评述，分析哪些研究做得比较多，哪些研究得还不太多，如研究的领域、研究方法、研究的应用范围等还有哪些要提高的，或者未来的研究有哪些等。

案例 1.14

仍以《经济政策不确定性对农产品产业链的价格冲击研究——基于供需双方“议价能力”视角》为例，介绍文献综述的写法（若有需要请查阅完整的文章）。

从题目上来看，这篇文章是考察经济政策不确定性对农产品价格的影响，即A对B的影响，基本的框架包含这几个方面：分析A、B、A对B的关系及影响、A和B的方法等（这篇文章中A是经济政策不确定性，B是农产品价格波动，研究的是A对B的冲击）。要分析这些，文献综述就从以下四个部分展开：①农产品价格波动的影响因素（B部分）。本部分从三个层次，即从最普遍被大家讨论的内容展开，那就是农产品生产因素和自然原因，基于农产品的供求理论、供应链流通等其他因素（这部分比较复杂，内容也很庞杂，对一篇文章来说，只是简要地提及，而如果是一篇硕士或博士论文就要展开论述）。②经济政策不确定性（A部分），如短期随机性因素（如突发经济事件、金融危机、政策变革、禽流感等）带来的经济政策不确定性。③经济政策不确定性对农产品价格的影响（A对B的影响）。从政策变动、外部金融冲击、疫情等方面进行论述。④目前研究中的不足。从市场势力的角度还没有研究，在经济政策不确定性的衡量方法及其冲击的衡量方法上还需要进一步改进等。由此可以看出，这篇文章研究的创新性和必要性。

1.4.4 研究方法

研究方法，是指在研究中发现新现象、新事物，或提出新理论、新观点，揭示事物内在规律的工具和手段。社会科学中一般包括文献调查法、观察法、思辨法、行为研究法、历史研究法、概念分析法、比较研究法等。由于人们认识问题的角度、研究对象的复杂性等因素存在，而且研究方法本身处在一个不断相互影响、相互结合、相互转化的动态发展过程中，所以对于研究方法的分类很难有一个完全统一的认识。

如果是调查研究，需要展示问卷调查的对象是谁？有多少人？问卷调查的内容是什么？如果研究方法是实验，那就需要说明实验对象是谁？实验中用到哪些工具？比如用了什么测试题、软件等。实验的具体流程是怎样的？例如，心理实验中常会用到E-Prime，需要写明该程序的操作步骤。一定要清楚、详细、有逻辑地展现研究过程，而不是只用三两句话概括。

案例 1.15 **抽样调查方法的写作**

《风险偏好、信息获取与生猪养殖污染暴露行为——基于8省1489个生猪养殖者的实证分析》，徐立峰、金卫东、陈珂，中国农村观察，2020（4）：129-144。

这篇文章使用的数据来自课题组于2018年4月～7月在全国范围内开展的实地调查。为了提高调查数据的准确性和代表性，课题组在开展正式调查之前，选择辽宁省铁岭市开展了为期1周的预调查，并在此基础上，对调查问卷进行了修改和完善。正式调查中，课题组依据《中华人民共和国行政区划简册2017》中的四大经济分区情况，在每个经济分区随机选取两个省份作为调查区域，选取的8个省份包括东部经济区的山东省和河北省，中部经济区的河南省和湖北省，西部经济区的四川省和云南省，以及东北经济区的黑龙江省和辽宁省。除此之外，考虑到大规模生猪养殖场经营规范程度较高、污染风险偏好、信息获取与生猪养殖污染暴露行为防控相对严格，而小规模生猪养殖户的生产行为存在明显的差异，在日常管理中对环境污染管控宽松，普遍存在大气和水资源污染，根据《畜禽养殖业污染物排放标准》，将调查对象设定为年出栏 3000 头以下的生猪养殖户。课题组采用分层随机抽样方法，在每个省份随机选择两个地级市，在每个地级市随机选择 5 个县（区），在每个县（区）随机选择 20 个生猪养殖户，通过面对面访谈的方式完成调查问卷。访谈的对象是生猪养殖户的户主或者家里的养殖决策者。调查员与每位受访者的面谈时间约为 1 小时，问卷内容包括受访者的个人秉性、环保及政策认知、风险偏好、污染暴露行为，以及生猪养殖户的家庭禀赋、经营状况、粪污处理情况、社会资本状况等信息。调查收集的是 2017 年的数据。调查共计收回问卷 1600 份，剔除存在数据缺失的无效问卷后，共获得有效问卷 1489 份，问卷有效率为 93.06%

从上述这个案例中，可以看出，研究方法是调查法，调查的步骤包括预调查和正式调查。该案例包含调查的范围和样本选取及其依据，调查采用随机调查的方法，调查的对象为年出栏 3000 头以下的生猪养殖户，调查的方式是面访，包含调查问卷的主要内容、调查的问卷数及有效问卷等。

案例 1.16 实验数据的选取

《我国高校课堂的就近效应及大小班差异——基于行为经济学的解释与自然实验证据》，黄湛冰、庄心棠、刘磊，苏州大学学报（教育科学版），2020，8（4）：92-103。

该论文的第三部分就详细地论述了实验的设计，对实验对象和实验状态进行了介绍，其符合随机实验的要求。对数据获取进行了介绍，在国内一所代表性普通高校，以同一年级、同一专业大类、同一门课程的一大一小两个教学班作为实验对象。获取三方面数据：整学期学生每次上课的自我座位选择位置数据、该门课程期末考试的卷面成绩、高考入学成绩。

1.4.5 研究结论和结果

结论的内容应着重反映研究结果的理论价值、实用价值及其适用范围，可提出建议或展望，也可指出有待进一步解决的关键性问题和今后研究的设想。在结论中一般应阐述以下内容：①研究结果说明了什么问题及所揭示的原理和规律（理论价值），这可以和前面提出的问题进行呼应，看是否回答了所提出的问题；②在实际应用中的意义和作用，看有没有推广的价值和意义；③与前人的研究成果进行比较，可以和文献综述部分进行对比分析；④遗留的问题及建议和展望，可以提出政策的建议或者其他建议。这些内容可根据研究结果的具体情况而定，但第一点应是必不可少的。

可以按以下的方式来检验研究结论。

（1）研究发现和研究课题、假设、社会问题应紧密相关。

（2）包含 2～3 条能够形成强有力论据的发现。

（3）你的分析推理和通过研究获得的论据之间有明确的联系，从而获得结论。

（4）回顾文献资料证据可以支持你的结论，且用清晰的逻辑分析将两者联系起来。

（5）讨论了至少 2 个研究过程中的不足、局限和以后的研究方向，发现了可以用于未来研究的其他问题或解释。

案例 1.17

调查问题：某地区居民收入水平与点外卖平均单价水平之间的关系。

收集数据来检验假设是否正确，确定最有力论据，这同时也是整个研究的核心部分。比如研究的是"某地区居民收入水平与点外卖平均单价水平之间的关系"，通过问卷调研获得了代表居民收入水平和外卖单价不同角度的几组数据，然后通过科学的数据分析方法，制作相对应的数据图表，用语言描述这些所得数据代表的含义，如几组数据显示：居民收入水平越高，点外卖的种类也越多，平均单价也越高，但是当居民收入水平超过一定水平后，外卖平均单价不会继续升高了。这就是新的发现。这意味着什么呢？是当地更贵的外卖不够多吗？还是也许公众对外卖的预期是有"天花板"的呢？还是说也许物质丰盈到一定程度后，大家就反而停止追求物质质量了呢？需要对这个发现结合文献做进一步的分析解释。

结论是对研究结果的概括性总结，本案例中居民收入水平和外卖平均单价水平之间关系的研究，最终得出的结论很可能是：并不是收入水平越高，外卖平均单价就会越高，物质丰盈到一定程度后，不再出现线性的同比增长了，人们会停止追求物质质量。同时还需回顾所完成的研究报告中有哪些地方是不足的，比较常见的是样本量不够、变量的控制不够严谨、实验操作方法不完善等，根据实际的研究情况，发现论文中还有待改进的地方；并考虑之后的研究还可以从哪些角度深入，如果在未来再次做这个项目，你会采取什么步骤来克服这些挑战，比如我们怀疑高收入的消费者可能在追求新品，但是这个研究没有足够的论点，完全可以放在这个板块，暗示下一次可以研究这个问题。

1.5　大数据背景下的统计学主要软件简介

当前，大数据技术正以全面、快速、渗透式的发展态势席卷世界。大数据技术包含存储技术（如云计算技术、数据库与数据仓库技术等）、大数据分析技术（如统计分析、数据挖掘、机器学习和深度学习等）、大数据可视化技术等。大数据是基于现代信息技术与工具的、可以量化储存和连续扩充的、各种类型的数据。统计数据是根据一定的研究目的，按照事先设计的数据定义、标准和分类，通过统计调查或实验获得的结构型的数据。大数据并不等同于统计数据。因此，统计学作为数据分析方法，必然在大数据的背景下面临着挑战和更新。

在大数据背景下，统计的分析工具更加丰富，对其使用也要有一定的取舍。一般来说，统计软件分为商业软件和共享软件。商业软件的研发、升级和服务是属于某个软件公司的，软件开发具有规范性、可推广性，分析方法都是经典的和成熟的，但销售价格较高，如 IBM SPSS Statistics、IBM SPSS Modeler、SAS 等。共享软件使用者可以到相应的网站上免费下载使用，非商业性，没有专业的公司主导开发，爱好者自由研发并上传到网上，具有随意性，除了经典的分析方法外，还拥有大量前沿的新模型、新算法，更新速度快，如 R 是常见的共享软件。

有些软件如 SPSS、EViews、SAS 等主要通过窗口、菜单、对话框等操作即可自如应用，无须掌握编程知识，为了便于推广，商业分析软件都支持这些“傻瓜”式操作。但这些操作无法最大限度地满足个性化需要。而更多的软件则需要编程方法，不仅能实现常见的数据分析目标，还能自行对现有的模型、算法进行改进、扩充，满足个性化分析的需求，R、Stata 等都是这种软件。

根据统计学原理的要求，本书除了使用 Excel，还简要地介绍 R 和 SPSS 软件。

1.5.1 R 语言入门

1. 安装 R 和 RStudio

R 是一种为统计计算和绘图而生的语言和环境，是一套开源的数据分析解决方案，由一个庞大且活跃的全球性研究型社区维护。它有以下特点：第一，R 是免费的，软件本身和程序包都是免费安装的。第二，R 是一个全面的统计研究平台，提供了各式各样的数据分析技术。几乎任何类型的数据分析工作皆可在 R 中完成。第三，拓展性强，编写函数和安装程序包十分方便，可以胜任复杂的数据分析、绘制精美图，拥有顶尖水准的制图功能。第四，R 是交互式平台，可以进行交互式数据分析和探索。第五，适用性强，R 可运行于多种平台之上（跨平台），包括 Windows、Unix 和 Mac OS X。这基本上意味着它可以运行于你所能拥有的任何计算机上。第六，完备的帮助系统。

共享性使 R 博大精深，但也会使初学者眼花缭乱，无从下手。本书根据统计分析的基本要求，分步学习 R，后续章节作相关的说明。R 可以从网站 www.r-project.org 上免费下载安装，同时为了确保不同地区 R 用户的下载速度，可以选择近的镜像站点进行安装，国内的选择中国的镜像站点。R 支持在 Windows、Linux、Mac OS X 操作系统上运行，用户可根据不同情况进行选择。

RStudio 是 RStudio 公司推出的一款 R 语言程序集成开发工具，可有效提高 R 语言程序的便利性，和 R 语言编辑环境一样，RStudio 图形具有可视化环境、方便的 R 工作空间及工作目录管理。可登录 http://www.rstudio.com 免费下载 RStudio。安装成功后使用界面如图 1-3 所示。尽量采用默认设置安装，保证 R 和 RStudio 安装在同一个父目录下；R 和 RStudio 的安装路径中不要有中文。

RStudio 有四个区域，左上方为 R 的程序代码区域，可以书写、调试和运行 R 程序。左下方为 R 的控制台窗口，是输出结果的区域。右上方为 R 的工作空间管理区域，主要显示 R 包、R 对象及历史记录。右下方为工作目录管理、图示显示及帮助区域。RStudio 的操作使用非常易学。可选择菜单［Tools（工具）→Global Optionls（全局选项）］对 RStudio 的环境进行必要的设置。

2. 拓展使用 R 包和函数

1）下载共享包

共享包的使用原则是“先下载安装，再加载，后使用”，即首先下载安装共享包，然后加载到 R 的工作空间中，最后按照前述步骤浏览包中的函数，以有形式参数或无形式参数方式调用函数。R 提供的包里有丰富的函数，在使用前需要先加载，可以调用 library() 函数。我们以“tidyverse”为例进行说明。

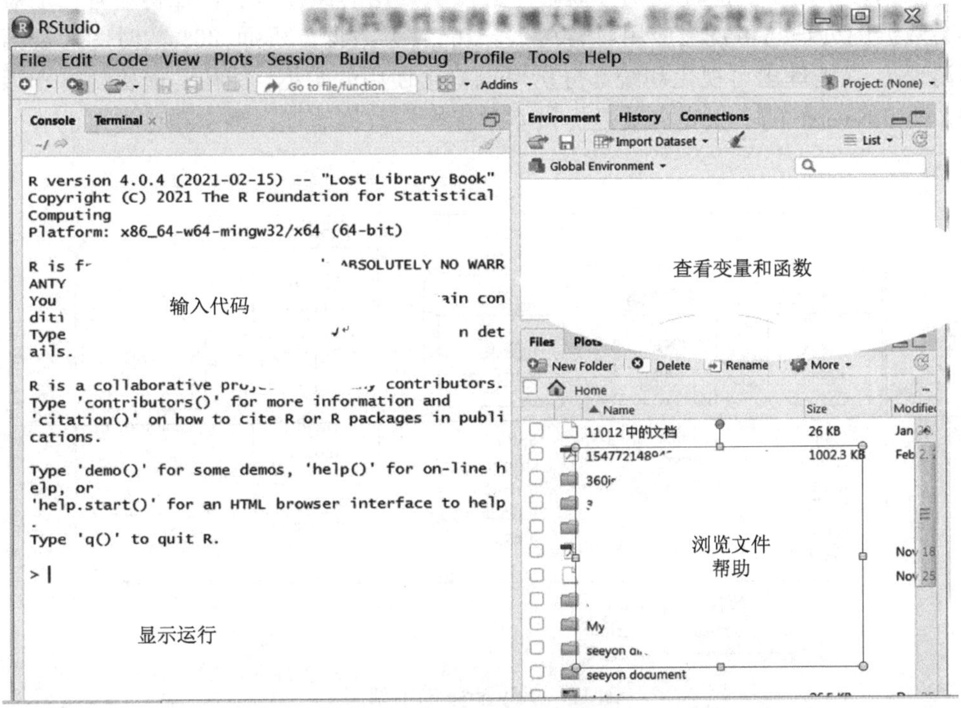

图 1-3　RStudio 使用界面

```
install.packages("tidyverse")    下载安装tidyverse
 library(tidyverse)              调用tidyverse
-- Attaching packages ------- tidyverse 1.3.0 --
√ ggplot2 3.3.3      √ purrr   0.3.4
√ tibble  3.0.6      √ dplyr   1.0.4
√ tidyr   1.1.2      √ stringr 1.4.0
√ readr   1.4.0      √ forcats 0.5.1
-- Conflicts ---------- tidyverse_conflicts() --
x dplyr::filter() masks stats::filter()
x dplyr::lag() masks stats::lag()
```

tidyverse 是一组为数据科学设计的最常用、便捷的 R 包的集合，提供了科学的数据处理整套流程的最优方案。tidyverse 出自“R 大神”Hadley Wickham（哈德利·威克姆）之手，他是 RStudio 的首席科学家，也是 ggplot2 的作者。tidyverse 就是他将自己所写的包整理成一整套数据处理的方法，包括 ggplot2（画图，可视化数据）、dplyr（操控数据，过滤、排序等）、tidyr（清理数据，转为 ggplot 可用的格式）、readr（从文件中读取数据）、purrr（提供好用的编程函数）、tibble（data.frame 的升级款）、stringr（处理字符，查找、替换等）、forcats（处理因子问题）。图 1-4 为 tidyverse 的框架图，介绍主要包。因此，对于初学者，从 tidyverse 入门是个不错的选择，可以先忽略编程这道大关，不谈向量、矩阵、数据框、因子、流程控制等概念，直接从数据的操控入手，让初学者在最短时间内学会数据的处理与可视化应用。有这么一句话：“数据分析师 80%的时间，都消耗在数据清理上。”清理出可视化和统计分析可以直接使用的数据，往往是最费精力和烦琐的过程，而 tidyverse 的一大亮点就是提供非常优秀的数据清理、整合和可视化的“一站式服务”。

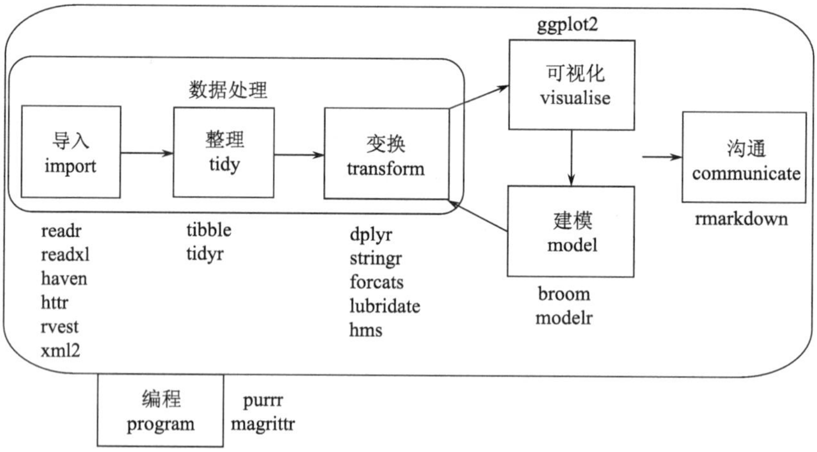

图 1-4　tidyverse 的框架图

2）了解 R 的工作环境

了解 R 的工作环境，就是看当前的空间中已经加载了哪些包，了解这些包中有哪些可以用的函数，当不知道怎么处理时，如何获得帮助文档等。

可以在提示符“>”后调用函数，于是加载包的名称列表将显示在 R 的控制台窗口中（图 1-5）。

```
> search()
 [1] ".GlobalEnv"        "tools:rstudio"     "package:stats"     "package:graphics"  "package:grDevices"
 [6] "package:utils"     "package:datasets"  "package:methods"   "Autoloads"         "package:base"
```

图 1-5　R 环境包加载过程图

表 1-6 列出了 R 初始状态下自动加载的包，包括统计、图形、数据、方法和管理等多个功能类别，以满足用户的基本编程需求。

表 1-6　R 初始状态载入包列表

包名称	功能类别
stats 包	常用统计函数
base 包	基本的 R 函数包
grDevices 包	基本图形设备管理函数包
graphics 包	基本的绘图函数包
utils 包	R 管理工具的函数包
GlobalEnv 包	用户空间包
datasets 包	基本的 R 数据集包
autoloads 包	自动加载包
methods 包	R 对象的方法和类定义函数包等

在 “>” 后调用函数，可以用 library(help=“包名称”)查看已加载包中的函数列表和说明。例如，library(help=“stats”)就可以调用 stats 包中的函数功能、名称及测试数据集等。

3. R 语言编程准备

R 语言是一种编程语言，在学习之前需要了解编程的基本方法。区分字母大小写，用分号（;）或换行符进行分隔。R 语言可以注释，用#隔开，后面的就会被 R 忽略。R 语言使用<–作为赋值符号，基本数学运算（加+，减–，乘*，除/）和平时一致。下面简要介绍一下 R 语言编程的基本准备。

1）数据类型

R 语言有不同的数据类型，按标准存在不同的划分，以下按变量性质进行划分，可使用 class()函数查看数据类型（表 1-7）。

表 1-7　使用 class()函数查看数据类型

项目	数值型（numeric）	字符型（character）	日期型（date）	逻辑型（logical）
语句	> a<-5 > class(5) [1] "numeric"	> b<-"MIKE" > class(b) [1] "character"	> c<-as.Date("2021-06-27 > class(c) [1] "Date"	> e<-TRUE > class(e) [1] "logical"

日期型数据，需要使用 as.Date()函数将读入数据从数值型转成日期型，如果还需要提取日期型的年、月、周等数据信息，则需要使用 as.numeric()函数或 as.integer()函数将日期型数据转换成数值型。其中，strftime(x,format=“”)可以定义日期型数据的格式，比如 strftime(c,“%y”)或 strftime(c,“%Y”)表示只显示年份。

```
c_year<-as.integer(strftime(c,"%Y"))
c_year
[1] 2021
c_month<-as.integer(strftime(c,"%m"))
c_month
```

```
[1] 6
 c_week<-as.integer(strftime(c,"%w"))
 c_week
[1] 0
```

2）数据结构

R 语言常见的数据结构包括：向量（vector）、矩阵（matrix）、数据框（data.frame）、列表（list）。

（1）向量。向量是用于存储数值型、字符型或逻辑型数据的一维数组。向量均为列向量。表 1-8 总结了 R 语言中用于创建不同类型向量、等差数列、重复元素、随机抽样以及生成特定分布随机数的函数及其示例。

表 1-8　R 语言数据处理与抽样函数示例表

目标	输入	输出
将元素连成向量	C(3,5,9)	3 5 9
等差整数数列	1:5	1 2 3 4 5
步长为 0.5 的等差数列	sep(3,5,by=0.5)	3 3.5 4 4.5 5
将一个向量重复 3 次	rep(3:4,times=3)	3 4 3 4 3 4
将一个向量每个元素重复 3 次	rep(3:4,each=3)	3 3 3 4 4 4
均值为 0、标准差为 3 的正态分布	norm(3,mean=0,sd=3)	−2.09 −3.52 −4.25
最大值为 1、最小值为 0 的均匀分布	runif(3,min=0,max=1)	0.63 0.05 0.61
向量中随机抽取	sample(c("A","B","E"),4,replace=TRUE)	"A" "E" "B" "E"

（2）因子（factor）可以看成包含了额外信息的向量，这些额外的信息是不同的类别，称为水平（level）。因子在 R 中非常重要，因为它决定了数据的分析方式，以及如何进行视觉呈现。

```
cut<-c("Fair","Good","very good","premium","ideal")  #创建因子
cut_factor1<-as.factor(cut)
cut_factor2<-factor(x=c("Fair","Good","very good","premium",
"ideal"),
 levels=c("Good","Fair","very good","ideal","premium"),ordered=TRUE)
#改变因子函数
```

有时我们将数值型因子向量重新转为数值型向量，需要使用 as.numeric (as.character())组合函数，而不是直接使用 as.numeric()函数。其中，as.character()函数表示将向量变成字符型，as.numeric()函数表示将向量变成数值型。

```
Num_Factor<-factor(x=c(1,3,5,2),levels=c(5,3,2,1),ordered=TRUE)
Num_Vector1<-as.numeric(as.character(Num_Factor))  #输出 1 3 5 2
Num_vector2<-as.numeric(Num_Factor)  #输出4 2 1 3
```

（3）矩阵。矩阵是一个二维表格形式，用于组织多个具有相同存储类型的变量。TRUE表示按行排列，FALSE表示按列排列。

```
a<-(1:30)   #生成一个名为a的数值型向量
data<-matrix(a,nrow=5,ncol=6,byrow=FALSE)  #将向量a按列排列放置在5行6
列的矩阵中
data
 [,1] [,2] [,3] [,4] [,5] [,6]
[1,]    1    6   11   16   21   26
[2,]    2    7   12   17   22   27
[3,]    3    8   13   18   23   28
[4,]    4    9   14   19   24   29
[5,]    5   10   15   20   25   30
data[2,3]  #第2行第3列的元素
[1] 12
data[2,]  #第2行所有元素
[1]  2  7 12 17 22 27
data[,1:3]  #第1至3列所有元素
 [,1] [,2] [,3]
[1,]    1    6   11
[2,]    2    7   12
[3,]    3    8   13
[4,]    4    9   14
[5,]    5   10   15
```

（4）建立数据框，最简单的函数是 data.frame()，输入每个变量的名称及对应的向量，每个向量的长度相同。一个数据框可能包含多个变量（向量），有时需要单独提取某个变量，使用$来访问，由“数据框$变量名”框成。

```
df<-data.frame(x=c("a","c","b"),y=4:6,z=c(2,4,5))  #定义了x,y,z的一
个数据框
View(df)  #观察数据框的内容
df
 x y z
1 a 4 2
2 c 5 4
```

```
3 b 6 5
 df[c("x","y")] x y  #选取x,y 列
1 a 4
2 c 5
3 b 6
 df[2,]  #选取第2行
  x y z
2 c 5 4
```

3）数据的导入与导出

常用外部保存的数据来进行运算并把处理好的数据从 R 语言中导出保存。数据的导入可以有不同的格式，如 csv、txt、xlsx、sql、html 等格式的数据文件。我们介绍几种常用格式的数据文件。

A. xlsx 格式数据的导入与导出

加载 xlsx 包的 read.xlsx()函数和 read.xlsx2()函数可以导入 xlsx 格式的数据文件。

```
install.packages("xlsx")  #加载xlsx包
mydata<-read_xlsx("D:\\ab.xlsx")  #读取D盘名为ab的xlsx文件
```

使用 write.xlsx()函数将数据文件导出为 xlsx 格式。

```
write.xlsx(mydata,"Data.xlsx",sheetName="sheet Name")
```

需要注意的是，如果使用 R ggplot2 绘图，通常使用一维数据列表的数据框。但如果数据表格是二维的（交叉列表），就需要使用 reshape2 包的 melt()函数或者 tidyr 包的 gather()函数，将二维数据框转换成一维数据框。

B. csv 格式数据的导入与导出

使用 read.csv()函数，可以导入 csv 格式的数据，并存储为数据框形式。需要注意的是：当 stringAsFactors=TRUE 时，R 会自动将读入的字符型变量转换成因子，但是这样很容易导致数据只按默认字母顺序展示。在导入大批量数据时，为了提高性能，尽可能分两步走。

（1）显式指定“stringsAsFactors=FALSE”。

（2）依次将所需要的数据列（向量）转换为因子。

```
mydata<-read.csv("Data.csv","sep=","na.strings="NA",stringAsFactor
s=FALSE)
```

使用 write.csv()函数，可以将 data.frame 的数据存储为 csv 格式的文件。

```
write.csv(mydata.file="File.csv")
```

C. txt 格式数据的导入与导出

使用 read.table()函数不仅可以导入 csv 格式的文件数据，还可以导入 txt 格式的文件数据，并存储为数据框数据。

```
mydata<-read.table("Data.txe",header=TRUE)
```

使用 write.table()函数可以将 data.frame 的数据存储为 csv 格式的文件。

```
write.table(mydata.file="File.txt")
```

1.5.2 SPSS 统计软件简介

SPSS（Statistical Package for the Social Sciences，社会科学统计软件包）是世界著名的统计分析软件之一。20 世纪 60 年代，由美国斯坦福大学的三位研究生开发，1975 年在芝加哥成立专门研发和经营的 SPSS 公司。随着 20 世纪 80 年代初中小型计算机的出现和应用，SPSS 公司推出了运行在 DOS 操作系统的 SPSS 微机版，确立了个人用户市场第一的地位。90 年代中后期，为迎合互联网（Internet）的广泛使用，自 SPSS 第 7 版开始，已经开发到第 29 版（2022 年 9 月由 IBM 公司开发），统称 SPSS for Windows 版。2009 年 7 月，IBM 公司收购了 SPSS 软件公司。

SPSS 软件最大的优势是易学、易用、易普及，这也是广大数据分析人员对其偏爱有加的主要原因。大量成熟的统计分析方法、完善的数据操作管理、开放的数据接口以及灵活的统计表格和统计图形，更是 SPSS 长盛不衰的重要法宝。

对 SPSS 的使用方法，本书放在后续介绍。

第2章

抽样调查与抽样方法

2.1 抽样调查

2.1.1 抽样调查的含义

不论是出于好奇心还是竞争压力，人们总希望了解现实世界普遍通行的规律。人们通过总结自身经验，会获得一些看法，所有这些看法都是基于片面的观察。通过部分现象的状况去推测更广大区域中的一般规律，是人类长期使用的认识方法。以概率论为逻辑工具，通过观察样本以了解总体规律的抽样调查方法在近一百年内盛行。比如，生产商通过抽样调查来控制生产过程，了解产品质量；市场研究机构通过抽样调查来研究产品的使用情况和消费者的反应；一些公共机构采用抽样调查方法来了解人口在就业与失业、收入与支出、住房状况、教育、健康等许多方面的情况。

2.1.2 总体与个体

进行抽样调查的首要步骤是界定所要研究的总体，总体就是包含了全部被研究个体的一个群体（可以用集合与元素的关系理解总体与个体的关系）。“个体”是分析时的最小单位，可以是物品，可以是个人，可以是家庭户，也可以是机构或其他任何单位。总体是根据研究目的设定的，并且要有明确而严密的定义。假如广州市的地铁公司要了解市民的搭乘经验，“市民”是否应该包含在广州短期旅游的游客？要不要将极少搭乘地铁的本市市民（如年长者）排除在外？“乘客”的最低年龄是多少？在定义总体时往往会出现诸如此类的问题，从而使定义总体成为一个比想象中困难、复杂的工作。

2.1.3 目标总体与抽样框

定义总体的一个可行且有益的方法是先定义一个理想的总体，即目标总体，然后根据实际情况做一些修正，形成调查总体。例如，要以某城市的所有常住居民为总体，但现役军人、外出旅游者、住院病人、监狱囚犯等人群很难调查到，使他们常常被排除在调查总体之外。先定义理想的目标总体的优点是明确识别被排除的部分，使研究者能够对统计推断的局限性有清晰认识。

对任何形式的概率抽样来说，目标总体都要有一个对应的范围，或者是一个列表，其中包含了所有性质合乎要求的个体，不多也不少，这个范围或列表就是抽样框。实际工作中，理想的抽样框很难获得。简单情况下，当总体中所有个体的名单可以获得时，该名单就是抽样框。

抽样框可以归结为三大类：名单抽样框、区域抽样框、时间抽样框。比如，对某校大学生进行抽样时，可以以该校的学生花名册为抽样框；对工业企业进行抽样时，可以使用工业企业名录作为抽样框，这样就构成了名单抽样框。把地图划分为很多面积相等的小方格，再在小方格中抽样，可以形成区域抽样框。对城市公共交通系统、工厂的流水线产品、餐馆每天的顾客等，可以按照时间进行抽样，能够获得时间抽样框。

2.1.4　概率抽样与非概率抽样

对样本性质的一个重要区分是概率抽样与非概率抽样。

概率抽样是指每个个体都有一个已知的概率入选样本。所谓“已知的概率”，粗略地可以理解为相等的概率，比如在一个电影放映厅的 200 名观众中随机抽取 20 名，设计一个抽样方法使每个人被抽中的机会都是 1/10。在比较复杂的情况下，总体中类别较多，研究目的有多个取向，设计抽样调查方案时，可能故意使不同类别个体被抽中的机会不相等。由于这些不相等的概率已知，进行统计推断时可以根据这些概率来合乎逻辑地调整推算方法。因此，概率抽样能够避免系统性偏差。

“概率”一词意味着在抽选个体的过程中须摒除主观干预。即使不考虑作弊式的主观选择，人们的思维习惯也难以保证抽样结果具有真正的随机性。有时，人们只相信自己所希望看到的现象，而对意外现象视而不见。有时，人们又相信未知事物在空间或时间上的分布是均匀的。概率抽样过程中的“随机”原则使人们在抽样时产生轻视或怠慢，认为“随机会而定”的随机抽取就是“随便”抽取，怎么抽都不会错，但“随机”是随天机，“随便”是随人便。由于人们在认识能力和行为能力上的固有特点，常常使“随便”抽样的结果明显偏离“随机”抽样。当然，什么是“正确”的随机抽样也没有一个可以在实际中进行检验的规则，因为“正确”是极限意义上的正确。

图 2-1 是用 Excel 软件生成的 24 个一维均匀分布随机点，描在数轴上的结果。图 2-2 是 1000 个 0～1 之间二维均匀分布随机点，可视为在一个二维平面中 1000 个均匀分布的随机点。从生成机制上看，这两个图是严格的随机图，但在图中，点的分布并没有想象中的“均匀”，相对而言存在着“稀疏”与“稠密”的局部差异。由此可以让我们意识到，现实世界的个体分布不会是均匀的。物以类聚，人以群分，个体分布不均匀是常态。在一个城市中，不同区域有不同的传统和功能，电脑城集聚一片，繁华商业区占据一片，写字楼通常集中在几小片。围绕着大学校园的可能是一些小饭馆，置身大城市中央商务区的大多是高档食肆……样本分布事实上不均匀，这似乎不太符合人们的直觉。为了获得随机样本，闭着眼睛抽选个体比睁着眼睛抽选个体更可靠。

图 2-1　24 个一维均匀分布随机点

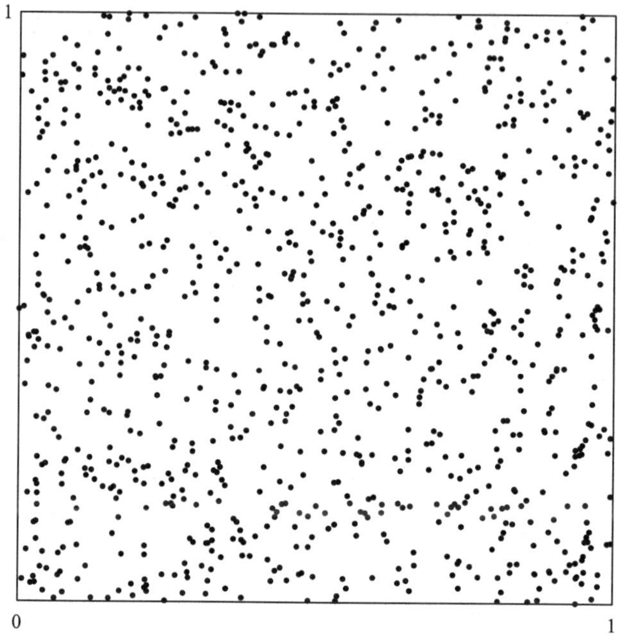

图 2-2　1000 个二维均匀分布随机点

在实际的抽样调查与总体参数估计工作中，概率抽样是一个高度专业化的过程，有许多可资利用的方法，也有许多不易避免的错误。经验粗浅者进行抽样时一定要非常谨慎，因为调查结果的价值很容易被抽样设计中所犯的错误严重损害。

非概率抽样是指未遵循随机原则的抽样方式。遵循该方式所抽选出来的群体，无法判断它是否与总体具有相同的结构，或者无法推算总体结构，因而无法使用统计学理论。一个典型的事例是“便利样本”，调查人员“随便”选择受访者，而不是“随机”选择受访者。比如，针对消费者的街头访问，地点通常在闹市，不能有效代表整个城市；受访者多数是中青年，不符合整个城市的人口年龄结构；乐意接受访问的人群与不乐意接受访问的人群之间可能存在系统差异（乐意接受访问的人可能有较多的闲暇时间，而很多消费领域的高端客户可能比较傲慢）。这些现象都导致这样的抽选过程难以获得与总体结构相同的样本，也就无法合乎逻辑地估计总体参数。

本书主要讨论概率抽样。

2.1.5　抽样调查的程序

第一，筹划方案。根据研究目标全盘安排整个调查过程，所涉及的内容非常庞杂，对筹划人的调查经验有很高要求。同时要考虑到，资料收集过程中所形成的巨大成本会对抽样过程设计形成强硬约束。

第二，设计调查问卷。问卷设计面临多重矛盾。例如，题目多则信息量大，但调查费用高；题目含义应该清晰准确，须使用较多文字渐次界定，很难做到词语简练；选择题的题目形式方便回答，但有时要准备的选项过多，受访者容易不耐烦，也比较耗时。问卷设计对技巧、经验的要求很高，往往需要向多方征求意见并多次修改。

第三，选定抽样框。把目标总体转化为一个恰当的、可操作的抽样框，可能永远难臻完美，因为涉及的因素太多了，不了解的背景知识太多了。

第四，试抽样与方案调整。先从抽样框中抽出一个容量很小的样本，可以对问卷设计、抽样框设计进行检验，及时修正错漏之处。

第五，正式抽样和实施调查。由于有关的规则已经明确，此阶段的重点在于保证调查过程中的工作质量，调查人员的责任感对于完成合格的调查工作非常重要。

第六，抽样调查工作的总结与评估。对调查过程的系统记录是积累工作经验的基础，是调查机构和调查实施人员的宝贵资料。例如，对调查人员素质或工作质量的评价，对受访者的分类与评价，对访问区域相关状态的评价等。

2.1.6　抽样误差

随机抽样所形成的样本不会恰好与总体的结构一致，观察样本所形成的统计量数值总是和总体参数数值存在差异，此差异就是抽样误差。根据中心极限定理，样本均值的方差是总体方差 σ^2 的 $1/n$（n 为样本容量），实践中，以样本方差 S^2 作为总体方差 σ^2 的估计量，则样本均值的标准误（standard error，SE）是 $S/\sqrt{n}$，它相当于抽样误差的平均水平。抽样误差的大小由两个基本因素决定，一个因素是总体自身的差异程度，总体方差 σ^2 越大，S^2 越大，抽样时的误差也越大；另一个因素是样本容量 n，观察的个体数量越多，抽样时的误差就越小，结论越可靠。

【例 2.1】　假设有 100 个男大学生的体重资料如表 2-1 所示，为方便讨论，把这 100 人视为总体。从中随机抽取 20 人或 5 人形成样本。

表 2-1　100 个男大学生的体重（单位：kg）

55	52	70	58	57	58	50	49	70	60	54	60	56	48	53	59	55	54	62	57
72	57	52	63	64	72	65	64	64	58	60	56	55	63	55	66	56	51	58	55
59	60	58	55	68	52	60	53	55	60	62	55	57	52	76	64	57	51	58	50
61	61	65	56	55	55	56	51	54	50	56	60	47	58	60	51	51	65	62	84
57	52	65	66	58	58	61	66	54	65	52	55	68	55	61	64	60	70	70	50

使用 Excel 的均值函数（average）和总体标准差函数（stdev.p）可计算得到均值为 58.7 kg，标准差为 6.46 kg。现从 100 人中随机抽取 20 人。由于这 100 个数据是随机排列的，可以将其中任意一行当作一个随机样本，比如，第 1 行的 20 人可以构成一个随机样本，第 2 行的 20 人可以构成另一个随机样本……从 5 个样本的统计量（表 2-2）中可以看到，5 个样本均值都不等于总体均值 58.7 kg，标准差也无一相等。表 2-2 中“样本均值与总体均值之差”一列中的 5 个数字就是 5 次抽样所形成误差的具体数值。显然，

由于随机抽样可以获得任意 20 人组成样本，可能的样本数目非常大①，抽样误差的数值可能有很多个。

表 2-2　5 个男生样本(n=20)的体重均值与体重标准差（单位：kg）

样本	样本均值	样本标准差	样本均值与总体均值之差
表 2-1 第 1 行	56.85	5.84	−1.85
表 2-1 第 2 行	60.30	5.99	1.60
表 2-1 第 3 行	58.10	6.19	−0.60
表 2-1 第 4 行	57.90	7.93	−0.80
表 2-1 第 5 行	60.35	6.21	1.65

抽样误差与样本容量密切相关。假设随机抽取 5 个由 5 名男大学生组成的样本（假设是表 2-1 中的第 11～15 列，每列构成一个样本），可以看出，整体而言，表 2-2 的“样本均值与总体均值之差”比表 2-3 的小一些。

表 2-3　5 个男生样本(n=5)的体重均值与体重标准差（单位：kg）

样本	样本均值	样本标准差	样本均值与总体均值之差
表 2-1 第 11 列	56.80	4.15	−1.90
表 2-1 第 12 列	57.20	2.59	−1.50
表 2-1 第 13 列	56.60	7.50	−2.10
表 2-1 第 14 列	55.20	5.72	−3.50
表 2-1 第 15 列	61.00	9.03	2.30

R 语言中采用函数 mean()计算均值，同时采用函数 sd()计算标准差，例 2.1 的 R 代码如下。

```
    x1 = c(55,52,70,58,57,58,50,49,70,60,54,60,56,48,53,59,55,54,62,57)
#第1行数据
    x2 = c(72,57,52,63,64,72,65,64,64,58,60,56,55,63,55,66,56,51,58,55)
#第2行数据
    x3 = c(59,60,58,55,68,52,60,53,55,60,62,55,57,52,76,64,57,51,58,50)
#第3行数据
    x4 = c(61,61,65,56,55,55,56,51,54,50,56,60,47,58,60,51,51,65,62,84)
#第4行数据
```

① 不重置抽样且不考虑顺序时计算可能样本数目的方法为 $N!/[n!(N-n)!]$，其中 N 为总体单位数；n 为样本单位数，即样本容量。此处在 100 人中随机抽取 20 人的可能样本数目为 5.36×10^{20}；作为数量级的比较，2024 年，世界总人口数为 80 亿人，即 8×10^{9} 人。

```
x5 = c(57,52,65,66,58,58,61,66,54,65,52,55,68,55,61,64,60,70,70,50)
#第5行数据
mean(x1); mean(x2); mean(x3); mean(x4); mean(x5);  #样本均值
sd(x1); sd(x2); sd(x3); sd(x4); sd(x5);  #样本标准差
mean(x1)-sd(x1); mean(x2)-sd(x2); mean(x3)-sd(x3); mean(x4)-sd(x4);
mean(x5)-sd(x5);  #样本均值与样本标准差之差
```

2.1.7　精度与费用

抽样的准确程度，即抽样精度是调查活动中的关键因素，它取决于风险水平（学术文献中经常叫作“显著性水平”，意思是一个统计推断的结论犯第 I 类错误的概率）和抽样标准误。当风险水平给定时，抽样标准误与样本容量的平方成正比。通常，抽样调查的费用与样本容量大致成正比，则抽样调查的准确程度与费用的平方成正比。要使抽样的精度提高一倍（即抽样误差缩小一半），样本容量须提高到以前容量的四倍，调查费用也相应地提高到以前的四倍。

抽样方式与估计方法对抽样精度也有影响。在抽样调查的筹划阶段，必须同时考虑精度与费用因素。提高精度必然花费大，悭于花费又一定导致精度下降。筹划时只能在两相矛盾的因素中，尽量调动抽样方式、估计方法等影响因素的积极作用，达到某种程度的妥协。

2.2　抽 样 方 法

2.2.1　简单随机抽样

简单随机抽样（simple random sampling）是非常直观的抽样方式，虽然在实际中应用并不多，但它是许多更繁杂方法的逻辑基础。简单随机抽样的一个执行标准是每个个体在抽样时被抽中的概率都相等。

【例 2.2】　假如某个学者想了解 4000 名大学生闲暇时的爱好，打算随机抽取 200 人做调查。可以借助随机数表（表 2-4）来完成抽取个体的过程。首先对学生编号 0000～3999，从随机数表的任意一点（比如第 2 行第 7 列）开始，横向读出四位数字 0065，则该号码被抽中，继续抽下一个号码的规则也可以是任意的，只要不提供作弊机会即可。此处假设横向读出接下来的四位，得到 2694 号、0282 号、9023 号，由于 9023 号不存在，则舍弃该数字，继续向右读到 0779 号，其余的 6267、8060、7591 都大于 3999，舍弃，再读出下面的 1281 号……如果遇到已经抽到过的号码，可以舍弃。按此规则持续进行，直到抽得 200 人为止。

表 2-4　随机数表片段

编号	1	2	3	4	5	6	7	8	9	10	11	12	13	14	15	16	17	18	19	20	21	22	23	24	25
1	53	74	23	99	67	61	32	28	69	84	94	62	67	86	24	98	33	41	19	95	47	53	53	38	09
2	63	38	06	86	54	99	00	65	26	94	02	82	90	23	07	79	62	67	80	60	75	91	12	81	19
3	35	30	58	21	46	06	72	17	10	94	25	21	31	75	96	49	28	24	00	49	55	65	79	78	07
4	63	43	36	82	69	65	51	18	37	88	61	38	44	12	45	32	92	85	88	65	54	34	81	85	35
5	98	25	37	55	26	01	91	82	81	46	74	71	12	94	97	24	02	71	37	07	03	92	18	66	75
6	02	63	21	17	69	71	50	80	89	56	38	15	70	11	48	43	40	45	86	98	00	83	26	91	03
7	64	55	22	21	82	48	22	28	06	00	61	54	13	43	91	82	78	12	23	29	06	66	24	12	27
8	85	07	26	13	89	01	10	07	82	04	59	63	69	36	03	69	11	15	83	80	13	29	54	19	28
9	58	54	16	24	15	51	54	44	82	00	62	61	65	04	69	38	18	65	18	97	85	72	13	49	21
10	34	85	27	84	87	61	48	64	56	26	90	18	48	13	26	37	70	15	42	57	65	65	80	39	07

表 2-4 中排列的随机数，0～9 这 10 个数字出现的概率都是 1/10，在容量很大的随机数表中，0～9 这 10 个数字实际出现的频率都非常接近 1/10。另外，数字之间没有任何规律。随机数表的形成原理为“随机”，假设有一个盒子中装了 10 个小球，编号为 0～9，搅拌均匀，由一个机械手取出一个球，使用扫描仪读出并记录球上所写的数字，即可获得一个随机数，把小球放回盒子，再做下一次抽取。假如这个程序执行了 10 万次，会获得 10 万个随机数。可以把这 10 万个随机数排列成一维的数列，或者二维的表格。

在 R 语言中采用 sample()实现随机数抽样，继续用写有数字 0～9 的小球模拟抽取的例子，将小球抽取后放回然后进行下一次抽取（称之为有放回的随机抽样），R 代码如下。

```
x = 0:9  #产生0到9的总体
sample(x, 100, replace = TRUE)  #replace = TRUE确认有放回
sample(x, 100, T)  #简写形式，100为抽取的样本量
```

与骰（tóu）子［或称色（shǎi）子］、硬币能够产生随机数的功能相似，随机数表也是一个随机数产生器，投掷骰子一次可以获得一个随机数，随机数表只是先收集了很多个随机数备用而已。电脑是产生随机数的高效工具。例如，Excel 软件中的 RAND 函数，可以生成均匀分布的随机数。就简单随机抽样而言，一个更方便操作的 Excel 函数是 RANDBETWEEN（本章应用的是 2010 版 Excel）。

【例 2.3】 使用 Excel 的 RANDBETWEEN 函数确定样本单位。

在 Excel 中，RANDBETWEEN 函数的功能是产生一个随机整数，其语法是 RANDBETWEEN(bottom,top)，返回的均匀分布随机整数大于或等于 bottom 且小于或等于 top。沿用例 2.2 中资料，抽取步骤如下。

（1）创建数据表格，并选中 200 个单元格，可以是 1 列乘 200 行，也可以是 5 列乘 40 行或其他可行的行数与列数组合方式。

（2）设置随机数字区域的显示格式。点住鼠标左键拖曳，选择 8 行乘 25 列，即 A1:Y8 单元格区域，单击鼠标右键，在弹出的菜单中选择“设置单元格格式”，打开“设置单元

格格式”对话框，选择“数字”选项卡，选择“自定义”选项，在“类型”文本框中输入“0000”（即替换默认的“G/通用格式”字样），表示显示 4 位数字，不足 4 位的在前面用 0 补齐，见图 2-3。此举旨在避免产生的随机数不足 4 位时可能带来的歧义。如果事先约定此项，则在此不必设置单元格的显示状态。

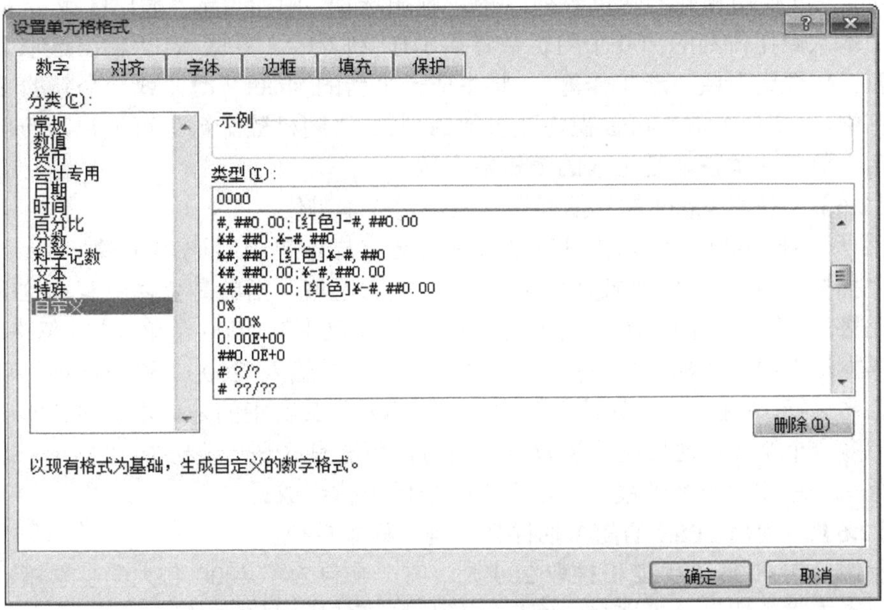

图 2-3　Excel 单元格显示 4 位数字的设置方法

（3）生成随机数字。选择 A1 单元格，输入“=RANDBETWEEN(0,3999)”，将鼠标光标置于本格的右下角，光标会呈现为黑色十字“+”（另外两种光标分别是带箭头的十字和空心十字，前者用于移动，后者是光标的默认状态，用于定位），点住左键向下拖曳到 A8 单元格（这项操作叫作“自动填充单元格”），此时会生成一列 8 个随机数，此时 A1～A8 单元格处于被选中状态，再将光标置于 A8 单元格的右下角，向右拖曳 25 列，到达 Y8 单元格，放开鼠标左键，就能生成 200 个在 0 到 3999 区间内的随机整数。在 A1 单元格进行自动填充时，也可以先向右填充到 Y1 单元格，再向下填充到 Y8 单元格。

（4）确定被选中的单位号码。选中被抽中号码的汇总区域，假设是 A10 到 Y17 区域，复制上一步生成的随机数，在 A10 单元格单击右键，在弹出的菜单中选择“选择性粘贴”下的“选择性粘贴”，选中其中的“数值”选项，上一步生成的随机整数都显示在此。（做这一步骤是因为 RAND 函数和 RANDBETWEEN 函数在输入运算符、重新打开工作表或按 F9 时，会产生新的随机数。Excel 中按下 F9 的功能是在所有打开的工作簿中计算公式。）

【例 2.4】　使用 Excel 的随机数发生器确定样本单位。

仍然假设在 4000 人中随机抽取 200 人。通常，使用 Excel 的随机数发生器功能需要先激活“数据分析”加载项，步骤如下。在 Excel 的“文件”界面，点击左侧下方的“选项”，在弹出的“Excel 选项”对话框中，点击左侧的“加载项”，出现“查看和管理 Microsoft Office 加载项”页面，点击下方“管理”旁“Excel 加载项”右边的指下三角形，选中“Excel 加载项”，点击“转到”，出现“加载宏”对话框，选中“分析工具库”前的小方框，最后点击“确定”。此时，Excel“数据”页面中的右侧将出现“数据分析”。

选定样本单位号码的步骤如下：“数据分析”→“随机数发生器”，在“随机数发生器”中，“变量个数”输入1，“随机数个数”输入200，“分布”选择“均匀”，“参数”介于“0”到“3999”，忽略“随机数基数”（此选项的功能相当于给随机数结果指定一个代号，以便下次使用相同的随机数列），在“输出选项”中如果选“输出区域”，指定A17单元格，本次操作得到的200个随机数将显示在A17～A216区域，“输出选项”也可以选择“新工作表组”或“新工作簿”，将生成一个新的sheet（薄）或一个新的Excel文件。本例中，“变量个数”可被视为随机数的列数，“随机数个数”可被视为随机数的行数，这两个数字的乘积就是生成的随机数个数。

【例2.5】 使用Excel的“抽样”工具确定样本单位。

仍然假设在4000人中随机抽取200人。选定样本单位号码的步骤如下：“数据分析”→“抽样”。在出现的“抽样”菜单中，“输入区域”指的是总体所有单位的编号所在的单元格，每个单元格的数字类型必须是数值，本例中有4000个单元格。忽略“标志”。在“抽样方法”中选“随机”，并在“样本数”的框内输入200。“输出选项”可以根据自己的意愿选择。（注：此处软件界面中的“样本数”其实指的是样本容量，即一个样本中包含了多少个个体，这与统计学教材中的习惯用法有区别，教材中，“样本”本身就是一个集合——总体的一个子集，由若干被抽取的个体组成。）

【例2.6】 使用SPSS的随机抽样功能确定样本单位。

仍然假设在4000人中随机抽取200人。有一个包含了4000名大学生学籍资料的数据集合，点击“数据”→“选择个案”，出现对话窗口如图2-4所示。

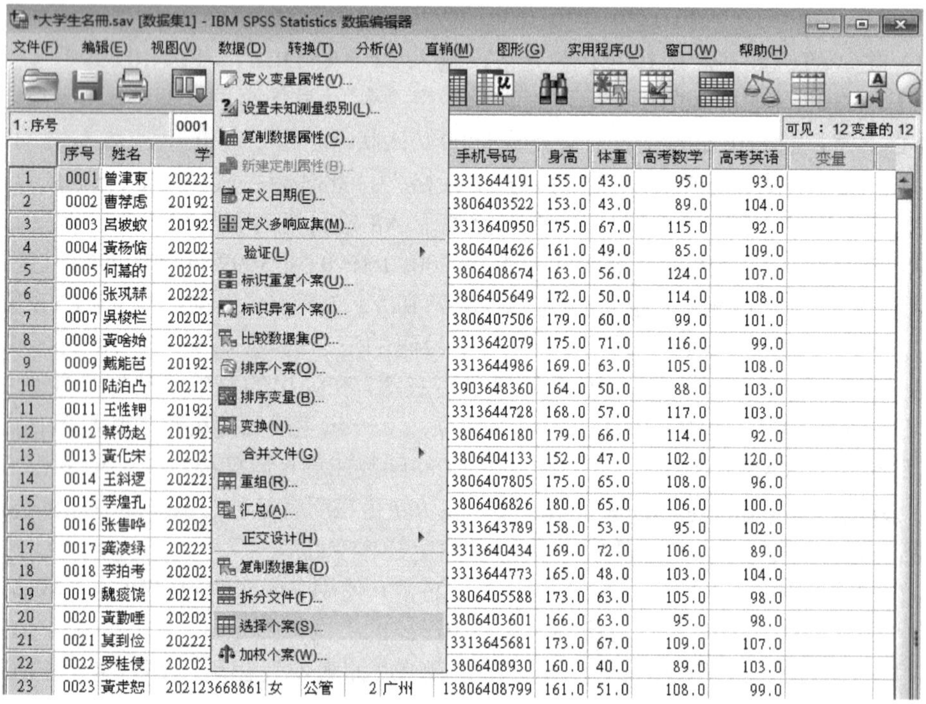

图2-4 SPSS抽样步骤一

数据皆为虚拟，不涉及任何个人隐私，下同

在图 2-5 中先选中“随机个案样本”，再点击“样本”按钮。

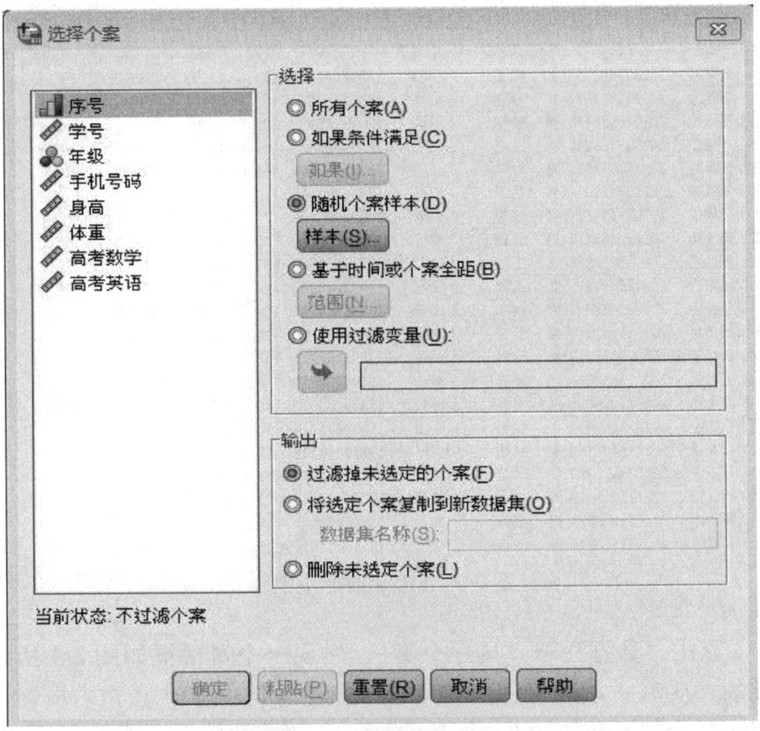

图 2-5　SPSS 抽样步骤二

出现对话框见图 2-6。其中“大约”一项，可以设定一个百分数，令软件按此比例进行随机抽样。但按此选项抽选的样本量未必严格符合要求。例如，在本例中输入 5%，其随机抽样结果未必严格等于 4000×5%=200，可能有正负 20～30 的样本量差异。如果打算精确选择 200 个个体，可以点击“精确”，在首格中填入 200，尾格中填入 4000，点击“继续”，再点击“确定”，会生成容量恰好为 200 的随机抽样样本，如图 2-7 所示。如果在首格中填入 200，在尾格中填入 2500，则 SPSS 会在序号为 0001～2500 的区间中随机抽取 200 个体。

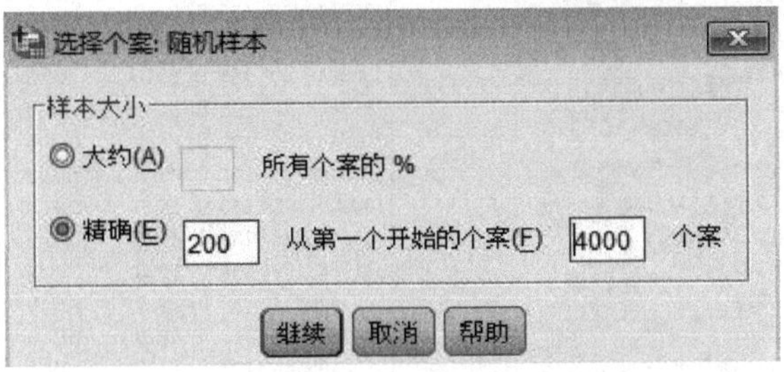

图 2-6　SPSS 抽样步骤三

图 2-7 中，右边的“filter_$”一列即为随机抽样结果，左边行号中显示“ / ”的个体未被抽中，同时“filter_$”一列中显示为 0。左边行号中未画斜线，且“filter_$”一

列中显示为 1 者，是被抽中的个体，如图 2-7 中的 12 号和 20 号。它们随机地分散在序号为 0001～4000 的区间中，共 200 项。可以通过排序方法获得随机样本。

	序号	姓名	学号	性别	学院	年级	生源地	手机号码	身高	体重	高考数学	高考英语	filter_$
1	0001	曾津東	202223608252	女	电工	1	揭阳	13313644191	155.0	43.0	95.0	93.0	0
2	0002	曹荐虑	201923617928	女	海洋	4	雲浮	13806403522	153.0	43.0	89.0	104.0	0
3	0003	吕坡蚊	201923628499	男	林学	4	深圳	13313640950	175.0	67.0	115.0	92.0	0
4	0004	黃杨惦	202023638848	女	工程	3	江门	13806404626	161.0	49.0	85.0	109.0	0
5	0005	何幕的	202023628831	男	林学	3	江门	13806408674	163.0	56.0	124.0	107.0	0
6	0006	张巩棘	202223658916	男	艺術	1	韶关	13806405649	172.0	50.0	114.0	108.0	0
7	0007	吳梭栏	202023647829	男	经管	3	深圳	13806407506	179.0	60.0	99.0	101.0	0
8	0008	黃啥始	202223668281	男	公管	1	韶关	13313642079	175.0	71.0	116.0	99.0	0
9	0009	戴能芭	201923638806	男	工程	4	江门	13313644986	169.0	63.0	105.0	108.0	0
10	0010	陆泊凸	202123637972	女	工程	2	梅州	13903648360	164.0	50.0	88.0	103.0	0
11	0011	王性钾	201923628094	男	林学	4	清远	13313644728	168.0	57.0	117.0	103.0	0
12	0012	幇仍赵	201923667864	男	公管	4	阳江	13806406180	179.0	66.0	114.0	92.0	1
13	0013	黃化宋	202023677849	女	动科	3	汕头	13806404133	152.0	47.0	102.0	120.0	0
14	0014	王斜逻	202223688001	男	兽医	1	佛山	13806407805	175.0	65.0	108.0	96.0	0
15	0015	李煌孔	202023698065	男	食品	3	深圳	13806406826	180.0	65.0	106.0	100.0	0
16	0016	张售哗	202023667832	女	公管	3	中山	13313643789	158.0	53.0	95.0	102.0	0
17	0017	龚凑绿	202223408140	男	材能	1	广州	13313640434	169.0	72.0	106.0	89.0	0
18	0018	李拍考	202023628207	女	林学	3	深圳	13313644773	165.0	48.0	103.0	104.0	0
19	0019	魏痰饶	202123418450	男	外语	2	肇庆	13806405588	173.0	63.0	105.0	98.0	0
20	0020	黃勤唾	202023668224	男	公管	3	佛山	13806403601	166.0	63.0	95.0	98.0	1
21	0021	萁到俭	202223698240	男	食品	1	广州	13313645681	173.0	67.0	109.0	107.0	0

图 2-7　SPSS 抽样步骤四

图 2-8 中，点击“数据”→“排序个案”，出现一个对话框如图 2-9 所示。在左边窗口中选择底部的“从第一 4000 个案…”（即“filter_$”一列），点击右向箭头，使之进入“排序依据”窗口，再选中“降序”，点击“确定”，即可获得容量为 200 的随机抽样样本，如图 2-10 所示。

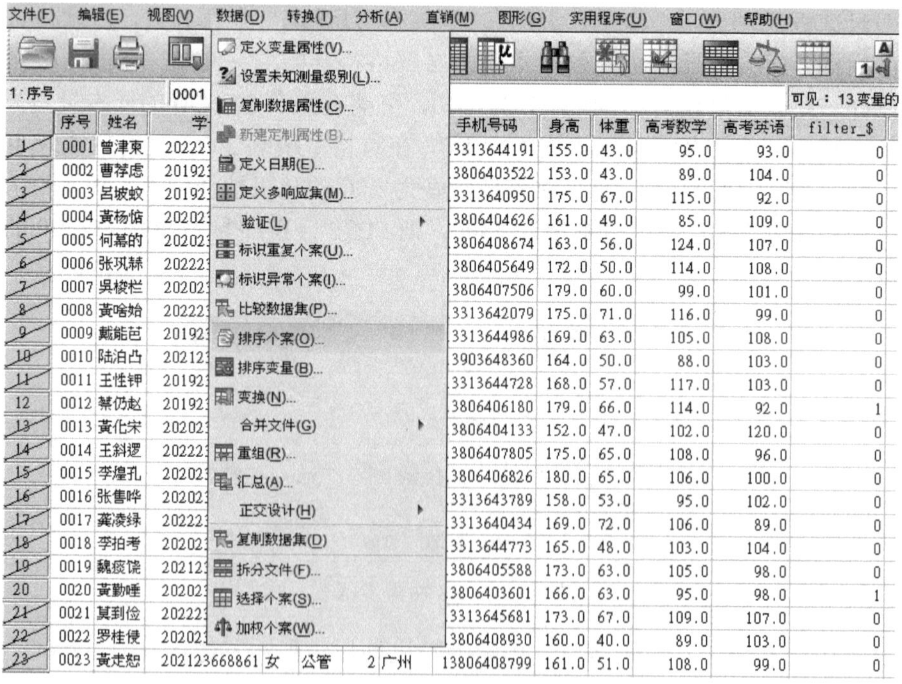

图 2-8　SPSS 抽样步骤五

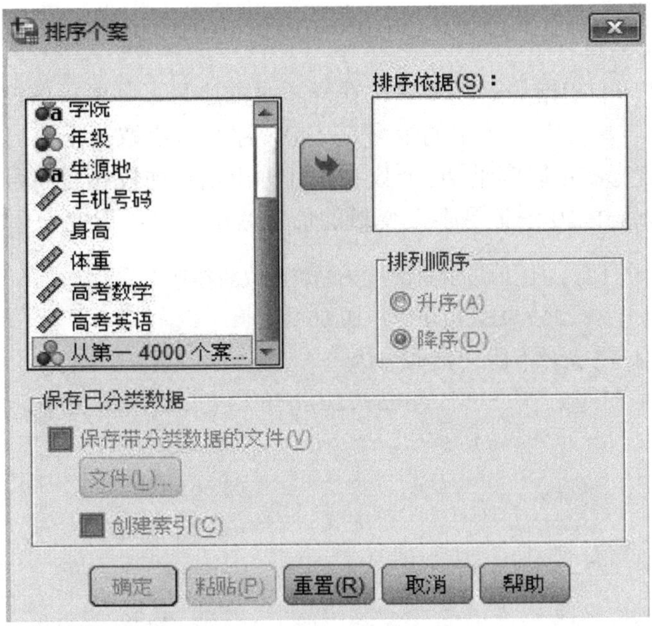

图 2-9　SPSS 抽样步骤六

	序号	姓名	学号	性别	学院	年级	生源地	手机号码	身高	体重	高考数学	高考英语	filter_$
195	3927	刘易润	201923552677	男	经管	4	茂名	13680823207	174.0	69.0	102.0	108.0	1
196	3938	王旅局	202123597354	男	数信	2	湛江	13923782677	169.0	55.0	103.0	97.0	1
197	3961	龙倩县	201923494535	男	公管	4	惠州	13565933593	180.0	68.0	104.0	90.0	1
198	3963	黎弘徐	201923437472	男	兽医	4	江门	13719825465	183.0	73.0	92.0	95.0	1
199	3966	刘鱼苟	202123651019	男	水利	2	东莞	13923085115	174.0	66.0	119.0	93.0	1
200	3989	吳责钉	201923557707	男	经管	4	揭阳	13584033480	168.0	54.0	107.0	106.0	1
201	0001	曾津東	202223608252	女	电工	1	揭阳	13313644191	155.0	43.0	95.0	93.0	0
202	0002	曹梣虑	201923617928	女	海洋	4	雲浮	13806403522	153.0	43.0	89.0	104.0	0

图 2-10　SPSS 抽样步骤七

在图 2-10 中，左边行号的 1～200 号都是被随机选中的个体，201～4000 号未被选中。至此，我们使用简单随机抽样方法在 4000 人中抽选了 200 人，获得了随机样本。

【例 2.7】　使用 R 语言进行简单随机抽样。

R 语言的基础包中有 sample()函数可用于简单随机抽样。假设使用 R 语言的鸢尾花数据集 iris。使用 sample()函数，总体容量 N 为 150，抽取简单随机样本的容量 n 为 20，默认为无放回抽样。

```
N<-nrow(iris)  #将文件iris的总行数设为N
sample(N,20)
```

运行上述代码，输出结果如下：

```
[1] 7 110 102 48 124 105 2 76 133 27 80 46 138 73 96 92 44
```

```
[18] 140 120 1
```

注：此处的[1]和[18]指的是样本单位在样本中的序号，由 R 程序窗口自动添加，[18]指的是第 18 个样本单位在总体中的编号是 140。序号数字取决于窗口的宽度，在例 2.7 中，如果窗口比较宽，足以容纳 20 个数字，则输出结果中仅包含序号[1]。

如果需要将 iris 中 10 条记录多个变量的信息读出，可以设定一个向量，如下。

```
s1<-sample(N,10);s1  #设定向量s1为随机抽取的行号
[1] 4 140 147 32 107 13 119 97 6 100
iris[s1,]  #显示总体中被抽中样本的集合
Sepal.Length  Sepal.Width  Petal.Length  Petal.Width  Species
4      4.6     3.1     1.5     0.2     setosa
140    6.9     3.1     5.4     2.1     virginica
147    6.3     2.5     5.0     1.9     virginica
32     5.4     3.4     1.5     0.4     setosa
107    4.9     2.5     4.5     1.7     virginica
13     4.8     3.0     1.4     0.1     setosa
119    7.7     2.6     6.9     2.3     virginica
97     5.7     2.9     4.2     1.3     versicolor
6      5.4     3.9     1.7     0.4     setosa
100    5.7     2.8     4.1     1.3     versicolor
```

2.2.2 等距抽样

简单随机抽样的原理很直观，但如果总体很大，或者样本很大，简单随机抽样在实际操作中很难实现，缺乏实用价值。等距抽样，也称系统抽样（systematic sampling），就显得简便易行——从一个随机起点开始，每经过 k 个个体就抽取一个，被抽中个体组合为样本。例如，从 4000 人中抽取 200 人，相当于从每 20 人中抽取一人，在 1～20 中随机抽取一个整数，假设是 8，再每隔 20 人抽取一人纳入样本，即 8、28、48、68……3968，抽到 3988 号时就达到了 200 人。

实际中的总体单位数 N 和样本容量 n 可能不恰好是整千整万的数字，基本原则是每隔 N/n 个单位抽选一个个体。

【例 2.8】 运用等距抽样，在 1453 人中抽取 64 人。先对 1453 人进行编号，1453/64=22.7，在 1～22 号中随机选取一个号码 18，每隔 22 人抽取一人，则抽中的号码从 18 号开始，形成一个等差数列，公差是 22，遍历其群，可以抽到 66 人，如果认为大于 64 人的样本是不必要的，可以在抽取完 64 人时停止抽样过程。但不能每隔 23 人抽取一人，那样会抽到 63 人，不足 64。

等距抽样的一个必要条件是总体中所有个体要有编号，且这些编号与要研究的变量之间不存在相互影响的关系，经过排序可以构成一个一维的数列，再以其编号当作等距

抽样时所使用的抽样框。比如对人名、身份证号码、电话号码、学号等编码进行抽样，排序很方便，以序号为对象做等距抽样也会非常便利。

如果排序依据的信息与所研究的现象存在相互影响的关系，等距抽样须做调整。例如，某大型超市要研究使用会员卡的顾客在消费行为方面有何特点。如果按照每张会员卡的消费金额排升序，再依据序号进行等距抽样，可能造成系统性的偏差。比如抽取 1/20 的顾客做研究，在 1～20 号中随机抽到了 3 号，依照前述规则，应该抽取编号为 3、23、43、63……的顾客，它们分别代表 1～20、21～40、41～60、61～80……各编号区间的顾客，由于每 20 人中的第 3 人总是偏低的，等距抽样所形成的样本均值也会偏低，此法显然有缺陷。此时，可以采取“对称等距”的抽样方法，即在 1～20 号中抽取第 3 号，在 21～40 号中抽取倒数第 3 号，即 38 号，在 41～60 号中抽第 43 号，在 61～80 号中抽取倒数第 3 号，即 78 号……这样就能避免整体偏小的问题。

如前述，事物实际的空间分布或时间分布都不会是均匀的，在人们对这个不均匀状况一无所知时，风险最小的方法是采用纯随机抽样的方式，以避免产生抽样偏差，等距抽样方式也具有相同的作用。当人们对总体分布状况有一定的知识时，应该充分利用这些知识，提高抽样过程的工作效率。

【例 2.9】　使用 R 语言 UPsystematic 命令进行等距抽样。

以 iris 数据集合为抽样判断的列。

```
data <- iris;   #Sepal.Width 数据集
sample_size <- 10   #定义样本大小
n <- nrow(data)   #数据集的总长度
interval <- floor(n / sample_size)   #取样间隔
#使用向下取整函数 floor()确保索引不会超出范围，round()函数不可以用
start_index <- sample(1:interval, 1)   #随机选择一个起始点
indices <- seq(start_index, n, by = interval)   #生成等距样本的索引
sample <- data[indices,]   #获取等距样本
print(indices)   #抽中的行下标
print(sample)   #输出结果
[1]  12  27  42  57  72  87 102 117 132 147   #总体中 150 个单位，被抽中者下标
 Sepal.Length  Sepal.Width  Petal.Length  Petal.Width   Species
12      4.8      3.4      1.6      0.2     setosa
27      5.0      3.4      1.6      0.4     setosa
42      4.5      2.3      1.3      0.3     setosa
57      6.3      3.3      4.7      1.6     versicolor
72      6.1      2.8      4.0      1.3     versicolor
87      6.7      3.1      4.7      1.5     versicolor
102     5.8      2.7      5.1      1.9     virginica
117     6.5      3.0      5.5      1.8     virginica
132     7.9      3.8      6.4      2.0     virginica
```

```
  147      6.3       2.5        5.0        1.9    virginica
```

2.2.3 分层抽样

政府统计资料或研究机构、商业机构、社会团体所做的研究能够为抽样调查提供很多值得参考的信息。比如政府统计资料中，在行政区划、人口城乡分布、人口的产业分布、人口的年龄结构和性别结构、消费结构、消费行为、健康状况、教育状况等非常广泛的领域都有宏观的统计数据，细致到市辖区一级的资料都能很方便地查阅。这些资料既可以作为重要的辅助信息用于改进抽样过程设计，也可以在数据分析阶段提高样本估计量的准确程度。

分层抽样（stratified sampling）的实质是利用辅助信息将总体划分为若干个子总体，或称为“层”，再分别从每个层中抽取样本单位。由于辅助资料提供了宏观的背景知识，研究者可以控制各层中应该抽取的样本量，而不必全由随机数发生器来决定。各层的样本量通常与各层的规模成正比，人数少的层抽取较少单位，人数多的层抽取较多单位。当然，在辅助信息比较充分且各层之间在规模、特点等方面差异较大时，也可以在各层采用不同的抽样比例。本书仅考虑在各层之内使用简单随机抽样方式抽选样本单位。

【例 2.10】 对大学生进行分层抽样。

假设 4 个年级的大学生共有 3864 名，视为总体，打算抽取其中的 189 人研究其使用手机社交软件的情况。按照等比例原则进行抽样，在每层之内可以进行简单随机抽样，也可以采用等距抽样方式，3864 名大学生分层抽样结果见表 2-5。

表 2-5 3864 名大学生分层抽样结果

年级	人数/人	比重/%	样本量
一年级	942	24.38	46
二年级	973	25.18	48
三年级	965	24.97	47
四年级	984	25.47	48
合计	3864	100	189

为了提高抽样调查的工作效率，进行分层抽样时，可以利用多种背景信息或辅助信息，分层时应该尽量缩小层内个体的差异，使层间的差异扩大，从而提高抽样估计的精度。例 2.10 中，不同年级的大学生在玩手机时会有不同的“境界”，同一年级的同学之间相似程度相对较高，不同年级同学之间的相似程度相对较低，在每一层中进行随机抽样，既可以提高各层内的估计精度，也能使样本具有广泛的代表性。

分层抽样在实际中经常运用，由于有丰富的辅助信息，差不多所有大型抽样调查都要使用分层抽样方法，便于对调查过程的组织和管理，其工作效率明显高于简单随机抽样和等距抽样。

【例 2.11】 使用 R 统计软件包进行分层抽样。

设有大学生名册“student.csv”文件，包含 1330 条记录。现在按性别（变量名为 sex）

分层，各抽 64 名同学。须定义分层抽样涉及的变量：总体单位数 N，第 h 层的单位数 Nh，层数 L，各层样本单位数量 nh。

```
#安装并导入sampling包和survey包
install.packages("sampling")
install.packages("survey")
library(grid)
library(sampling)
library(survey)
setwd("D:\\studentfile")    #将d盘studentfile文件夹设为工作目录
data <- read.csv("student.csv")   #读取student.csv中的数据
N <- nrow(data)   #将文件中的总记录数赋值为N
Nh <- table(data$sex)   #列出文件中sex的类别
L <- length(unique(data$sex))   #读取“层”的数量，此处为2
nh <-rep(64,L)
st<-sampling:::strata(data[order(data$sex),],stratanames="sex",size=c(
64,64),method="srswor")
 data.strata<-getdata(data,st)
 data.strata   #显示抽样结果
序号  姓名  学院  年级  生源地  单日消费  sex
3    吕坡蚊  林学  4  深圳  18  男
5    何幕的  林学  3  江门  15  男
8    黄啥始  公管  1  韶关  23  男
……（共64行，略）
716  罗利栽  艺术  4  潮州  22  女
736  吴涤粘  电工  1  深圳  19  女
745  孔脑市  水利  3  深圳  20  女
747  周惬乓  艺术  4  梅州  17  女
……（共64行，略）
```

2.2.4 整群抽样

“群”可以视为一个自然出现的单位，整群抽样（cluster sampling）就是以群为单位进行抽样，群内的所有个体都被当作样本单位。如果以一所大学的所有学生为总体，一个行政班级、一间学生宿舍、一间自习室中的所有学生都可以成为群；如果以一座城市的所有酒店员工为总体，每间酒店天然地就能构成一个群；如果以一座城市的所有市民为总体，每一栋居民住宅楼也可以成为一个群。

从形式上看，把一个总体划分为若干个子总体的过程中，既可以把子总体视为“层”，也可以把子总体视为“群”。但从抽样的角度看，希望达到的效果是，层内个体的差异尽量小，层间（如各层的均值）的差异比较大，抽样估计可以获得较高精度的层信息，如大学生按照年级划分。群内差异应该较大，群间却比较相似。换言之，群内包罗万象，群间难分轩轾。例如，大学生的各个班级中，男女混杂、家乡各异、高矮相间、胖瘦兼备，每个班内的同学差异大，但这个个体之间差异较大的现象在每个班级都近似。

进一步从形式上看，先将总体划分为若干个子总体，还可以继续在子总体内划分出子子总体。因此，层或群的概念可被定义为总体到个体之间不同等级集合的名称。

【例 2.12】 整群抽样与分层抽样的区别。

分层抽样：某公司的雇员按照工作部门（销售部、财务部、市场部、广告部……）分层，在每个部门随机抽取 1/7 的雇员。

整群抽样：某酒店集团下辖 27 家酒店，从中随机抽取 8 家，对被选中酒店的所有雇员进行调查。

【例 2.13】 以整栋居民楼为抽样单位。

一些小型超市顺应时势，打算利用网络销售蔬菜、水果等生鲜农产品。为了了解居民的消费习惯和意向，要对居民户进行抽样调查。在他们预计的服务区域内，大约有 20 万人，利用地图判断，居民居住在约 2500 栋楼房内，对居民楼进行编号，再用简单随机抽样方式从 2500 栋楼中抽取 30 栋，将这 30 栋楼中的所有居民户作为样本单位。

【例 2.14】 使用 R 语言进行整群抽样。

某大学生社团的成员来自多个学院，如果随机抽中若干个学院（变量名为 college）的所有学生作为样本，可使用 cluster 函数进行整群抽样。假设打算随机抽取 6 个学院的学生，命令如下。

```
c <- sampling cluster(data,clustername="college",size=6,method="srswor",
description=TRUE)
c <- getdata(data,c)
c
```

（下面会显示被抽中的 6 个学院的所有学生，此处略。）

2.2.5 多阶段抽样

整群抽样时，被抽中群内的所有个体全被纳入样本。但在有些情况下，调查范围很广，每个群内的单位数也很大，并不利于进行整群抽样。此时，可以把群划分为不同的等级，进行多阶段抽样（multistage sampling）。

【例 2.15】 对大学生进行两阶段抽样。

某大学的 42 072 名学生分布在 21 个学院的 1275 个班级中，要了解大学生在食堂的消费偏好。可以先在 21 个学院内随机抽取 8 个学院，再在这 8 个学院的 497 个班级内抽取 25 个班级，由这 25 个班级的 826 人构成样本。

多阶段抽样是一种常用的抽样方法。其一个优点是“高效”，如样本单位比较集中、便于调查、费用较低；另一个优点是不必依赖涵盖了所有个体的抽样框，在大型集合内先抽取中型集合，再在中型集合内抽取小型集合，最终由所有小型集合内的个体组成样本。

案例 2.1 C 市农村千户调查网抽样方案

一、组建 C 市农村调查网的必要性

建立一个覆盖全市农村地区的 C 市农村调查网，将社情民意调查向农村地区延伸，真正做到听民声、集民意、聚民智、解民难。

二、样本量分配与样本覆盖范围

C 市农村调查网以 C 市农村地区常住户为调查对象，网络覆盖 B、P、H、N、L、Z、CH 等 7 区（县级市），按各区农村常住户的分布比例进行抽样。

C 市下辖 36 个镇，1142 个村委会，共有常住户 1 472 407 户。调查设计总样本量为 1000 户，总体抽样比例为 0.679‰，区样本量的分配在总体抽样比例的基础上进行调整。为确保各区抽取的样本能够对本区具有较高的代表性，同时使样本能够兼顾 C 市农村传统和现代性特征，设各区抽取户数占总户数比重不少于万分之三，抽取村委会个数不少于 8%，各区抽取户数不少于 80 户，不多于 200 户。各区（县级市）样本量分配如表 2-6 所示。

表 2-6　各区（县级市）样本量分配表

项目	户数/户	应分配样本户数/户	应抽取户数下限/户	村委会数/个	抽取村委会数下限/个	实际拟抽取的样本户数/户	实际抽样比例/‰
栏序	1	2	3	4	5	6	7
B 区	190 973	130	57	118	9	90	0.471
P 区	490 282	333	147	177	14	150	0.306
H 区	177 370	120	53	188	15	150	0.846
N 区	23 0953	157	69	128	10	150	0.649
L 区	25 398	17	8	28	2	80	3.150
Z 市	225 016	153	68	282	23	200	0.889
CH 市	132 415	90	40	221	18	180	1.359
全市	1 472 407	1 000	442	1 142	91	1 000	0.679

注：①栏 2 为按相同比例抽样的户数，公式为：栏 2=栏 1×0.679‰；②栏 3 为各区（县级市）应抽取的户数下限，公式为：栏 3=栏 1×0.3‰；③栏 5 为各区（县级市）应抽取的村委会数下限，公式为：栏 5=栏 4×8%；④栏 6 为各区（县级市）实际拟抽取的样本户数，在栏 2、栏 3、栏 4 的基础上调整确定；⑤栏 7 为实际抽样比例，计算公式为：栏 7=栏 6/栏 1

三、抽样方法：多阶段整群抽样

按照已确定的各区调查样本量，采用多阶段整群抽样的方法进行抽样，其步骤如下。

第一步：抽取村委会。对各区辖下村委会按行政区划地址代码进行排序，根据该村委会的常住户数与抽取的村委会数计算间距，随机确定起点，等距抽取村委会。

举例：要在 B 区农村地区抽取 90 户常住户，每个村委会内抽取 10 户，需在 B 区 118 个村委会中抽取 9 个村委会。B 区农村常住户为 190 973 户，抽样间距（G2）=190 973

÷9=21 219，使用随机函数 ROUND(RAND()*G2,0)确定起点，如起点为 9456，第 9456 户所落村委会即为第一个中选村委会；起点加上间距即 21 219+9456=30 675，第 30 675 户所落村委会即为第二个中选村委会。以此类推，直至抽完 9 个村委会。B 区各村委会一览表见表 2-7。

表 2-7　B 区各村委会一览表（节选）

村委会	行政区划地址代码	常住户数/户	累计数/户
DH 村委会	44**11**03200	6 640	6 640
HT 村委会	44**11**03201	2 343	8 983
XX 村委会	44**11**03202	692	9 675
MX 村委会	44**11**03203	1 306	10 981
MQ 村委会	44**11**03204	1 035	12 016
GZ 村委会	44**11**03205	2 392	14 408
RH 村委会	44**11**03206	2 460	16 868
XC 村委会	44**11**03207	2 862	19 730
AG 村委会	44**11**03208	1 442	21 172
FH 村委会	44**11**03209	2 504	23 676
HL 村委会	44**11**03210	1 009	24 685
GW 村委会	44**11**03211	1 153	25 838
FS 村委会	44**11**03212	1 732	27 570
DX 村委会	44**11**03213	1 124	28 694
TC 村委会	44**11**03214	1 021	29 715
YH 村委会	44**11**03215	1 859	31 574
XS 村委会	44**11**03216	2 493	34 067
HET 村委会	44**11**03217	2 119	36 186
……			

根据这一抽样方法，最终确定中选村委会为 B 区 RH 镇 XX 村委会（10 户）、YH 村委会（10 户），TH 镇 DY 村委会（10 户），RH 镇 GZ 村委会（10 户）、YX 村委会（10 户），ZLT 镇 WLG 村委会（10 户）、LT 村委会（10 户），JG 镇 SL 村委会（10 户）、YB 村委会（10 户）。按照同一方法，依次抽取各区中选村委会。

第二步：建立有效户名册。

中选村委会利用日常计生、民政、户籍等登记资料，对名册内的常住户进行核实与确认，剔除搬迁户、空挂户、死亡户、超龄户等。各村委会对核实后的有效户名册，按照常住户地址门牌号顺序进行排列，建立符合调查户条件的有效户名册。

第三步：抽取调查样本户。

（1）计算抽取调查户的间隔数。为保证调查户均匀分布，在村委会的有效户名册中，采用随机等距整群抽样的方法，连续抽出 2 户为 1 群，10 户即为 5 群。间隔数=中选村委会辖区内所有符合调查户条件的常住户数÷5。

举例：2013 年底，B 区 RH 镇 XX 村委会常住户为 692 户，假设村委会对本村内常住户情况进行核实后的有效常住户为 648 户。根据第一步抽样结果，B 区 RH 镇 XX 村委会应抽取 10 户，每 2 户为一群，共抽取 5 群，那么，抽样间隔数=648 户÷5 群=129.6 户，即每群间隔为 130 户（间隔数四舍五入取整数）。然后连续抽取 2 户，抽出 5 群（次）共 10 户。需要注意的是：各村委会辖区内的样本数及符合调查户条件的常住户数不同，间隔数都必须单独计算。

（2）确定随机抽样起点户。为了保证抽样的统一性，全市抽样起点规定为第 5 户。例如，B 区 RH 镇 XX 村委会将符合调查户条件的常住户按地址门牌号顺序排列，从第 5 户（含第 5 户）起开始抽样，第 5 户、6 户即为第一群，然后在该群第一户的序号上加上间隔数 130，则第二群抽出的序列号为第 135 户、136 户。以此类推，直至 10 户抽样完成。

四、缺失样本户的处理

如果按抽样方法抽出的调查户不愿意配合调查，或是出现调查期间调查户无人（如出外旅游等）、调查户迁移、调查户中没有符合条件的被调查者等情况，可对调查户进行更换，紧跟需要被替换的原中选户所在群的居住地址往下选。如果上门期间，第 5 户不符合条件，则应按照门牌号顺延到下一户，但由于抽样是通过整群抽样进行的，第 5 户、6 户都是调查对象，则跳过第 6 户顺延至第 7 户，直到选中符合有效样本户所有条件的常住户。新更户原则上与被替换户在家庭人数及结构上应大致相等。抽取完成后，每户都需填写《C 市农村千户调查户基本情况表》。

五、数据汇总与抽样误差估计

（1）数据汇总。调查指标计算公式如下：①平均指标（如家庭平均人口）=全部抽样调查总人口/调查户总户数；②相对指标（如 15～60 岁人口占总人口的比例）=调查的 15～60 岁人口/调查户总人口。

（2）误差估计。该市农村千户调查网采用的是大样本抽样，且是多阶段整群抽样，其抽样误差估计可采用简单随机抽样误差估计方法近似计算。①平均指标（如家庭平均人口）：抽样标准误差 $S_i=\dfrac{S}{\sqrt{n}}$，其中 S 为样本标准差，n 为样本户数。②相对指标（如 15～60 岁人口占总人口的比例）：抽样标准误差为 $\sqrt{p(1-p)/n}$，其中 p 为样本中 15～60 岁人口占总人口的比例，n 为调查户总人口。③允许误差 $\varDelta_{市}$=1.96×标准误差 $S_{市}$。④相对误差 R=允许误差/指标数据×100%。⑤全市调查指标有 95%的把握在全市调查指标值±允许误差 $\varDelta_{市}$之间。

（3）样本检验。抽取样本后，将样本设计的主要指标对比 2024 年农村基本情况及农业生产条件表和第七次全国人口普查数据，进行误差检验，对样本质量进行评估。

第3章

数据的图表展示

3.1 数据的审核与编录

3.1.1 数据的审核、筛选

1. 数据的审核

数据的审核就是整理资料前对原始资料进行审查与核实。数据审核的一般原则：真实性、标准性、逻辑性和完整性。

1）对原始数据的审核

审核原始数据（raw data）准确性的方法包含逻辑检查和计算检查。逻辑检查是从定性角度，审核数据是否符合逻辑，内容是否合理，各项目或数字之间有无相互矛盾的现象，主要用于对分类数据和顺序数据的审核。计算检查是检查调查表中的各项数据在计算结果和计算方法上有无错误，主要用于对数值型数据的审核。

2）对二手数据的审核

二手数据（second hand data）的审核包含适用性审核和时效性审核。适用性审核主要是弄清楚数据的来源、数据的口径以及有关的背景材料，以确定数据是否符合分析研究的需要。时效性审核要求尽可能使用最新的数据。数据审核的目的是确认是否有必要对现有的数据做进一步的加工整理。

2. 数据筛选

当数据中的错误不能予以纠正，或者有些数据不符合调查的要求而又无法弥补时，需要对数据进行筛选。数据筛选（data filter）有两种情况：一是将某些不符合要求的数据或有明显错误的数据予以剔除；二是将符合某种特定条件的数据筛选出来，而将不符合特定条件的数据予以剔除。

3.1.2　用不同软件做数据筛选

1. 用 Excel 进行数据筛选

步骤一：在 Excel 中输入图 3-1 中的数据。

	A	B	C	D	E
1	小卖部	华农酸奶	可乐	雪碧	橙汁
2	华山小卖部	6.9	6.8	8.4	8.6
3	五山小卖部	9.1	7.5	9.5	9.4
4	跃进南小卖部	5.4	8.8	6.7	7.8
5	跃进北小卖部	8.1	6	8.6	6.4
6	三角市小卖部	7.5	9.6	8.1	8.3
7	西点屋	8.3	7.2	6.6	7.1
8	嵩山小卖部	7.5	5.8	7.6	9
9	茶山小卖部	8.7	7.6	9.2	7.7

图 3-1　学校小卖部饮料销售额（单位：万元）

步骤二：全选表格，或选择某一列数据，点击右上角工具栏中的“排序和筛选”选项；或者点击右键，在下拉菜单中选择“筛选”。

步骤三：根据要求进行数据筛选。本例中以“华农酸奶和雪碧销售额都大于 8 万元”为标准进行筛选，其结果如图 3-2 所示。

	A	B	C	D	E
1	小卖部	华农酸奶	可乐	雪碧	橙汁
3	五山小卖部	9.1	7.5	9.5	9.4
5	跃进北小卖部	8.1	6	8.6	6.4
9	茶山小卖部	8.7	7.6	9.2	7.7

图 3-2　华农酸奶和雪碧销售额都大于 8 万元的小卖部数据

本例用 R 语言的实现过程如下。

```
library(readxl);
setwd("......\\教材数据")  #数据的路径
data = as.data.frame( read_excel("学校小卖部饮料销售额.xls"))   #读取数据
View(data)   #以上是数据准备
select_result = subset(data, data$华农酸奶 > 8 & data$雪碧 > 8)   #华农酸奶和雪碧销售额大于8万元
print(select_result)
```

最后两个命令也可以写得随意一点：

```
Select_result = data[data$华农酸奶 > 8 & data$雪碧 > 8,]
print(Select_result)
```

2. 用 SPSS 进行数据筛选

1）审核数据是否完整

在 SPSS 中，如果数值型变量存在缺失值，“数据视图”中缺失数据的单元格会显示为“.”。例如，在 4000 名大学生的“高考数学”成绩中，某一位学生的数据缺失，使用“分析”→“描述统计”→“频率”，出现窗口如图 3-3 所示。

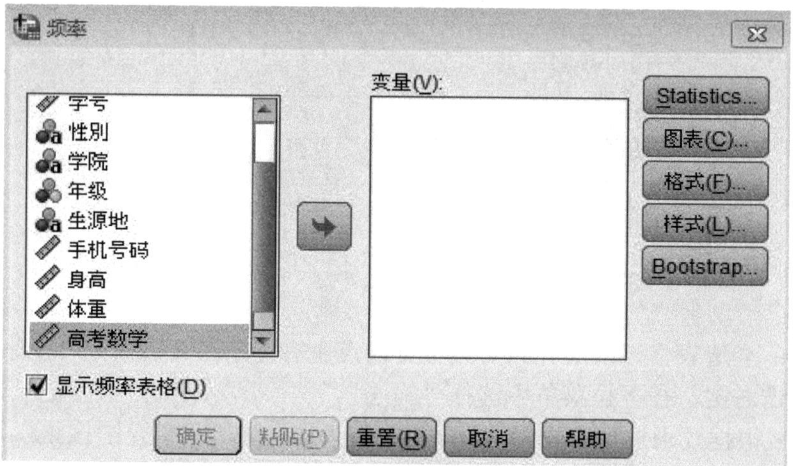

图 3-3　SPSS“频率”窗口

选中图 3-3 左边小窗口中的“高考数学”，点击右向箭头，使该变量进入右边的“变量”小窗口，再点击“图表”按钮，在新出现的窗口中选中“条形图”，点击“继续”，返回如图 3-3 所示的窗口，点击“确定”，会在“查看器”中显示统计结果，如图 3-4 所示，表明存在一个缺失值。

统计资料

高考数学

N	有效	3999
	遗漏	1

图 3-4　SPSS 数值变量统计结果窗口

如果在“字符串”类型的变量中存在缺失值，SPSS 将把空白视为一个类型，并显示为“有效”。例如，4000 名大学生的“性别”中缺失 2 个数值，使用“分析”→“描述统计”→“频率”，在图 3-3 中左边小窗口中选择“性别”，移入右边“变量”小窗口，点击“图表”，在新出现的窗口中选中“条形图”，点击“继续”，返回如图 3-3 所示的窗口，点击“确定”，会在“查看器”中显示统计结果，如图 3-5 所示，其中的男女人数之和为 3998，而“有效”次数为 2，表明存在 2 个缺失值。

性别

		次数	百分比	有效的百分比	累计百分比
有效		2	.1	.1	.1
	男	2157	53.9	53.9	54.0
	女	1841	46.0	46.0	100.0
	统计	4000	100.0	100.0	

图 3-5 SPSS 字符串变量统计结果窗口

2）审核是否存在错误数据

登记、录入数据时可能出现错误，有一些错误会表现为异常值。比如，一个人的年龄实际为 64 岁，如果记录为 94 岁或 34 岁，则无法判断是否出错，但如果记录为 664 岁，则可以断定出错。通过异常值来判断是否出现数据错误，并无定则，也存在判断风险，因为事实上的异常和记录错误都有可能表现为异常值。如果既有必要又有可能进一步做判断，则须根据经验或查验事实，提高判断的准确性。通常，可以通过以下方法判断异常值。

第一，根据变量之间的相关关系设置疑问框。比如，一家工业企业的规模越大，其产品销售额就越高，企业员工数也越高。在某个行业内，可以根据以往的数据记录，获得“销售额”与“员工数”的对应关系，给定销售额时，员工数落在某个区间内是合理的，倘若超出此限，可视为异常值。这个想法也可以借助散点图（作图方法详见 3.3 节）来实现。如图 3-6 所示，一位男生的身高为 163 cm，体重为 96 kg，在图形中远离主群，可以成为异常值的检查线索。

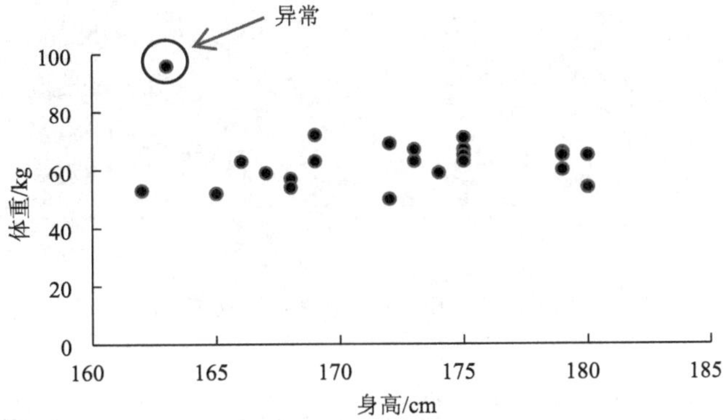

图 3-6 含有异常值的散点图

第二，3σ 法则。现实中，很多同类事物在某个变量的观察值上存在“两头少，中间多”的情况，即偏大和偏小者寡，而居中者多。参照正态分布的经验，比均值低 3 个标准差（标准差的常用符号是小写希腊字母 σ），或者比均值高 3 个标准差，出现的概率约为 0.13%，千中逢一，可视为异常值。这一甄别法则的思想还可以使用其他方法实现，如箱线图。

3）异常值的常用处理方法

第一，删去异常值所属的记录；第二，将异常值视为应该补齐的缺失值，使用平均值、回归预测值等方法勉强填补；第三，不处理。显然，这些方法各有偏颇之处。

4）数据筛选

在 Excel 中，点击“数据”菜单（菜单上部标有“文件”“开始”“插入”“页面布局”“公式”等 8 个项目的标签）内的“筛选”，第一行每个单元格内会显现一个小三角形，可以对其中的一列做筛选。如图 3-7 所示，光标移至“数字筛选”，会出现多个条件，可根据自己的需要选用。

图 3-7 Excel 的数字筛选功能

“开始”菜单内有“排序和筛选”按钮，也可以调用数据筛选功能。

在 SPSS 中，可以通过“数据”→“选择个案”实现筛选。例如，要在 4000 名学生中选出所有“高考英语”大于 120 分的学生，可以在对话框“如果条件满足”中，再点击“如果”，见图 3-8。

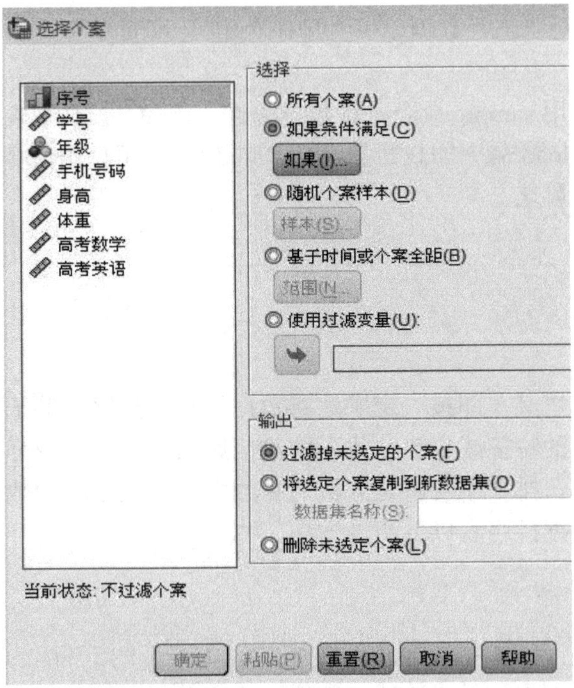

图 3-8　SPSS 的“选择个案”窗口

点击“如果”按钮后，选中左边小窗口的“高考英语”，点击右向箭头，再点击软键盘上的“>”键，并在后输入 120，点击“继续”，见图 3-9。

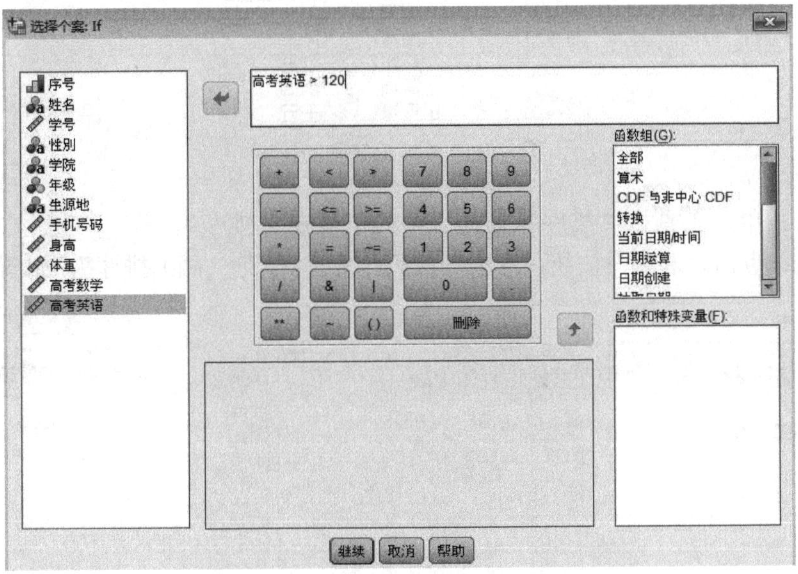

图 3-9　SPSS“选择个案”的条件输入窗口

返回“选择个案”窗口之后，点击“确定”，在数据视图的右端，会出现新的一列“filter_$”，其中凡是高考英语成绩大于 120 分的学生都被标记为 1，小于或等于 120 分的学生被标记为0。再点击“数据”→“排序个案”，即可集中地获得所有符合条件的学生群体。

R语言中可以使用sample命令进行数据筛选。例如，要选取所有“英语成绩”大于120分的学生，先用load命令加载数据文件“student”，再使用命令，即会输出英语成绩大于120分的同学的姓名。

```
sample(student$姓名[student$英语成绩>120])
```

3.1.3 数据排序

数据排序，顾名思义，即按一定顺序将数据排列。排序有助于对数据进行检查、纠错，以发现一些明显的特征或趋势，找到解决问题的线索，以及为重新归类或分组等提供依据。在某些场合，排序本身就是分析的目的之一。大部分的数据排序可借助计算机统计软件来完成。数据排序有以下两种方法。

1. 分类数据的排序

对于字母型数据，排序有升序、降序之分，但习惯上用升序。对汉字型数据，可按汉字的首位拼音字母排列，也可按笔画排序，其中也有笔画数的升序、降序之分。

举例：用Excel进行笔画排序。

步骤一：在Excel中输入图3-10中的数据。单击表格中任意一个单元格。

	A	B	C
1	编号	城市	名字
2	1	北京	刘一
3	2	上海	陈二
4	3	广州	张三
5	4	深圳	李四
6	5	天津	王五

图3-10 按姓氏笔画的排序

步骤二：单击工具栏“排序和筛选”中的“自定义排序”。

步骤三：点击“选项”按钮，选中“按列排序”“笔划（画）排序”，如图3-11所示。

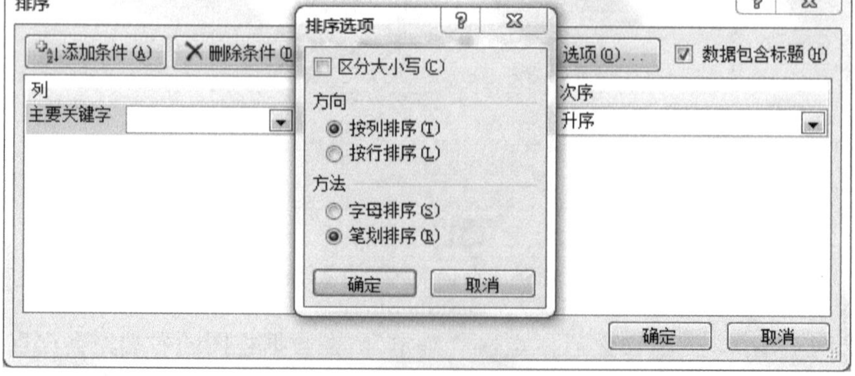

图3-11 笔画排序窗口

步骤四：点击“确定”，回到“排序”对话框，在“主要关键字”一栏中选择要排序的列名，得到如图 3-12 所示的结果。

	A	B	C
1	编号	城市	名字
2	5	天津	王五
3	1	北京	刘一
4	4	深圳	李四
5	3	广州	张三
6	2	上海	陈二

图 3-12　按姓氏笔画的排序结果

举例：用 R 进行笔画排序。

```
num = 1:5;
city = c("北京","上海","广州","深圳","天津")
name = c("刘一","陈二","张三","李四","王五")
data = as.data.frame(cbind(num, city, name))
colnames(data ) = c("编号","城市","名字")
View(data)
Newdata = data[order(data$名字),];    #排序
print(Newdata);
Newdata = data[order(data$名字,data$城市),];    #设置第一顺序和第二顺序
print(Newdata)
```

2. 数值型数据的排序

递增排序：设一组数据为 $X_1,X_2,\cdots,X_n$，递增排序后可表示为 $X_{(1)}<X_{(2)}<\cdots<X_{(n)}$，即从小到大。递减排序：这组数据可表示为 $X_{(n)}>X_{(n-1)}>\cdots>X_{(1)}$，即从大到小。

举例：用 Excel 进行数据排序。

以图 3-1 为例，具体步骤如下。

步骤一：全选表格，或选择某一列数据，点击右上角工具栏中“排序和筛选”选项；或者点击右键，在下拉菜单中选择“排序”。

步骤二：酌情选择递增、递减、自定义等方式进行数据筛选。本例中以“华农酸奶销售额递增排序”为标准进行筛选，其结果如图 3-13 所示。

	A	B	C	D	E
1	小卖部	华农酸奶	可乐	雪碧	橙汁
2	跃进南小卖部	5.4	8.8	6.7	7.8
3	华山小卖部	6.9	6.8	8.4	8.6
4	三角市小卖部	7.5	9.6	8.1	8.3
5	嵩山小卖部	7.5	5.8	7.6	9
6	跃进北小卖部	8.1	6	8.6	6.4
7	西点屋	8.3	7.2	6.6	7.1
8	茶山小卖部	8.7	7.6	9.2	7.7
9	五山小卖部	9.1	7.5	9.5	9.4

图 3-13　华农酸奶销售额递增排序结果

举例：用 R 进行数据排序。

```
library(readxl);
setwd("C:\\Users\\sun\\Desktop\\教材数据");   #读取数据
data = as.data.frame(read_excel("学校小卖部饮料销售额.xls"));
Newdata = data[order(data$华农酸奶,data$可乐,data$雪碧, data$橙汁),];
print(Newdata)    #升序
Newdata = data[order( - data$华农酸奶, - data$可乐,- data$雪碧, -data$橙汁),];
#降序
print(Newdata)
```

3.2　数据的编码

数据的编码分三种：对调查表的编码、对封闭式问答的编码以及对开放式问题的编码。下面分别阐述。

3.2.1　对调查表的编码

对调查表进行编码，目的是避免资料输入工作中重复、遗漏的发生和便于审核。其方法是，若调查单位（个体）少于 100，以 01、02、03……进行编码；若调查单位少于 1000，则以 001、002、003……编码。同时，要注意准确统计出没有收回和收回无效的调查表（或问卷）。

3.2.2　对封闭式问答的编码

封闭式问答中，问题号码可以与问卷中的问题序号一致，也可以重新编号。问题中每个答案按升序或降序排列（一般用升序），常用连续的正整数。需要注意的是，要给问卷中“无回答”和“不知道”的答案一个数字编码，习惯上“无回答”编码用 0，“不知道”编码用 9。

3.2.3 对开放式问题的编码

开放式问题编码的基本步骤如图 3-14 所示。

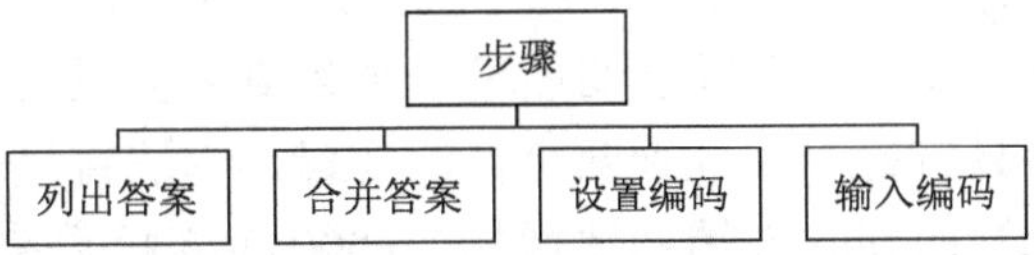

图 3-14 开放式问题编码的基本步骤

3.3 分类数据的整理与图示

3.3.1 分类数据的整理

分类数据（categorical data 或 nominal scale）和顺序数据（rank data 或 ordinal scale）在数据的整理与图示中采用基本相同的方法。

分类数据整理的基本过程遵循 3 个步骤：列出各类别，制作频数分布表，用图形显示数据。分类数据可计算的统计量主要有 4 个：一是频数（frequency），即落在各类别中的数据个数；二是比例（proportion），即某一类别数据占全部数据的比值；三是百分比（percentage），即将对比的基数作为 100 而计算的比值；四是比率（ratio），即不同类别数值的比值。分类数据的整理示例见表 3-1。

表 3-1 分类数据的整理示例

分类	频数	比例	百分比	比率
A				
B				
C				
D				
E				

```
data <- round(runif(100,50,100),0)  #假设均匀分布，取100个数据
frequency <- c(sum(data<60),sum(data>=60 & data<70),sum(data>=70 & data<80),sum(data>=80 & data<90),sum(data>=90))
relative_frequency = frequency/sum(frequency) *100
result = data.frame("频数"=frequency,"频率"=relative_frequency)
result[6,]=c(sum(frequency),100)
rownames(result) <- c("60以下","60-70","70-80","80-90","90以上","合计")
print(result)
```

3.3.2 频数分布表与累计频数

在同一个观察角度下，每一个个体表现为不同的性质，则所有个体分布到不同的类别之中。Excel 中可以使用数据透视表对每个类别进行计数，再做图、表。数据透视表的计数对象必须是数值型数据，可以借助任意一个数值型变量对个体进行计数。假如一个表格中有 10 000 人，只有姓名、性别两个性质变量，无法直接使用数据透视表来统计各性别人数，可以针对这 10 000 人辅助地增加 10 000 个随机数字，再进行计数。在分类情形比较简单的情况下，也可以使用 countif 命令进行计数，而且该命令适用于文字，如在一个单元格中写：

```
=countif(b1:b10000,"=男")
```

可以对 b1 到 b10000 这 10 000 个单元格中的“男”进行计数。注意，“=”必不可少，Excel 中，调用任何函数都必须以“=”开头；等号、冒号、引号、括号必须为西文半角格式。

SPSS 中的频数统计方法为：“分析”→“描述统计”→“频率”，弹出窗口如图 3-15 所示。

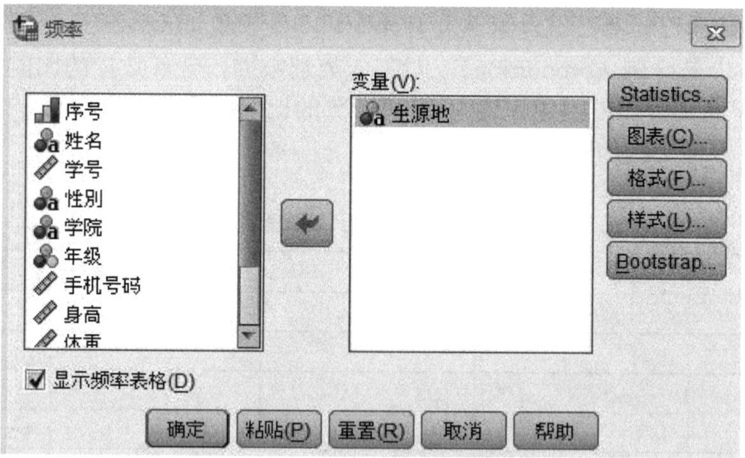

图 3-15　SPSS 的频数统计窗口

假如需要统计“生源地”，须将此项选入“变量”窗口中，点击“图表”，在弹出的对话框中选择“条形图”或“饼图”，“图表值”中可以根据需要选择“频率”或“百分数”(此处的“频率”实际上指的是频数，即实际次数，而非百分比)，点击“继续”，再点击图 3-15 中的“确定”按钮，可以在查看器中获得频数分布表和频数分布图。

针对很多顺序变量，可能需要根据频数分布表来计算累计频数，假设考试成绩的原始数据如表 3-2 中的 A 和 B 列所示。此处，只需在 C～G 列的 5 个单元格中输入累计频数和累计频率的计算公式，其余单元格可以使用自动填充柄完成。

表 3-2　Excel 累计频数和累计频率的计算公式

	A	B	C	D	E	F	G
1	成绩	次数	频率	向上累计次数	向上累计频率	向下累计次数	向下累计频率
2	不及格	4	=100*B2/SUM(B$2:B$6)	=B2	=C2	=B2+F3	=C2+G3
3	及格	13	=100*B3/SUM(B$2:B$6)	=B3+D2	=C3+E2	=B3+F4	=C3+G4
4	中	25	=100*B4/SUM(B$2:B$6)	=B4+D3	=C4+E3	=B4+F5	=C4+G5
5	良	15	=100*B5/SUM(B$2:B$6)	=B5+D4	=C5+E4	=B5+F6	=C5+G6
6	优	7	=100*B6/SUM(B$2:B$6)	=B6+D5	=C6+E5	=B6	=C6

具体做法如下。

在 C2 单元格中输入“=100*B2/SUM(B$2:B$6)”，乘以 100 是为了显示百分数，“$”表示绝对引用，要求 Excel 固定地对 B2～B6 单元格内的数值进行加总。如果不使用绝对引用符号，使用自动填充柄时，总次数的加总区间会随加总方向滑动。将 Excel 页面内的光标移到 C2 单元格的右下角，呈现“+”，即自动填充柄，按住鼠标左键，向下拖曳光标到 C6 单元格，即可获得每一组学生的百分数频率。

在 D2 和 E2 中分别输入“=B2”和“=C2”，再在 D3 和 E3 中分别输入“=B3+D2”和“=C3+E2”后，可在 D3 和 E3 单元格向下做自动填充到第 6 行。从而获得“向上累计次数”和“向上累计频率”。

在 F6 和 G6 中分别输入“=B6”和“=C6”，再在 F5 和 G5 中分别输入“=B5+F6”和“=C5+G6”后，可在 F5 和 G5 单元格向上做自动填充到第 2 行。从而获得“向下累计次数”和“向下累计频率”。

表 3-2 中的实际计算结果见表 3-3。E5 中的 89.06%是一个向上累计频率，表示“良”及以下的考生占 89.06%；G4 中的 73.44%是一个向下累计频率，表示“中”及以上的考生占 73.44%。

表 3-3　Excel 累计频数和累计频率的计算结果

	A	B	C	D	E	F	G
1	成绩	次数	频率	向上累计次数	向上累计频率/%	向下累计次数	向下累计频率/%
2	不及格	4	6.25	4	6.25	64	100.00
3	及格	13	20.31	17	26.56	60	93.75
4	中	25	39.06	42	65.63	47	73.44
5	良	15	23.44	57	89.06	22	34.38
6	优	7	10.94	64	100.00	7	10.94

3.3.3　数据透视图

数据透视表的作用表现在，它可以从复杂的数据中提取有用的信息，也可以对数据表的重要信息按使用者的习惯或分析要求进行汇总和作图，形成一个符合需要的交叉表（列联表）。

Excel 的“数据透视表”是个很方便的工具。“透视”可以理解为多个角度的观察，即分类和叠加的分类。需要注意的是，在利用数据透视表时，数据源表中的首行必须有列标题。在菜单栏的“插入”标签下，点击“数据透视表”，出现“创建数据透视表”窗口，输入要分析的数据所在的单元格区域，通常是包含了全部数据的区域。为了便于处理，在“选择放置数据透视表的位置”中选择“新工作表”来存放特定类别数据的计算结果，点击“确定”后会出现一个新页面，如图 3-16 所示。

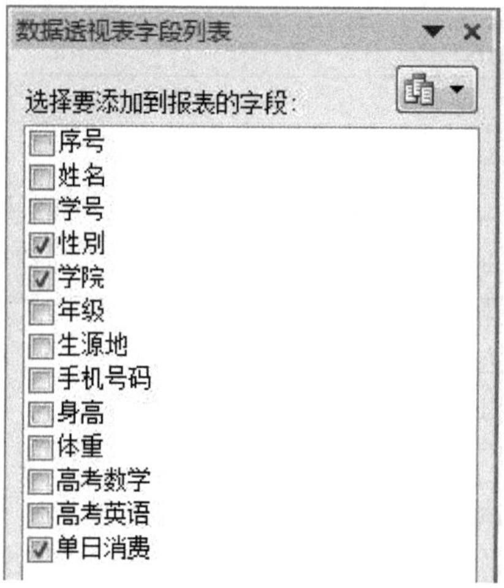

图 3-16 Excel 数据透视表的变量选择窗口一

假如我们想了解某些学院的男、女大学生的单日消费情况，可以选中“性别”“学院”“单日消费”三个变量（即图 3-16 中所指的“字段”），页面左边即会显示所有学院分性别的消费数据统计，如图 3-17 所示。

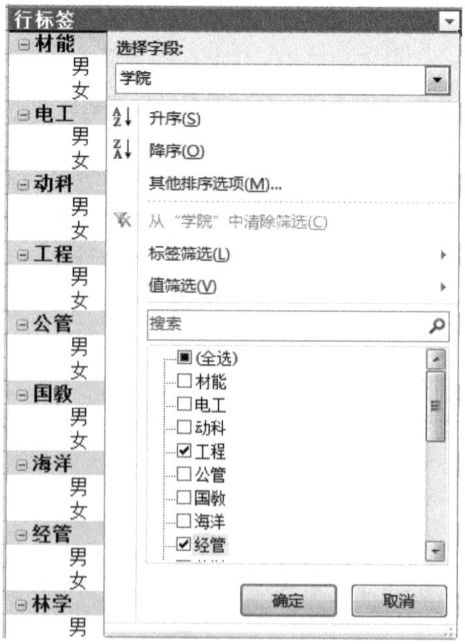

图 3-17 Excel 数据透视表的变量选择窗口二

勾选我们所感兴趣的两个学院名“工程”和“经管”，点击“确定”，即得加总结果。Excel 还同时提供了其他计算方法。当光标停留在“求和项”一格时，“选项”标签下的“计算”提供了多种计算方法，如图 3-18 所示。勾选其中一种方法后，会立即显示出计算结果。

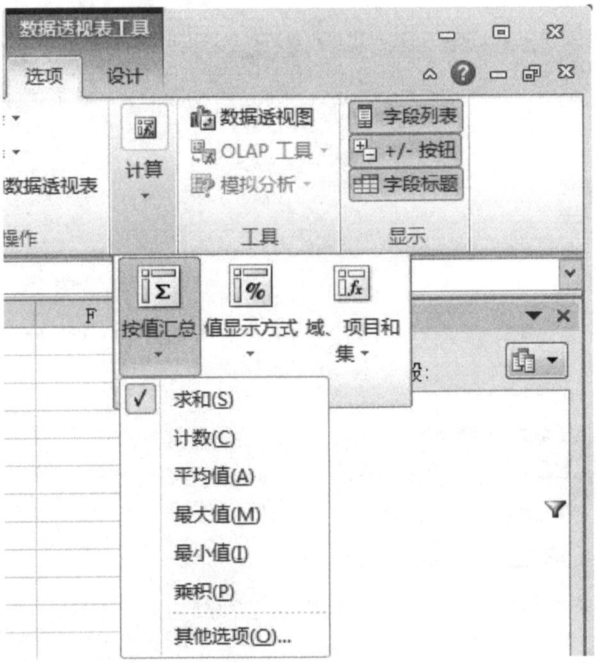

图 3-18 Excel 数据透视表的计算方法选择窗口

除了直接显示出来的求和、计数、平均值、最大值、最小值、乘积之外，点击“其他选项”，还有计算方差、标准差的方法。

在 SPSS 中，也有类似的功能。在数据视图中，点击“数据”→“汇总”，在弹出窗口中，指定“性别”和“学院”两个变量到“分组变量”框中，指定“单日消费”变量到“变量摘要”框中，点击“函数”，在“平均值”“中位数”“合计”“标准差”等计算方法中选中自己所需的方法，如图 3-19 所示。

为了得知分类之后的个体数量，可以勾选“个案数”，将在汇总结果中出现“N_BREAK”一栏，表明每个类别的个体数量。为了阅读方便，可以在“保存”选项中选择第二项“创建只包含汇总变量的新数据集”，并命名为“单日消费”。点击“确定”，会生成一个新的数据集表格，显示在“性别”和“学院”重叠分类下的统计结果。当然，如果只指定一个变量到“分组变量”框中，最终的输出结果只会针对这一个变量分类。推而广之，如果指定三个变量到“分组变量”框中，最终的输出结果也会针对三个变量进行重叠分类，再显示各重叠分类的计算结果。

使用 R 语言作统计表和统计图，也比较方便，且品类繁盛、富于巧思。有时要先安装、加载特定的包，如 ggplot2。

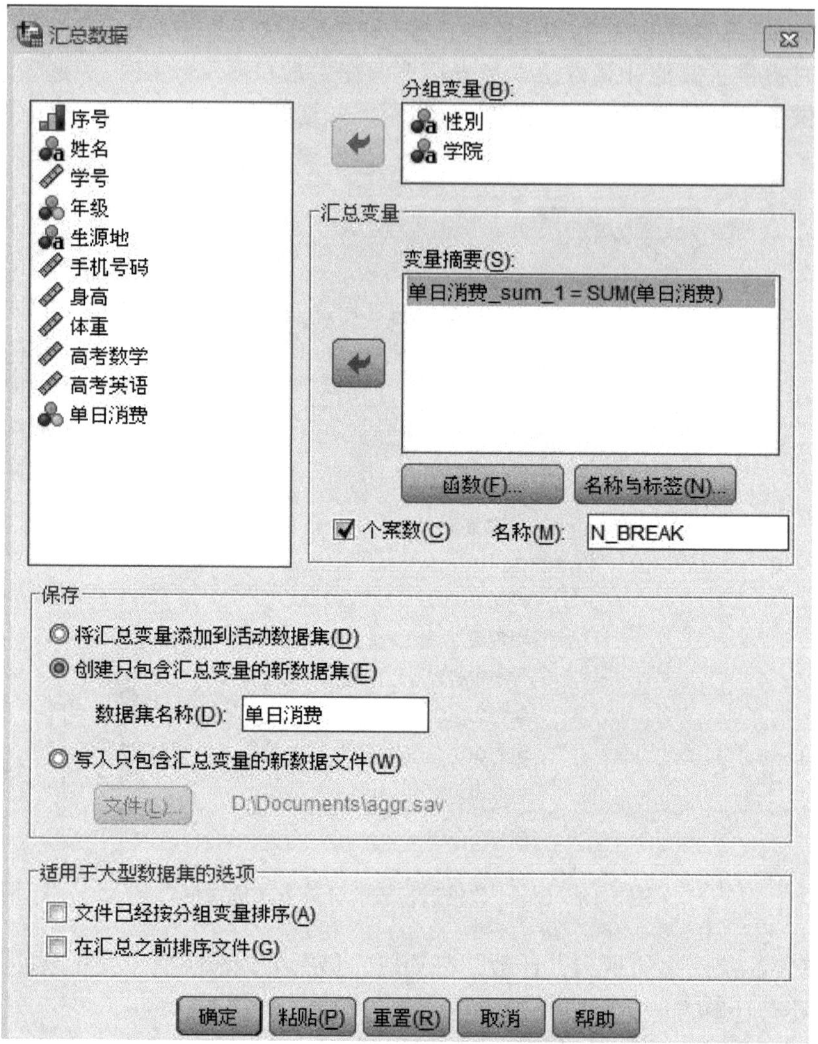

图 3-19　SPSS 的分类汇总数据窗口

R 语言中可以使用 addmargins()函数进行合计，从而获得列联表。例如，要对大学生从性别（数据文件 student.csv 中的变量名为 sex）和年级（变量名为 grade）两个维度进行观察，可使用如下命令。

```
sexgrade<-table(student$sex,student$grade)
addmargins(sexgrade)
addmargins(prop,table(sexgrade))*100
```

注：sexgrade 由使用者自己定义，是储存运算结果的媒介文件。

第二行命令从性别和年级两个维度进行计数，形成列联表。

第三行命令从性别和年级两个维度将列联表中的计数转换为百分数。

用 R 语言作数据透视图的命令如下。

```
zhuanye = sample(c("统计学专业","市场营销专业"),100,T)    #两个专业
sex = sample(c("男生","女生"),100,T)   #两种性别
income = round(runif(100,4000,8000),0)   #自动生成一个均匀分布，取100个，最小值为4000，最大值为8000
data = data.frame("专业"=zhuanye,"性别"=sex,"工资"=income)
library(reshape2)
dcast(data,专业 ~ 性别,value.var="工资",mean,margins = TRUE)    #交叉的专业及性别，数据取平均值
#运行之后可以看到下面的结果：
        专业      男生       女生       (all)
1 市场营销专业  5518.556  6408.368  5886.087
2   统计学专业  5882.652  6195.032  6061.981
3       (all)  5686.040  6276.100  5981.070
```

3.4　顺序数据的整理与图示

3.4.1　统计分组与频数分布

统计分组是按照研究目的将数据分成若干组的统计方法。其关键是选择分组变量和划分各组界限，如按照考试成绩把学生分为优、良、中、及格、不及格。统计分组的结果是形成频数分布（frequency distribution，又称分布数列）。频数分布举例如表 3-4 所示。

表 3-4　频数分布举例（按成绩分组）

成绩/分	人数/人	频率/%
60 以下	3	7.14
60～70	8	19.05
70～80	12	28.57
80～90	15	35.71
90 及以上	4	9.52
合计	42	100

注：本表分组按照上组限不在内原则；频率合计不为 100%是四舍五入修约所致（下同）

统计分组有两个构成要素：一是明确各组的分组界限；二是算出每组中的次数或频率。通过频数分布表可以发现数据分布的特征。频数和频率是两个不同的概念，频数是指每个组中的数据个数，也称次数；频率是“频数/总数据个数”的百分比。

3.4.2　分组方法

分组方法可分为如图 3-20 所示的几类。

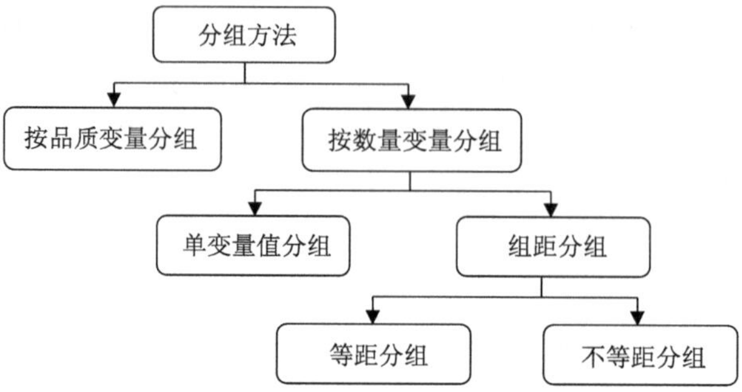

图 3-20　分组方法

1. 单变量值分组

单变量值分组是将一个变量值作为一组，适合离散变量以及变量值较少的情况。例如，某学院 2024 年研究生毕业时发表论文数的频数分布表（表 3-5）。

表 3-5　某学院 2024 年研究生毕业时发表论文数的频数分布

发表论文数/篇	人数/人
2	6
3	8
4	5
5	3
6	2
合计	24

2. 组距分组

组距分组是将变量值的一个区间作为一组，适合连续变量以及变量值较多的情况。组距分组必须遵循“不重不漏”的原则。等距分组指各组组距都相等，不等距（异距）分组指各组组距不相等。为了避免有些组中的频数很少甚至是空白的情况，有时也可以采用不等距分组。在实际应用中可能需要把第一组和（或）最后一组设为开口组。

1）组距分组的步骤

（1）确定组数，通常为 5～15（20）组。组数的确定一般遵循 Sturges（斯特奇斯）提出的经验公式，分组组数 K 应满足：

$$K = 1 + \frac{\lg N}{\lg 2} = 1 + 3.322\lg N$$

其中，N 为总次数。

（2）确定组距和各组界限，建议为 5、10……的倍数。组距≈(最大值−最小值)÷组数。

（3）根据分组结果整理频数分布表。

2）组距分组中的基本概念

下限是指一个组的最小可能值，上限是指一个组的最大可能值，组距即上限与下限之差。

组中值是指下限与上限之间的中点值，用公式表示为(下限+上限)/2。开口组的组中值可以按以下方法计算：①缺下限的情况，计算公式为上限−邻组组距/2；②缺上限的情况，计算公式为下限+邻组组距/2。

3. 举例

举例：某车间 50 名工人日加工零件数等距分组表如表 3-6～表 3-8 所示。

表 3-6 等距分组表（上下组限间断）

按零件数分组/件	频数/人	频率/%
105～109	3	6
110～114	5	10
115～119	8	16
120～124	14	28
125～129	10	20
130～134	6	12
135～139	4	8
合计	50	100

表 3-7 等距分组表（上下组限重叠，上组限不在内）

按零件数分组/件	频数/人	频率/%
105～110	3	6
110～115	5	10
115～120	8	16
120～125	14	28
125～130	10	20
130～135	6	12
135～140	4	8
合计	50	100

表 3-8 等距分组表（使用开口组，上组限不在内）

按零件数分组/件	频数/人	频率/%
110 以下	3	6
110～115	5	10
115～120	8	16
120～125	14	28
125～130	10	20
130～135	6	12
135～140	4	8
合计	50	100

举例：用 R 语言做 50 名工人日加工零件数分组表。

```
library(readxl);
setwd("C:\\Users\\sun\\Desktop\\教材数据");
data0 = as.matrix( read_excel("某生产车间50名工人日加工零件.xls", col_names =
FALSE,))   #这个表没有列名称，第一行不是标题栏
data = as.vector(data0); frequency = rep(0,7);
for( k in 1:length(data)){
if(data[k]<110){frequency[1] = frequency[1] +1;
} else if(data[k]<115){frequency[2] = frequency[2] +1;
} else if(data[k]<120){frequency[3] = frequency[3] +1;
} else if(data[k]<125){frequency[4] = frequency[4] +1;
} else if(data[k]<130){frequency[5] = frequency[5] +1;
} else if(data[k]<135){frequency[6] = frequency[6] +1;
} else if(data[k]<140){frequency[7] = frequency[7] +1;}
 }
relative_frequency = frequency/sum(frequency) *100
result = data.frame("频数"=frequency,"频率"=relative_frequency)
result[8,]=c(sum(frequency),100)
rownames(result)<-c("105~109","110~114","115~119","120~124","125~129",
"130~134","135~139","合计")
print(result)
```

举例：某电脑公司 2024 年 1～4 月各天销售量数据如表 3-9 所示。试对数据进行分组。

表 3-9 某电脑公司 2024 年 1～4 月各天销售量数据（单位：台）

234	159	187	155	172	183	182	177	163	158
143	198	141	167	194	225	177	189	196	203
187	160	214	168	173	178	184	209	176	188
161	152	149	211	196	234	185	189	196	206
150	161	178	168	174	153	186	190	160	171
228	162	223	170	165	179	186	175	197	208
153	163	218	180	175	144	178	191	197	192
166	196	179	171	233	179	187	173	174	210
154	164	215	233	175	188	237	194	198	168
174	226	180	172	190	172	187	189	200	211
156	165	175	210	207	181	205	195	201	172
203	165	196	172	176	182	188	195	202	213

频数分布表的编制步骤如下。

（1）确定组数。根据 Sturges 提出的经验公式，组数 $K=1+\frac{\lg(120)}{\lg(2)}=8$。

（2）确定各组的组距。组距=(237−141)÷8=12。但为了计数和阅读的便利，本例中选用 10 为组距。

若用 Excel 制作频数分布表（以上下组限重叠，上组限不在内为例），后续步骤如下。

（1）在数据一旁输入分组数据的上限。

（2）在“数据”选项卡中点击“数据分析”选项，出现如图 3-21 所示的窗口。

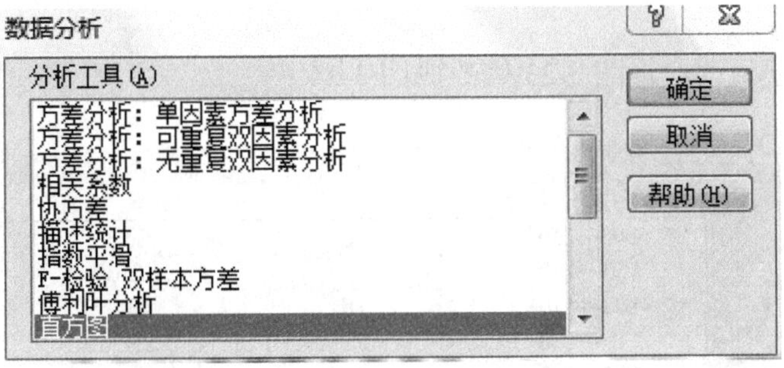

图 3-21　Excel 制作频数分布表窗口一

（3）在输入区域选定目标数据，在接收区域选定分组数据上限，如图 3-22 所示。

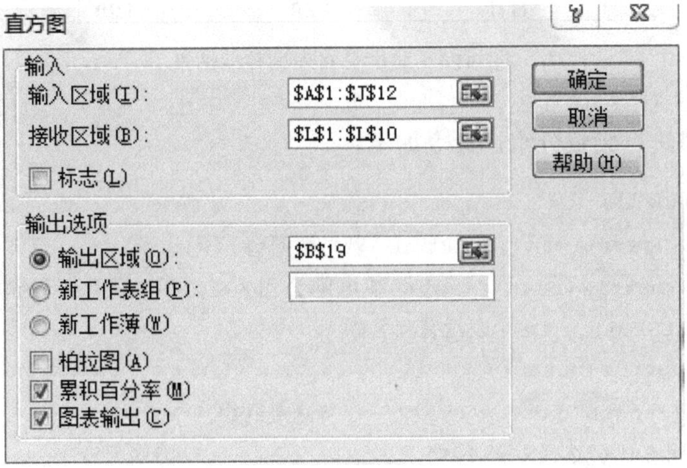

图 3-22　Excel 制作频数分布表窗口二

（4）获得频数分布表结果如图 3-23 所示。

接收	频率	累积 %
149	4	3.33%
159	9	10.83%
169	16	24.17%
179	27	46.67%
189	20	63.33%
199	17	77.50%
209	10	85.83%
219	8	92.50%
229	4	95.83%
239	5	100.00%
其他	0	100.00%

图 3-23 Excel 制作频数分布表结果

（5）为了方便阅读，将图 3-23 修改成图 3-24。

	A	B	C
1	按销售量分组(台)	频数（天）	频率（%）
2	140—150	4	3.33
3	150—160	9	7.50
4	160—170	16	13.33
5	170—180	27	22.50
6	180—190	20	16.67
7	190—200	17	14.17
8	200—210	10	8.33
9	210—220	8	6.67
10	220—230	4	3.33
11	230—240	5	4.17
12	**合计**	**120**	**100**

图 3-24 频数分布表调整后结果

若用 R 语言进行频数分组，命令如下。

```
library(readxl);
setwd("C:\\Users\\sun\\Desktop\\教材数据");
data0 = as.matrix(read_excel("某电脑公司2024年1～4月各天销售量数据.xls",
col_names = FALSE,))   #这个表没有列名称
data = as.vector(data0);
K = 1+ log(length(data))/log(2);   #确定组数
print(K); print("选择K = 10")
[1] 7.906891
[1] "选择K = 10"
print("确定各组的组距:"); print((max(data)-min(data))/10)
[1] "确定各组的组距:"
[1] 9.6
```

```
frequency = rep(0,10);
for( k in 1:length(data)){
if(data[k]<150){frequency[1] = frequency[1] +1;
} else if(data[k]<160){frequency[2] = frequency[2] +1;
} else if(data[k]<170){frequency[3] = frequency[3] +1;
} else if(data[k]<180){frequency[4] = frequency[4] +1;
} else if(data[k]<190){frequency[5] = frequency[5] +1;
} else if(data[k]<200){frequency[6] = frequency[6] +1;
} else if(data[k]<210){frequency[7] = frequency[7] +1;
} else if(data[k]<220){frequency[8] = frequency[8] +1;
} else if(data[k]<230){frequency[9] = frequency[9] +1;
} else if(data[k]<240){frequency[10] = frequency[10] +1;
} else{frequency[11] = frequency[11] +1;}
 }
cumulative_frequency = cumsum(frequency/sum(frequency) *100)
result = data.frame("频数"=frequency,"累计频率(%)"=cumulative_frequency)
result[11,]=c(0,100)
rownames(result)<-c("140~150","150~160","160~170","170~180","180~190",
"190~200","200~210","210~220","220~230","230~240","其他")
print(result)
        频数 累计频率
140~150    4    3.333333
150~160    9   10.833333
160~170   16   24.166667
170~180   27   46.666667
180~190   20   63.333333
190~200   17   77.500000
200~210   10   85.833333
210~220    8   92.500000
220~230    4   95.833333
230~240    5  100.000000
其他       0  100.000000
```

3.5 统 计 图

按照数据类型，将几种常见的统计图进行分类，如图 3-25 所示。

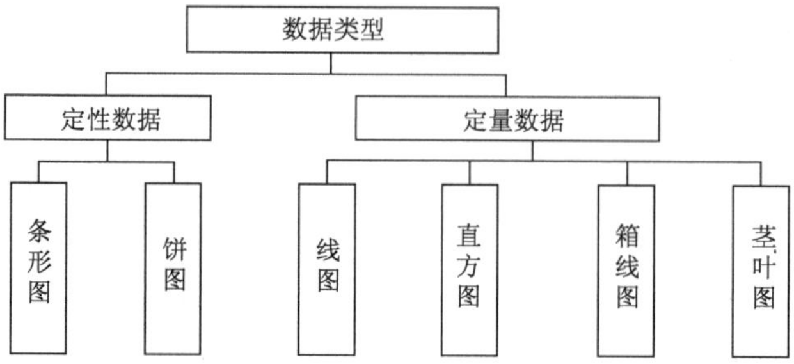

图 3-25 统计图表

3.5.1 用几种软件简要作图

1. 用 Excel 作统计图

用 Excel 作图相对比较简单，点击“插入”，点击图形标签就可以，本书不作详细论述。

2. 用 SPSS 作统计图

SPSS 软件包具有很强的作图功能，图形类别多，每个类别下的可选项比较完备。

3. 用 R 软件作统计图

在 R 中，主要有两大底层图形系统：一是基础图形系统；二是 grid 图形系统。基础绘图函数由 graphics 包提供，grid 图形系统主要可以使用 lattice 包和 ggplot2 包。它们都有自己独特的语法。目前使用较多的为 grid 图形系统，可以编辑图形组件，组件可被复用和重组，并能通过 grid.layout()等函数把图形输出到指定位置。但是因为 grid 图形系统中没有提供生成统计图形及完整绘图的函数，因此很少直接用 grid 图形系统来分析和展示数据。lattice 包通过一维、二维或三维条件绘图，lattice 包的绘图函数返回 trellis 对象。

ggplot2 包是目前比较流行的统计绘图软件包，由一套图形语法支持，由一系列独特的图形部件组成，并且以多种形式组合起来，可以根据需求来量身定做图形，因此 ggplot2 包在绘图功能上非常强大，被广泛使用。因此，本部分以 ggplot2 包为例，来介绍统计图在 R 中的绘制过程。图形基本由以下部件组成。

（1）ggplot2 采用图层设计，有明确的起始与终止，图层之间用“+”叠加，用 geom_××()函数或 stat_××()函数可以绘制一个图形。有三个基本构成：数据、图形属性映射以及几何对象。例如，ggplot(mpg,aes(x=displ,y=hwy))+geom_point()，其中 mpg 是数据，aes 是图形的坐标轴，geom_point 是散点图。

（2）用扩展包（extension package）可以调节颜色（color）、字体（font）和主题（theme）。可以制定个性化的图表。

（3）用 scale_××()进行度量调整，调整颜色、大小（size）或形状（shape），和 MAPPINGS 的映射变量相对应。用 coord_××()进行坐标变换，默认笛卡儿坐标系，还包括极坐标系、地理空间坐标系等。facet_××()表示分面系统，将某个变量进行分面转换，包括按行、列和网络等形式分面绘图。用 guides()进行图例调整，主要包括连续型和离散型图例。用 Theme()调整图表细节，包括图表背景颜色、网格线的间隔与颜色等。

3.5.2　几种常见的统计图

1. 分类数据的图示——条形图

品质变量（分类数据）图示——条形图（bar chart），是指用宽度相同的条形的高度或长短来表示各类别数据的图形，具有单式条形图、复式条形图等形式，主要用于反映分类数据的频数分布。在绘制时，各类别可以放在纵轴，称为条形图，也可以放在横轴，称为柱形图。

用 R 语言作条形图，命令如下。

```
library(readxl);
setwd("C:\\Users\\sun\\Desktop\\教材数据");
data0 = as.matrix(read_excel("数据1.xls",col_names = FALSE,)) #这个表没有
列名称
data = as.vector(data0);
frequency = as.numeric(table(data))
name = names(table(data))
relative_frequency = frequency/sum(frequency)*100;
result = data.frame("频数"=frequency,"频率"=relative_frequency)
rownames(result) = name;
Result;
        频数  频率
汇景新城  11   22
乐意居    15   30
五山花园   9   18
雅居乐     6   12
珠江新城   9   18
```

举例：制作柱状图。

以上述例子制作的频数分布表为基础，选中工具栏，插入图表，再选中柱形图，选中目标数据，得到柱状图如图 3-26 所示。

用 R 语言作柱状图，命令如下。

```
library(readxl);
setwd("C:\\Users\\sun\\Desktop\\教材数据");
```

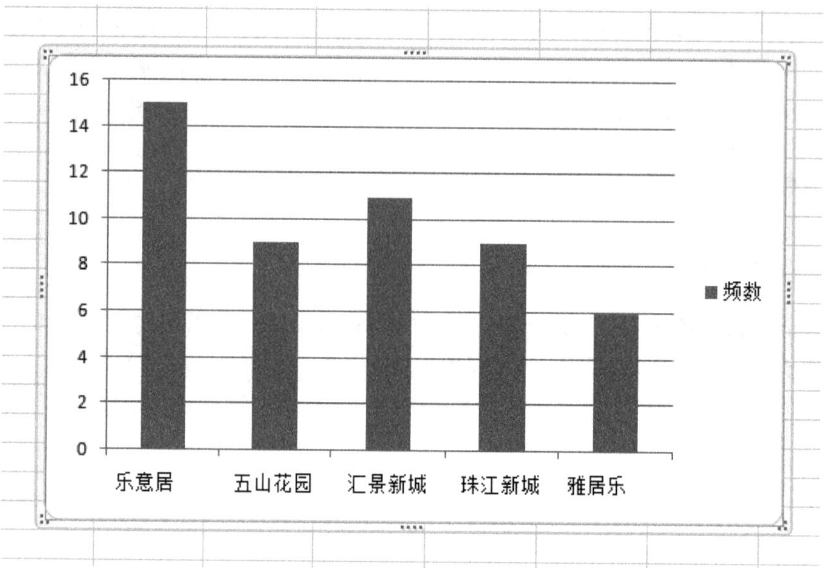

图 3-26 柱状图

```
data0 = as.matrix(read_excel("数据2.xls",col_names = FALSE,)) #这个表没有列名称
data = as.vector(data0);
frequency = as.numeric(table(data))
xname = names(table(data))
#
zhuxing01=function(x,y,name){
#x和y维数必须相同;name是标题、x轴和y轴名称
#vjust对y轴调整,hjust对x轴调整;
library(ggplot2)
D<-1:length(x);   #防止x轴是文字
Month<-reorder(x,D);
ggplot(NULL,aes(x=Month,y=y,fill=Month))+
geom_bar(stat="identity",width=0.7,position=position_dodge(0.7))+
labs(x=name[2],y=name[3],title =name[1],fill=name[4])+
theme(plot.title = element_text(hjust = 0.5))+
geom_text(aes( y=y+0.2*max(y), label=y ), vjust=1.5, hjust = 0.5,size=5, colour="red");}
#例子:
name<-c("社区市场占有率","小区","频率","小区:");
zhuxing01(xname,frequency,name)
```

举例：中国 2019 年人口金字塔。

人口金字塔是反映人口年龄和性别结构的图形，用简单的条形图容纳了丰富的内容。做法是在二维坐标系中，以横轴表示每个性别、年龄组的人口数在人口总数中的比例（也可以直接使用人口的实际数值作图），男性居左，女性居右。纵轴表示年龄组，由下向上，年龄递增，通常以五岁为一组，也可以一岁一组。

在 Excel 中，需要把男性的比例数值乘以–1，使表示男性比例的条形向左边延伸。用 Excel 画的中国 2019 年人口金字塔如图 3-27 所示。

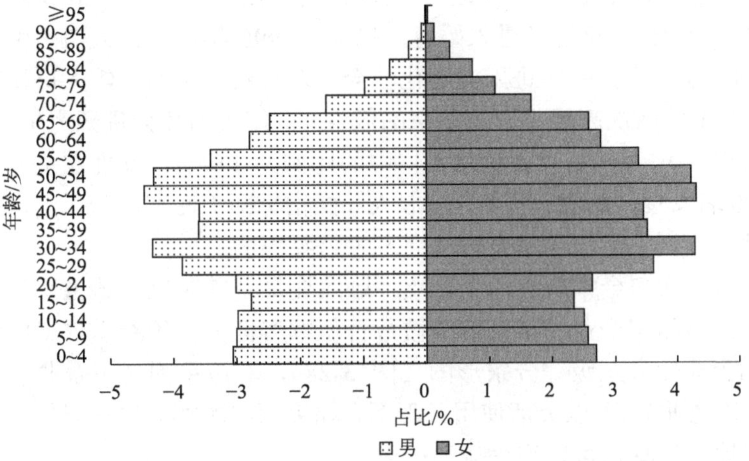

图 3-27 用 Excel 画的中国 2019 年人口金字塔

资料来源：2020 年《中国统计年鉴》

作此图时，须更改一些 Excel 的默认选项，使图形符合阅读习惯。第一，在横轴上单击鼠标右键，选中“设置坐标轴格式”→“数字”，类别选“数字”，将负数设为加括号的表现形式。第二，在图形区域内单击鼠标右键，选中“设置数据系列格式”，在“系列选项”中把“系列重叠”设为“重叠形”（数值为 100%），把“分类间距”设为“无间距”（数值为 0）。第三，选中图形，窗口上方的菜单栏中出现“设计”标签，在该标签下将“图表样式”设为灰度模式，以便在单色显示时阅读图形。第四，在“设置数据系列格式”→“填充”中可以更改底纹，避免灰度条形遮盖纵轴上的刻度标记；在“设置数据系列格式”→“边框颜色”中，把条形的边框设为实线，且使颜色不同于条形本身。其他如图例位置，横轴刻度的“最大值”“主要刻度单位”等都可以设置为便于阅读的形式。

由人口金字塔可以看出 2019 年中国人口在年龄、性别结构上的变化情况。相邻两个年龄段之间条形长度的差异表现了人口增长速度的差异，条形长度差异越大，说明两个年龄段的人之间存在越大的人口增长速度差异。65～69 岁人口的增长速度明显高于 70～74 岁的人口，从 2019 年逆推 65～69 年，这批人大约是在 1950～1954 年出生的，回顾当时的情况，新中国已成立，社会稳定，卫生事业进展迅速，经济活动欣欣向荣，人口出生率提高是很自然的现象。60～64 岁组并未延续上一个年龄段的人口增长态势，增长速度显著降低，因为其中包含了 1960 年和 1961 两年，这两年出现了近百年中的人口缩减情况，从《中国统计年鉴 1989》的数据可以看出，这两年的年末人口数比上一年分别减少约 1000 万人、348 万人。45～49 岁组到 50～54 岁组人口的增长比 55～59 岁组更加明显，45～54 岁这批人出生于 1965～1974 年，根据数据，1962～1973 年中国的人口自然增长率都在千分之二十以上，其间人口总数由 6.73 亿人增加到 8.92 亿人，净增长约 32.5%，年均增长 2.59%，是举世罕见的高速、持续人口增长时期，是加强版的“婴儿潮”。35～39 岁组和 40～44 岁组，人口增长陡然下降，与计划生育政策直接相关。25～29 岁组到 30～34 岁组，形成又一次人口生育高峰，盖因惯性所致——20 世纪六七十年代出生的人口到 1985～1994 年逐渐进入婚育高峰期。1995 年以来，人口出生率一直处于很低的水平。2000 年左右，中国进入老龄化社会，之后数十年的老年人口扶养会占用大量的社会资源。图中的两次高峰与继之而来的低谷，也使人均社会资源产生大幅度的摆动。在性别比例方面，0～4 岁组男性在总人口中的比例为 3.06%，女性在总人口中的比例为 2.69%，每 100 名女性，对应有男性 113.8 人（此指标即“性别比”），当这批人进入婚育高峰期时，性别比例失衡的现象会对社会产生重要影响。

从形式上看，人口金字塔有两个要点：顺序变量及其对比。该方法显然可以推及很多现象。例如，有两家企业的市场信誉被数百位顾客评分，等级从低（H）到高（A），共八级，得到企业信誉八级评分条形图（图 3-28），右边系列（甲企业）的评价结果优于左边系列（乙企业）。可以灵活使用条形图，如果两组顾客人数差异较大，可以使用百分比频率做对比；纵轴也可以逆序排列……

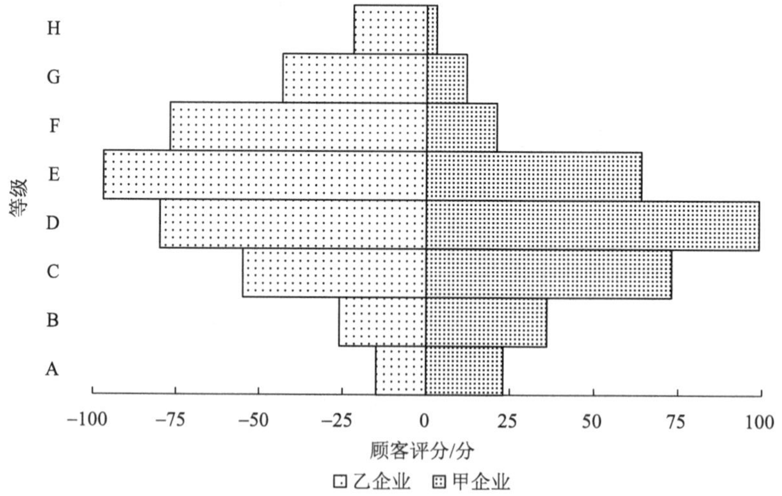

图 3-28　企业信誉八级评分条形图

使用 SPSS 也可以画出人口金字塔。先备齐数据资料，需要三个变量：年龄，字符串型；性别，字符串型；人口比例，数值型。只要每个年龄、性别组的数据正确，无须按顺序排列。点击“图形”→“旧对话框”→“人口金字塔”，出现对话框如图 3-29(a)所示，将“人口比例”指定到“计数”框中的“变量”，“年龄”指定到“显示分布”，“性别”指定到“拆分依据”，如图 3-29(b)所示，点击“确定”，即可在查看器中获得人口金字塔。

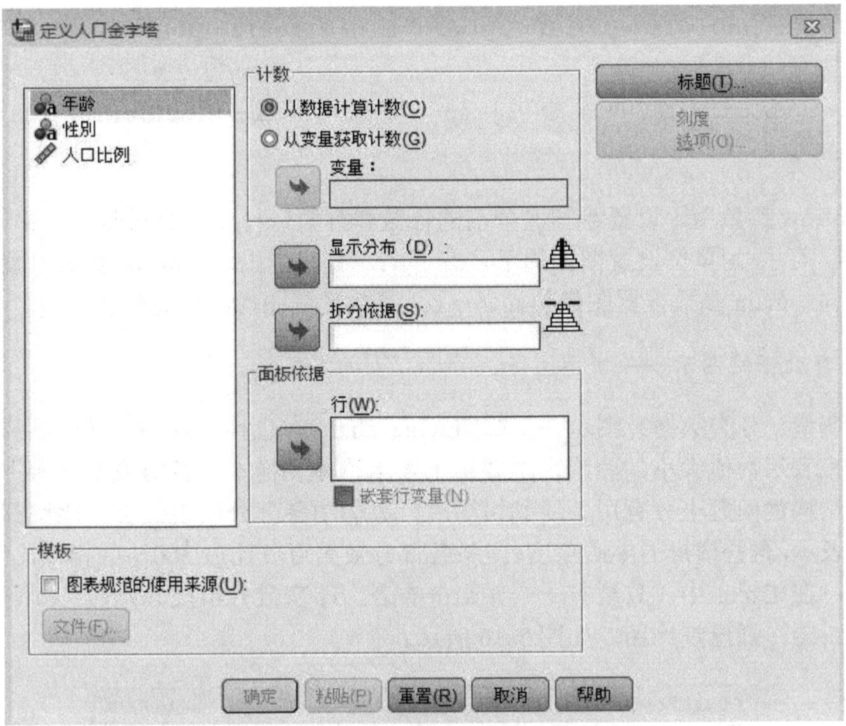

(a)

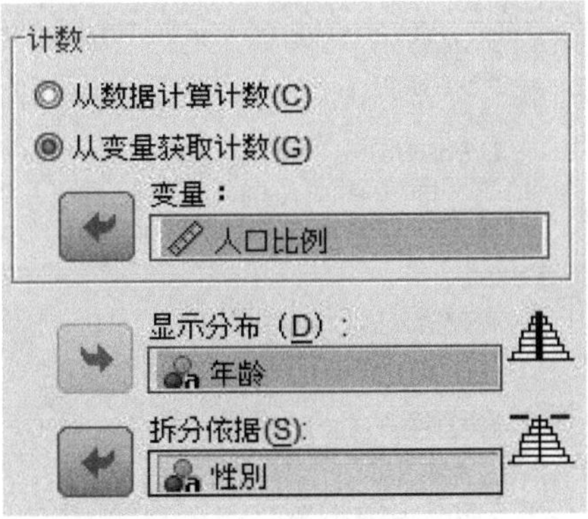

(b)

图 3-29　SPSS 人口金字塔对话框

举例：使用 R 语言画条形图。

根据 student 文件中学生的性别、年级分别画水平条形图和垂直条形图。

```
load("D:\\studentfile\\student.RData")
count1<-table(student$sex)
count2<-table(student$grade)
par(mfrow=c(1,2),mai=c(0.64,0.64,0.64,0.1),cex=0.64,cex.main=0.7)
#设定图像边距、文字和图像符号尺寸
```

```
barplot(count1,xlab="频数",ylab="性别",horiz=TRUE,main="水平条形图",col=2:3)
barplot(count2,xlab="年级",ylab="频数",horiz=FLASE,main="垂直条形图",col=1:4)
```

注：mfrow 参数用于设置绘图区分割的行数和列数，c(1,2)的意思是一行中画两个图；mai 参数以英寸[①]为单位设置图像的下、左、上、右四个边距；horiz 参数设置柱形是否为水平方向；main 参数设置图像的标题；col 参数设置图像的填充颜色。

2. 分类数据的图示——饼图

品质变量（分类数据）图示——饼图（pie chart），也称圆形图，是用圆形及圆内扇形的角度来表示数值大小的图形，主要用于表示总体或样本中各组成部分所占的比例，对于研究结构性问题十分有用。绘制饼图时，总体中各部分所占的百分比用圆内的各个扇形角度表示，这些扇形的中心角度，是按各部分数据百分比占 360° 的相应比例确定的。

举例：在 Excel 中，只要有一个频数分布表，即变量分组及其频数，即可使用“插入”→“饼图”画出统计图，如图 3-30 所示。

(a)

① 1 英寸=2.54 厘米。

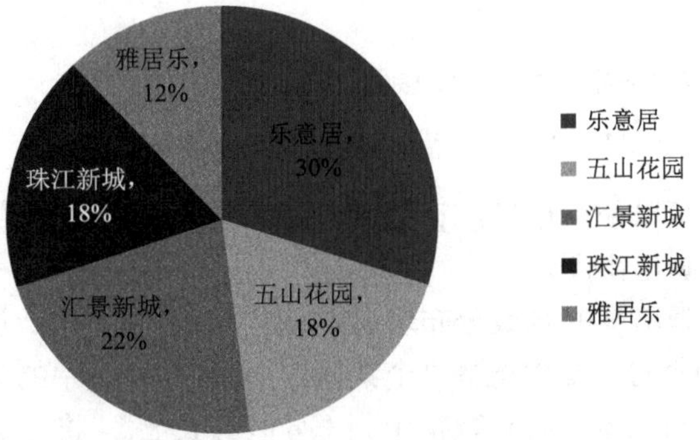

(b)

图 3-30 用 Excel 画的饼图

用 R 语言作饼状图。

```
library(readxl);
setwd("C:\\Users\\sun\\Desktop\\教材数据");
data0 = as.matrix( read_excel("数据1.xls",col_names = FALSE,))    #这个表没
有列名称
data = as.vector(data0) ;
frequency = as.numeric(table(data))
xname = names(table(data))
#
bingxing01=function(x0,y0,name){
##x和y维数必须相同;name是标题、x轴和y轴名称
##vjust对y轴调整,hjust对x轴调整;
x1<-x0[length(x0):1];y1<-y0[length(x0):1];
library(ggplot2)
D<-length(x1):1;
da0<-c(0,cumsum(y1));date<-NULL;
for(k in 1:(length(da0)-1)){date[k]<-0.5*da0[k]+0.5*da0[k+1]}
ggplot(NULL,aes(x=0,y=y1,fill=reorder(x1,D)))+
geom_bar(stat="identity")+
labs(x=name[2],y=name[3],title=name[1],fill=name[4])+
geom_text(aes(x=0.3,y=date,label=y1),vjust=1.5,colour="white")+
geom_text(aes(x=0.7,y=date,label=x1),vjust=1.5,colour="red")+
theme(plot.title = element_text(hjust = 0.5),legend.position = "right")+
theme(axis.text.x = element_blank(),axis.text.y = element_blank())+
coord_polar(theta = "y")+theme(axis.ticks = element_blank())
}
```

```
#例子:
name<-c("社区市场占有率","小区","频率","小区:");
bingxing01(xname,frequency,name)
```

在 SPSS 中，既可以使用已经统计好的频数分布表画出饼图，也可以使用原始的个体数据进行统计，并画出饼图。

如果根据已经整理出来的频数分布表画饼图，SPSS 中点击“图形”→“旧对话框”→“饼图”，在弹出的小对话框中选择“个案值”，见图 3-31(a)中的第三个选项，点击“定义”，得“定义饼图”对话框，将频数指定到“分区的表征”，将变量的分组类别（本例中是“建议内容”）指定到“变量”，见图 3-31(b)，点击“确定”，即可在查看器中得到饼图。

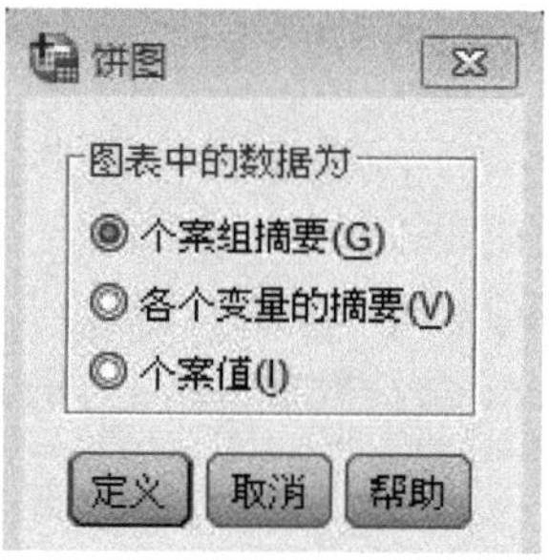

(a)

(b)

图 3-31 SPSS 根据频数分布表画饼图

如果根据原始资料画饼图，SPSS 中点击“图形”→“旧对话框”→“饼图”，在弹出的小对话框中选择“个案组摘要”，见图 3-31(a)中第一项，点击“定义”，得“定义饼图”对话框，在“分区的表征”中可以根据自己的目的选择实际频数、相对比例或变量值之和来决定饼图中扇区的角度，再将变量的分组类别（本例中是“学院”）指定到“定义分区”，见图 3-32，点击“确定”，即可在查看器中得到饼图。

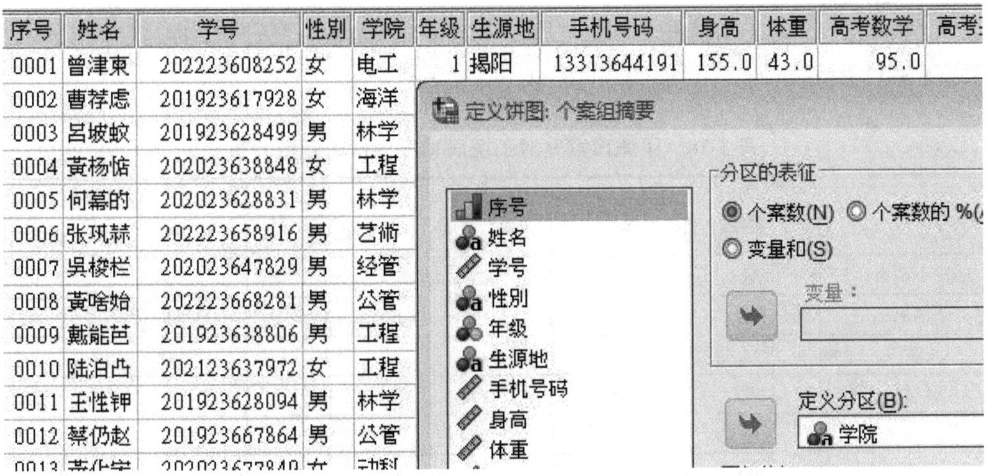

图 3-32 SPSS 根据原始资料数列画饼图

使用 R 语言对 student.RData 文件中的学生年级（grade 变量）画饼图，使用的命令如下。

```
load("D:\\studentfile\\student.RData")
count1<-table(student$grade)
title<-names(count1)
percent<-prop.table(count1)*100
label1<-paste(title,"",percent,"%",sep="")
par(pin=c(2,2),mai=c(0.3,0.1,0.3,0.3),cex=0.8)    #设定图像尺寸，如边距、文字和图像符号尺寸
pie(count1,lables=lable1,init.angle=90)
```

注：paste 函数用于拼接绘图区各类别的解释文字；pin 参数用于设置图像的尺寸，此处为 2 in×2 in；init.angle 参数设定从 12 点位置开始逆时针方向画出各扇形。

3. 环形图和顺序数据频数分布

环形图（annular chart）中间有一个“空洞”，总体中的每一部分数据用环中的一段表示。环形图与饼图类似，但又有区别，体现在：饼图只能显示一个总体各部分所占的比例；环形图则可以同时绘制多个总体的数据系列，每一个总体的数据系列为一个环。从用途上看，饼图可用于结构比较研究，环形图主要用于展示分类和顺序数据。

数量变量（顺序数据）的整理中，可计算的指标包括：累计频数（cumulative frequencies），指各类别频数的逐级累加；累计频率（cumulative percentages），指各类别频率（百分比）的逐级累加。

举例：在一项工资满意度的调查研究中，研究人员在甲、乙两个城市各抽样调查 300 户，其中一个问题是：“您对工资收入是否满意？”1 为非常不满意；2 为不满意；3 为

一般；4 为满意；5 为非常满意。甲、乙城市家庭对工资满意度评价的频数分布分别如表 3-10、表 3-11 所示。

表 3-10 甲城市家庭对工资满意度评价的频数分布

回答类别	户数/户	百分比/%	向上累计		向下累计	
			户数/户	百分比/%	户数/户	百分比/%
非常不满意	24	8	24	8	300	100
不满意	108	36	132	44	276	92
一般	93	31	225	75	168	56
满意	45	15	270	90	75	25
非常满意	30	10	300	100	30	10
合计	300	100				

表 3-11 乙城市家庭对工资满意度评价的频数分布

回答类别	户数/户	百分比/%	向上累计		向下累计	
			户数/户	百分比/%	户数/户	百分比/%
非常不满意	21	7	21	7	300	100
不满意	99	33	120	40	279	93
一般	78	26	198	66	180	60
满意	64	21	262	87	102	34
非常满意	38	13	300	100	38	13
合计	300	100				

以制作的频数分布表为基础，选中工具栏中的插入图表，再选中饼图，选中目标数据，为了增强图的可读性，可以增加类别名称、百分比和显示引导线等标签选项。用 Excel 作的环状图如图 3-33 所示。

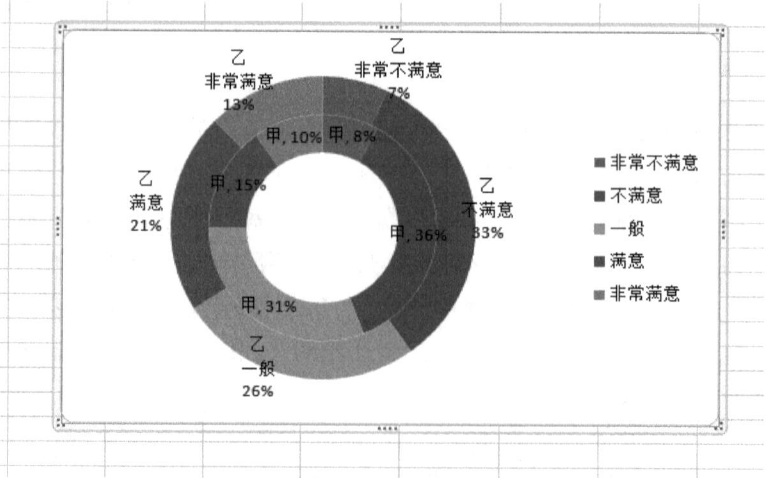

图 3-33 环状图

用R语言作环状图，命令如下。

```
shuanghuan01=function(x0,y0,z0,name){
##x和y维数必须相同;name是标题、x轴和y轴名称
##vjust对y轴调整,hjust对x轴调整;
x1<-x0[length(x0):1];y1<-y0[length(x0):1];z1<-z0[length(x0):1];
myLabel = x0
myLabel1 = paste(name[5],"\n",x0,"\n",round(y0,2),sep = "")
myLabel2 = paste(name[6],"\n",x0,"\n",round(z0,2),sep = "")
library(ggplot2)
D<-length(x1):1;
da0<-c(0,cumsum(y1));date<-NULL;
for(k in 1:(length(da0)-1)){date[k]<-0.5*da0[k]+0.5*da0[k+1]}
da0z<-c(0,cumsum(z1))/sum(z1)*sum(y1);datez<-NULL;
for(k in 1:(length(da0z)-1)){datez[k]<-0.5*da0z[k]+0.5*da0z[k+1]}
ggplot(NULL,aes(x=0,y=y1,fill=reorder(x1,D)))+
geom_bar(stat="identity")+
geom_bar(aes(x = 2,y=z1/sum(z1)*sum(y1)),stat="identity")+
labs(x=name[2],y=name[3],title=name[1],fill=name[4])+
geom_text( aes( x=0.8, y=date, label=myLabel1 ), hjust = 0.5,vjust = 0.5,
colour="black",size=3)+
geom_text( aes( x=2, y=datez, label=myLabel2 ), hjust = 0.5,vjust = 0.5,
colour="black",size=3)+
theme(plot.title = element_text(hjust = 0.5),legend.position = "right")+
theme( panel.grid = element_blank(), axis.text.x = element_blank(),
axis.text.y = element_blank())+coord_polar(theta = "y")+
theme(axis.ticks = element_blank()) +
scale_fill_discrete(breaks = x1,labels = myLabel)
}
x<-c("非常不满意","不满意","一般","满意","非常满意");
jia<-c(8,36,31,15,10)/100; yi<-c(7,33,26,21.3,12.7)/100;
name<-c("家庭对工资满意度的频率","城市","频率","满意度: ","甲","乙");
fenlei<-c("甲","乙");
shuanghuan01(x,jia,yi,name)
```

4. 直方图

直方图（histogram）用来反映数量变量的分布状况。在统计分组的基础上，用横轴表示数据分组，纵轴表示频数或频率，各组与相应的频数就形成了一个矩形，即直方图。

使用直方图时要注意对于不等距分组，纵轴必须表示频数密度，频数密度=频数/组距（面积之和=总频数）。手工绘制直方图时需要先对数据进行分组，用统计软件作直方图时可以自动进行分组。

直方图与条形图都被用来反映数据的分布状况，适用于不同类型的数据。直方图是用面积表示各组频数的多少，矩形的高度表示各组的频数或百分比，宽度则表示各组的组距，其高度与宽度均有意义。条形图是用条形的高度表示各组频数的多少，其宽度（表示组别）则是固定的。直方图的各矩形通常是连续排列的，而条形图则是分开排列的。

用 R 语言数据模拟作直方图的命令如下。

```
chengji <- round(runif(100,50,100),0)
df = data.frame(chengji)
ggplot(data=df,aes(x=chengji)) +
geom_histogram(binwidth=15,fill="#69b3a2",color="#e9ecef",alpha=0.9)+
theme_bw()+
labs(x="成绩",y="频数")
```

使用 Excel 的“插入”→“柱形图”可以画出直方图的半成品，再在条形区域单击鼠标右键，在弹出的对话框中选择“设置数据系列格式”，把“分类间距”设为“无间距”（显示的数值为 0%），并且设置“填充”“边框颜色”等项目，使图形便于阅读。对于分类变量的柱形图，并不要求柱形之间的间距为 0，但在直方图中，分组依据是数值变量，横轴上的区间之间不能留有空隙。

针对原始数据，可以使用 Excel 的“直方图”模块作图。该模块收纳于“数据分析”模块组内。在电脑上首次使用时要先调出该模块组，程序为“文件”→“选项”，在弹出的“Excel 选项”对话框左边选择“加载项”，再点击“转到”，出现“加载宏”对话框，勾选其中的“分析工具库”，点击“确定”。菜单栏的“数据”标签下将新增一个“数据分析”图标。

假设对 4000 名学生的“高考英语”成绩做统计，须设定各组的上限值，这就要求我们预先使用“数据”→“数据分析”→“描述统计”，出现描述统计对话框见图 3-34。

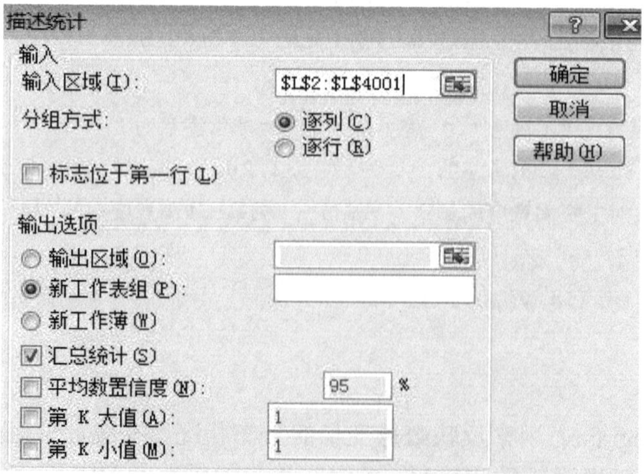

图 3-34 Excel 描述统计对话框

在"输入区域"中指明原始数据所在区域,"输出选项"中,"输出区域"指的是由使用者指定本 xlsx 文件中某个 sheet 的某个单元格,"新工作表组"指的是一个新的 sheet,"新工作簿"指的是一个新的扩展名为 xlsx 的文件。勾选下方的"汇总统计",点击"确定",可以得知"高考英语"原始数据中的极小、极大值。

接着,设定各组上限,对于考试成绩,通常组距为 5 或 10,本例中设为 69、79……139。点击"数据分析"→"直方图"→"确定",弹出"直方图"对话框,在"输入区域"中输入原始数据所在区域,"接收区域"中输入各组上限值所在区域,输出选项中指定"新工作表组",勾选下方的"图表输出",点击"确定",如图 3-35 所示,即得频数分布表和直方图。用 Excel 作的直方图须调整一些默认选项,以便阅读。

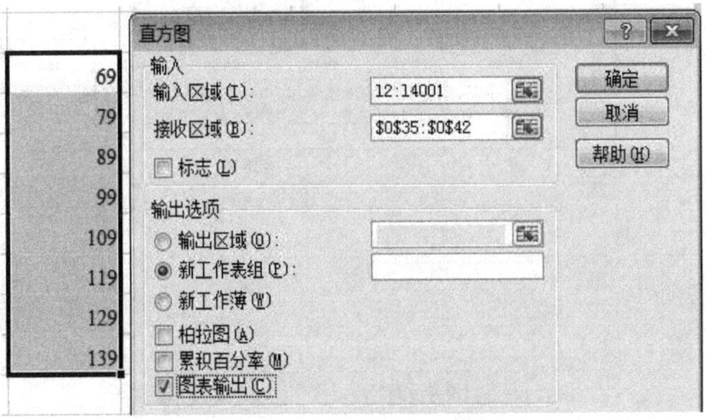

图 3-35　Excel 直方图对话框

使用 SPSS 画直方图,还有一个比较简便的方法。先把要画图的变量值划分到各区段,形成区段标记,再利用区段标记来画图。设有 4000 名大学生的"高考英语"成绩,点击"转换"→"可视化分箱",指定"高考英语"到"要分箱的变量"框中,如图 3-36 所示,点击"继续"。

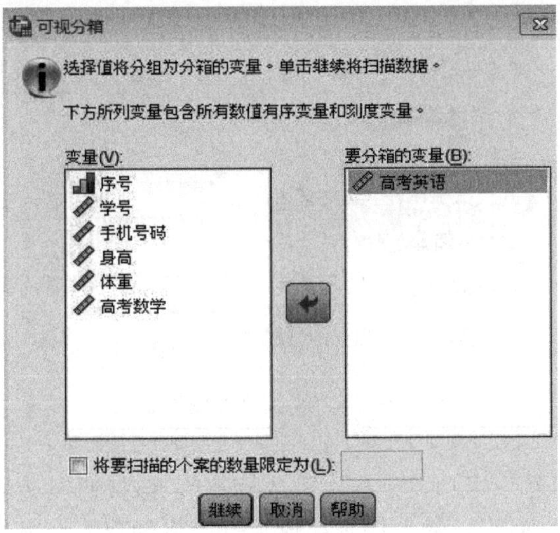

图 3-36　SPSS 画直方图步骤一

在弹出的“可视分箱”对话框中，“分箱化的变量”要填入一个不同于“高考英语”的名称，如“英语分组”，如图 3-37 所示。窗口右边“上端点”内选择“排除”，因为统计分组有“上组限不在内”的原则。

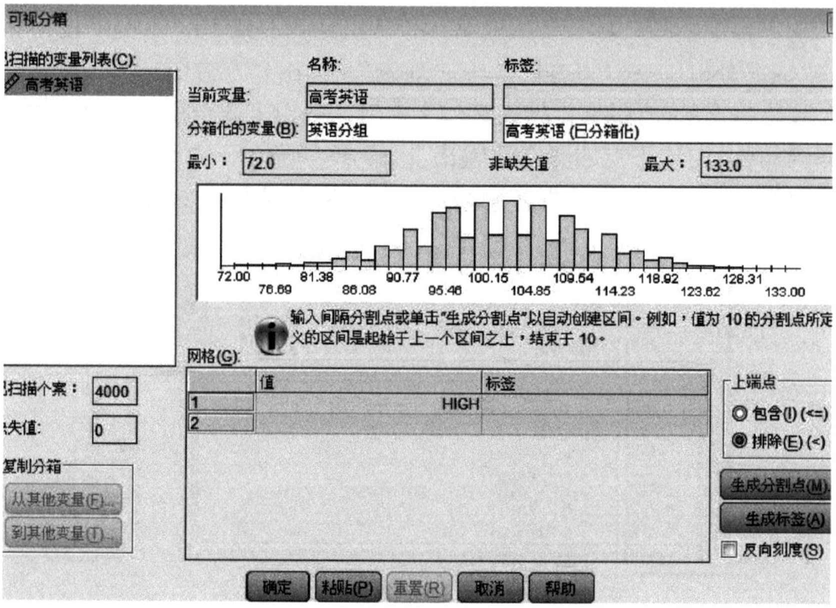

图 3-37 SPSS 画直方图步骤二

点击“生成分割点”，在图 3-37 中已知最小值为 72，故可在“第一个分割点的位置”中填入 70.0，在“宽度”中填入 5 或 10，意即按照 5 分或 10 分为组距对数据进行分组，接着将光标键入“分隔点数量”内，软件会自动地在“分隔点数量”中算出一个数值，如图 3-38 所示。点击窗口下部的“应…”按钮。

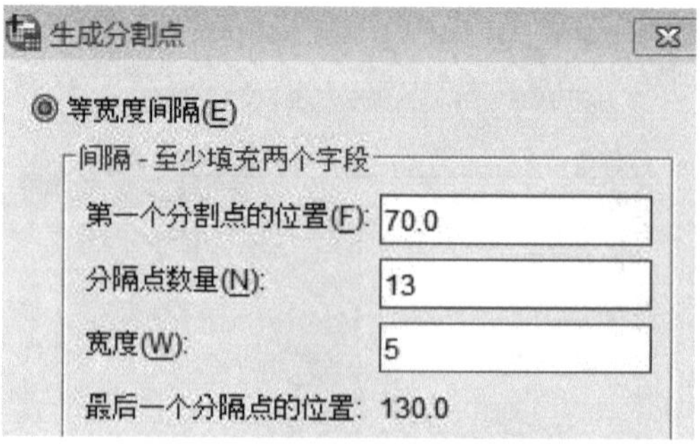

图 3-38 SPSS 画直方图步骤三

现在回到“可视分箱”窗口，点击“生成标签”，该按钮左边的“标签”栏内出现各组的上下组限。点击“确定”，弹出提示“封装规范将创建 1 个变量”，点击“确定”。在数据视图的右端将出现新一列“英语分组”，每个学生对应一个号码，即其所在组的编号。至此，划分区段的工作完成。

接下来，点击“分析”→“描述统计”→“频率”，在弹出的“频率”窗口中，将左边小框中的“高考英语”和“高考英语(已分箱化)[英语分组]”两个变量指定到右边的“变量”框内，如图 3-39 所示。点击“图表”，勾选“直方图”，点击“继续”，回到“频率”窗口。点击“确定”，即可在查看器中获得频数分布表和直方图。

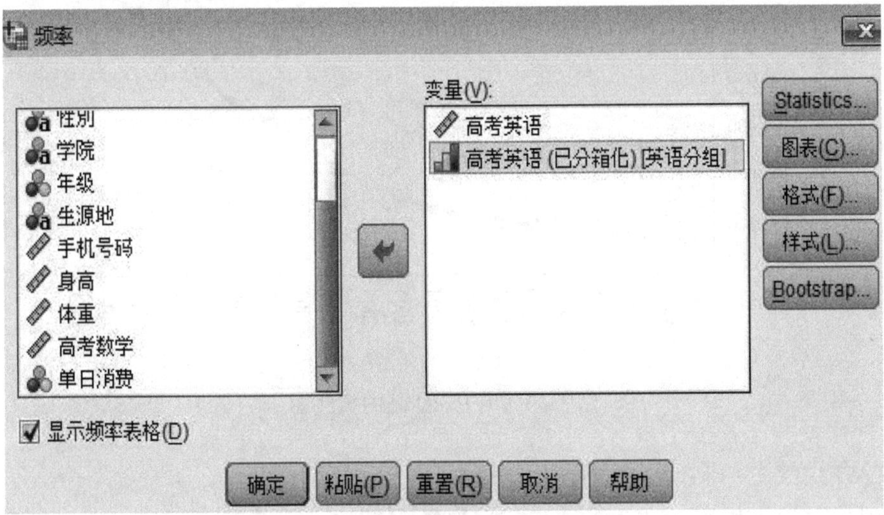

图 3-39　SPSS 画直方图步骤四

使用 R 语言画直方图，基本命令是 hist。例如，针对 student 文件中的数学成绩（变量名为 maths）画直方图，可使用如下命令。

```
>hist(student$maths,breaks = 10,col = "blue",freq = F,xlab = "数学成绩")
>lines(density(student$maths),col = "red",lwd = 2)
```

注：breaks 参数指定分组的组数，此处分为 10 组；col 参数指定图形的颜色；freq 参数若为 T（默认）则绘制频数分布直方图，为 F 则绘制频率分布直方图；lines 函数画出核密度线，该核密度线是对样本数据所代表的总体分布形状做出的估计；lwd=2 将生成一条两倍于默认宽度的线条。

5. 折线图

折线图也称频数多边形（frequency polygon），是在直方图的基础上，把直方图顶部的中点（组中值）用直线连接起来，再把原来的直方图抹掉。折线图的两个终点要与横轴相交，具体的做法是第一个矩形的顶部中点通过竖边中点（即该组频数一半的位置）连接到横轴，最后一个矩形顶部中点通过竖边中点连接到横轴。组数越多，组距越小，折线图就越光滑，随着组数增大，折线图逐渐形成一条平滑的曲线，这就是频数分布曲线。

线图（line chart）是利用线形的升降起伏来表现描述的变量在一段时期内的变动情

况，主要用于显示时间序列的数据。

举例：从国家统计局网站（http://www.stats.gov.cn/sj/）可以查阅统计数据。将 1995～2014 年国民总收入数据录入后，在 Excel 中选择“插入”→“折线图”，得到折线图（图 3-40）。

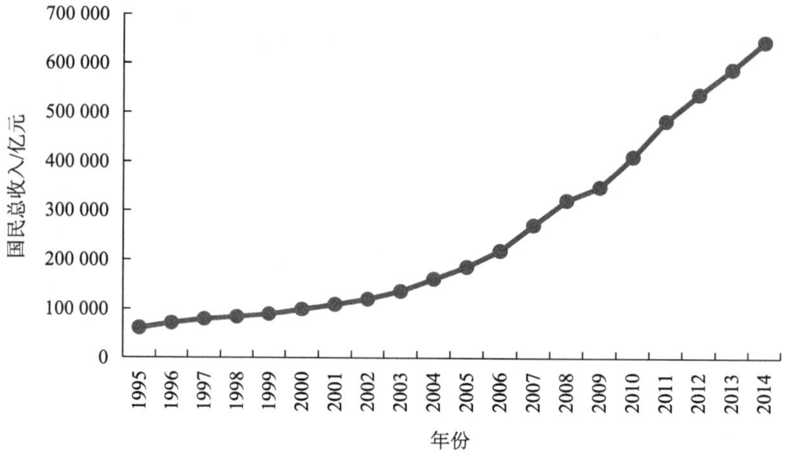

图 3-40　用 Excel 画的折线图

```
library(readxl);
setwd("C:\\Users\\sun\\Desktop\\教材数据");
data0 = as.matrix(read_excel("1995-2014年国民总收入.xls",col_names = FALSE,))
x= as.vector(data0[1,-1]);y = as.numeric(data0[2,-1]);
library(ggplot2)
ggplot(NULL,aes(x=x,y=y,group=1)) +
geom_line(linetype="dotted") +
geom_point(size=4,shape=20)
```

表现时间序列的图形通常是线图。

在 Excel 中，只要有时间标号（可以是年份、季度、月份、日期等）和相应的变量值，选中该区域，再点击“插入”→“折线图”即可得到折线图，横轴表示时间，纵轴表示变量值。如果时间标号一列的顶端有“年份”“月份”之类的标签，在生成的图形中，年份也当作一个变量，横轴标示为顺序号，此时删去“年份”“月份”之类的标签，重新画图，即得恰当的线图。

在 SPSS 中，点击“图形”→“旧对话框”→“散点/点状”，在弹出窗口中选择“简单分布”，点击“定义”，指定需要画折线图的变量，即可获得线图。

设有中国 1990～2004 年的人口自然增长率数据，R 语言中可以使用 plot 函数画时间序列图，如图 3-41 所示。

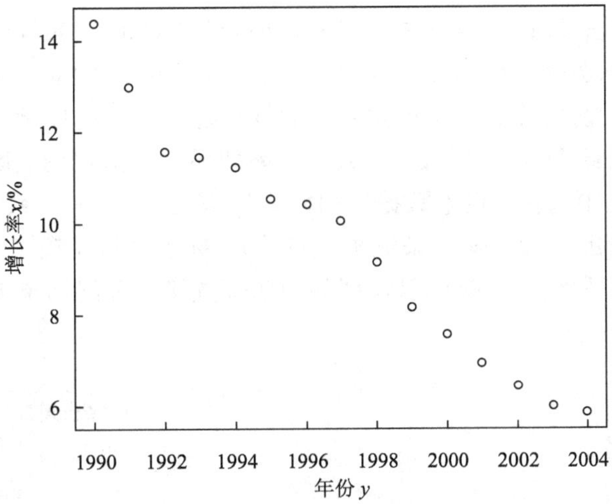

图 3-41　中国 1990～2004 年人口自然增长率时间序列图

画时间序列图的命令如下。

```
>x<-c(14.39,12.98,11.6,11.45,11.21,10.55,10.42,10.06,9.14,8.18,7.58,
6.95,6.45,6.01,5.87)
> y<-c(1990:2004)
> plot(y,x)
```

6. 累计分布图（帕累托图）

根据分类数据或顺序数据的分布频数，如果按照频数由高到低的顺序排列，再进行累计，可以获得累计分布图（帕累托图）（Excel 对这类图使用了一个容易引起歧义的名字“柏拉图”）。

表 3-12　茶餐厅消费者建议的频数分布

建议内容	频数	频率/%	累计频率/%
价格贵	123	33	33
等待久	81	22	55
分量小	62	17	72
太嘈杂	33	9	81
不好吃	21	6	86
服务差	15	4	91
品类少	12	3	94
分量大	10	3	96
太油腻	7	2	98
卫生差	6	2	100

注：频率和累计频率由未经四舍五入的原始数据计算

在 Excel 中，首先选中表 3-12 中的“建议内容”“频数”“累计频率”三列，在菜单栏的“插入”标签下选择“柱形图”，此时生成的图形中，“频数”和“累计频率”都显示为柱形，须将鼠标箭头移到“累计频率”的柱形之一，单击鼠标右键，选择“更改系列图表类型”→“折线图”→“确定”，累计频率即显示为折线图。鼠标右键在折线上单击，在出现的选项框中选择“设置数据系列格式”(图 3-42)，在“系列选项”中勾选“次坐标轴”，点击“关闭”，即得第二条纵轴（右轴），标示“累计频率”的数值。进而，设置坐标轴刻度、柱形和线型的颜色以及调整图例位置等，最终结果见图 3-43。

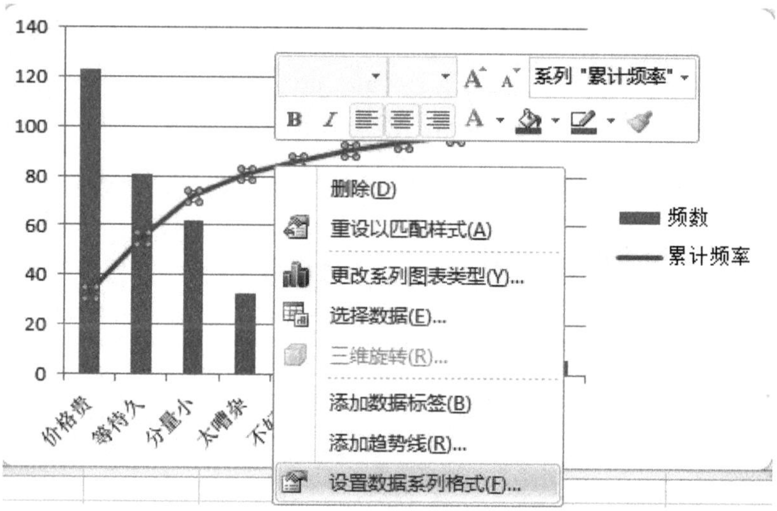

图 3-42 Excel 为第二变量添加纵轴

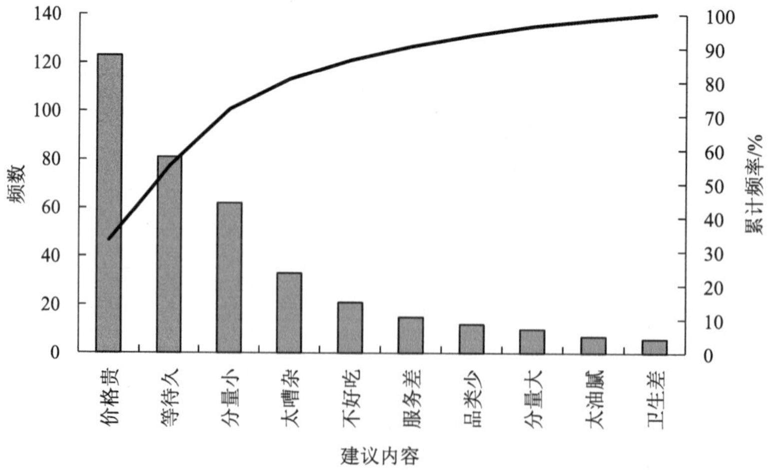

图 3-43 茶餐厅消费者建议的帕累托图

根据帕累托图中的曲线容易甄别出“重要的少数”，如本例中，认为“价格贵”者达33%，再加上 22%的“等待久”，已经超过了一半，在十项建议中，此二项已经占了大半，当然是“重要的少数”。

用 SPSS 画帕累托图更简捷。仍用表 3-12 中的“建议内容”和“频数”。点击“分析”→“质量控制”→“帕累托图”，出现对话框如图 3-44(a)所示，选中“简单帕累托图”和“个案组的计数或和”，点击“定义”。在新出现的对话框中，将“频数”指定到“条的表征”→“变量和”，“建议内容”指定到“类别轴”，点击“确定”，即得帕累托图（图 3-45），其图形与 Excel 的输出结果略有不同，但完全不影响阅读。

（a）

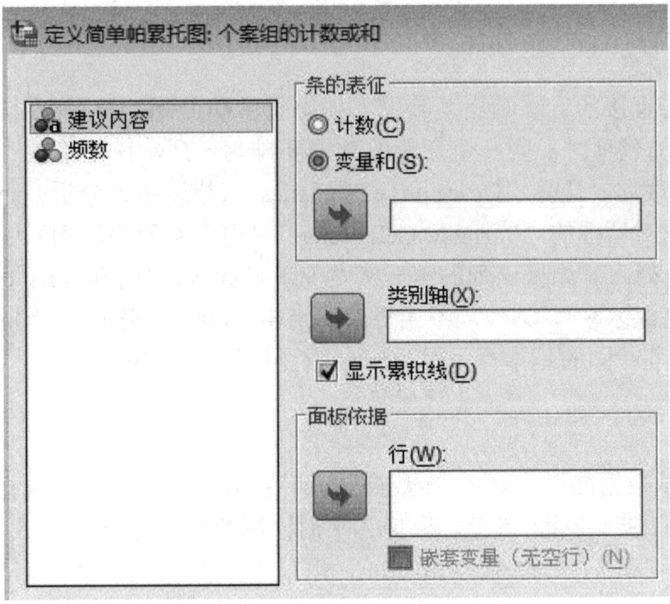

（b）

图 3-44　用 SPSS 画帕累托图的选项

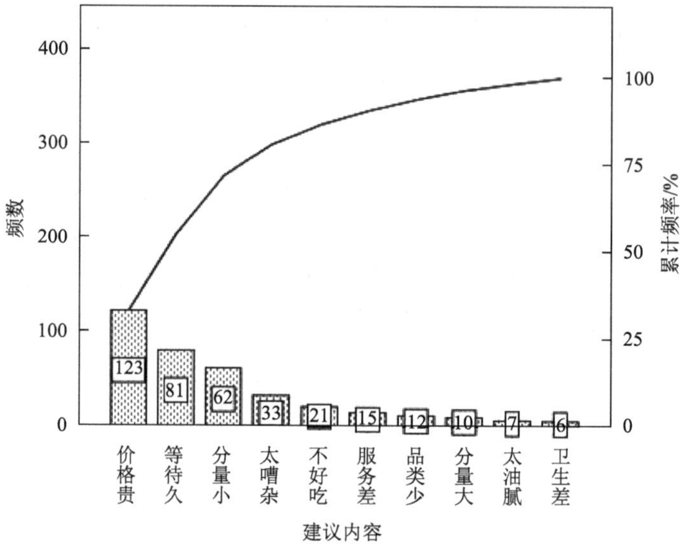

图 3-45　用 SPSS 画的帕累托图

7. 茎叶图

茎叶图（stem-and-leaf display）主要用于显示未分组的原始数据的分布。由“茎”和“叶”两部分构成，其图形是由数字组成的。通常以数据的高位数字作茎，低位数字作叶，叶上只保留一位数字。叶的竖列要对齐，以计算各组的次数。

对于 n（$20 \leqslant n \leqslant 300$）个数据，茎叶图最大行数不超过 $L=[10\times \lg(n)]$。

茎叶图类似于横置的直方图，但又有区别。直方图可观察一组数据的分布状况，但没有给出具体的数值；茎叶图既能给出数据的分布状况，又能给出每一个原始数值，保留了原始数据的信息。

Excel 中没有直接的方法画出茎叶图。如果想借助 Excel 画茎叶图，须添加 PHStat2 加载项。使用该加载项时，同一个变量的数据要排为一列，在菜单栏“加载项”标签下调出 PHStat2 加载项，选择“Descriptive Statistics”（描述统计分析）→“Stem-and-Leaf Display”，在弹出对话框的“Variable Cell Range”（可变单元格范围）中输入数据所在的区域(必须在同一列内)，如果该列的第一格是变量名标签，要勾选“First cell contains label”（第一个单元格包含标签）。其他项不用更改，点击“OK”（确定），茎叶图就画好了。

用 R 语言作茎叶图的基本命令是 stem，该函数语法如下。

```
stem(x,scale=1,width=80,atom=1e-2)
```

其中，x 表示数据向量。scale 参数控制茎叶图分组标准，可以选择 1、2、5，即将 10 个个位数分为 1 茎、2 茎、5 茎，取值为 2 时，尾数 0～4 为一茎，5～9 为另一茎；取值为 5 时，尾数 0 和 1、2 和 3、4 和 5、6 和 7、8 和 9 各为一茎。width 表示绘图的宽度，通常设置为大于众数组次数的数值，以显示全部“叶”。atom 表示容限，此处的“–2”是读取茎叶图所截取个位数的小数点后 2 位，通常不宜小于–8。

用 Excel 画箱线图的方法为：点击 PHStat2 的“Descriptive Statistics”→“Boxplot”（箱线图），在弹出对话框“Raw Data Cell Range”（原始数据单元格范围）旁边的空格中输入变量值的区域，如果该区域的第一格是变量名标签，要勾选“First cell contains label”（图 3-46）。如果针对单一变量作图，可以使用软件默认选项“Single Group Variable”（单组变量），如果针对多个变量作图，要选择“Multiple Groups-Unstacked”（多组-未堆积），点击“OK”，箱线图就画好了。

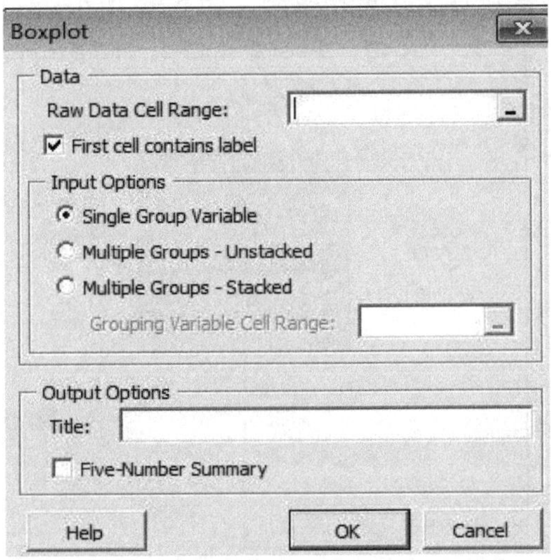

图 3-46 使用 Excel 插件 PHStat2 画箱线图

用 SPSS 画箱线图的方法为：点击“分析”→“描述统计”→“探索”，指定需要分析的数值型变量到“因变量列表”，指定分组类别到“因子列表”，“标注个案”指的是在输出的箱线图中对异常值的标注内容，不勾选时，标注的是数值，勾选时，标注的是该变量的表现值，如图 3-47 所示。

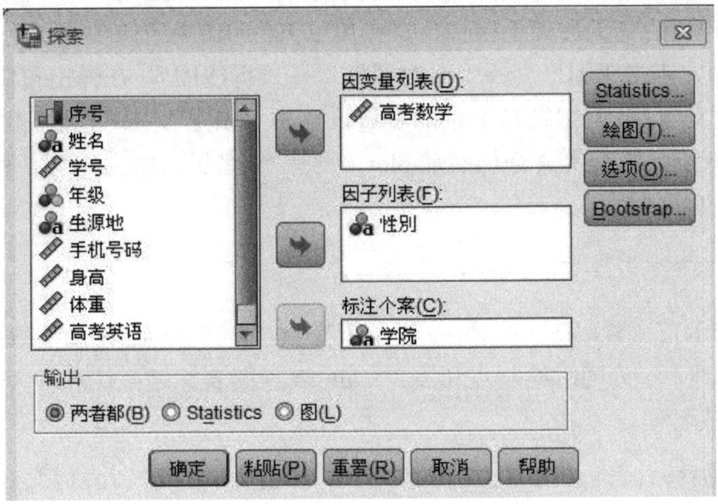

图 3-47 使用 SPSS 画箱线图

用 R 语言作箱线图的函数是 boxplot。定义 30 位大学生某日在学校食堂就餐的花费为 x 向量，根据这组数据画箱线图的命令如下。

```
x<-c(17,17,18,19,15,20,23,23,24,22,12,18,20,22,16,23,17,20,14,13,16,
20,23,18,17,23,13,20,21,22)
boxplot(x)
```

可获得 30 位大学生某日食堂花费箱线图如图 3-48 所示。

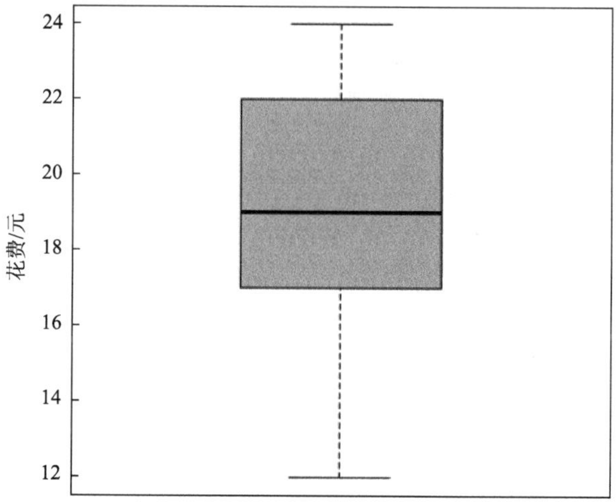

图 3-48　30 位大学生某日食堂花费箱线图

R 语言的 boxplot 函数还可以设置一些参数，控制图形宽度、标签、图形放置的水平或垂直方向、图形颜色等。

表示两个变量之间的相互关系时，通常使用散点图。

在 Excel 中，先选中两列数值个数相等的变量，点击“插入”→“散点图”，即得散点图。排在第一列的变量被列于横轴，排在第二列的变量被列于纵轴。

在 SPSS 中，点击“图形”→“旧对话框”→“折线图”，在弹出窗口中选择“个案值”，点击“定义”，指定 X 轴和 Y 轴的变量，点击“确定”，即可获得散点图。

R 语言画散点图的基本命令仍然是 plot。设有 19 名男大学生的身高和体重数据，画散点图的命令如下。

```
plot(x,y,type="p",main,xlab,ylab)
```

其中，x 表示自变量，画在横轴；y 表示因变量，画在纵轴；type 参数决定绘图类型，p 为点，l 为直线，o 为同时绘制点和线；main 表示图表标题；xlab 和 ylab 分别表示 X 轴和 Y 轴的标签名称。

```
x<-c(167,165,167,171,175,164,170,170,175,171,170,172,165,165,171,166,
169,171,171)
```

```
y<-c(50,54,62,60,65,51,62,60,60,61,53,60,57,58,60,57,65,55,63)
plot(x,y,type="p",main="身高与体重相关图",xlab="身高",ylab="体重")
```

可得到散点图如图3-49所示。

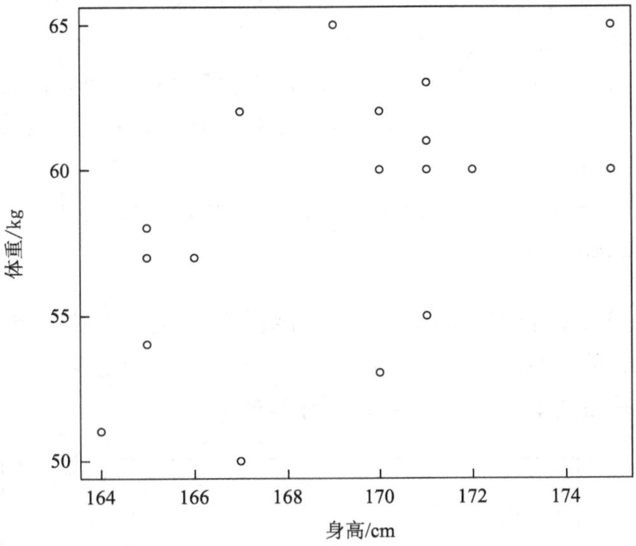

图 3-49　男大学生的身高-体重散点图

有两个人的身高同为 170 且体重同为 60，使两点在图中重合

8. 气泡图

基于散点图的原理，如果把每个散点位置的面积大小当作第三个变量，还可以画出气泡图。有三个变量依次为某年中国各省区市的人均 GDP、人均税收、年末人口数，选中这三列标签及数字的区域，点击“插入”→“其他图表”→“气泡图”，即得气泡图。气泡为圆形，各气泡直径之比等于第三个变量的平方根之比。

在 SPSS 中，点击“图形画板模板选择程序”，弹出窗口如图 3-50 所示，在“基本”标签中选中将要画图的三个变量，并选中右边的“气泡图”，在“详细”标签中指定“*X*”“*Y*”“大小”所对应的变量，点击“确定”，即可获得气泡图。

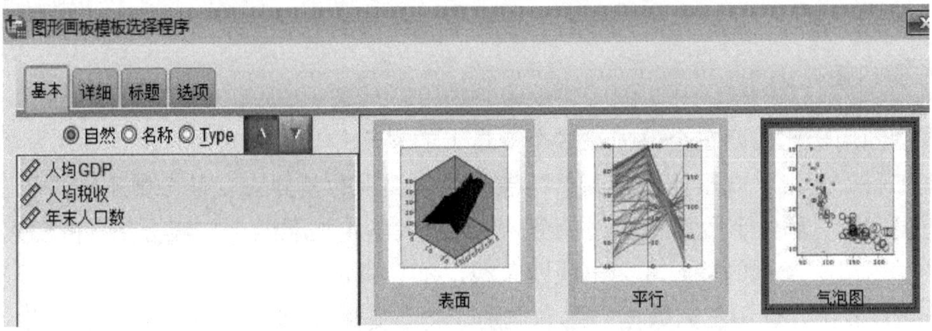

图 3-50　SPSS 图形画板模板选择程序

R 语言中可以使用 symbols 函数画出气泡图。设有某年我国十个省份的三个人口指标：平均预期寿命（LEB）、出生率（BR）、人口数（PZ），分别当作横轴、纵轴和气泡直径变量。画出气泡图的命令如下。

```
names<-c("粤","黑","新","藏","苏","浙","甘","冀","云","鄂")
LEB<-c(76.49,75.98,72.35,68.17,76.63,77.73,72.23,74.97,69.54,74.87)
BR<-c(12.79,5.98,10.69,15.22,9.32,11.02,11.07,11.26,13.19,11.54)
PZ<-c(11346,3773,2487,344,8051,5737,2637,7556,4830,5917)
rPZ<-sqrt(PZ/pi)
symbols(LEB,BR,circle=rPZ,inches=0.4,fg="black",bg="white")
text(LEB,BR,names,cex=1)
```

其中，rPZ 以圆面积表现人口数，故须指明画圆形时所依据的直径，即指定 circle 参数的数值；inches 表示半径，度量单位是英寸；fg 和 bg 分别表示气泡外框和内部的颜色；text 函数用来添加文本。得到气泡图如图 3-51 所示。

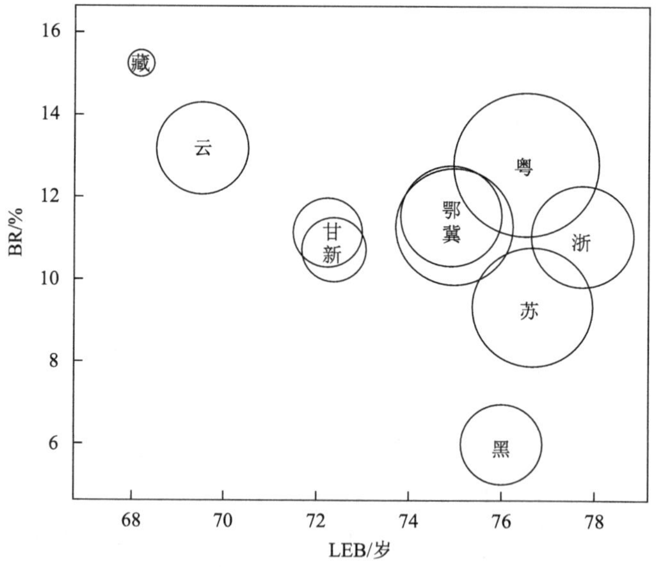

图 3-51 用 R 语言画的气泡图

9. 雷达图

雷达图用于比较两三个群体在多个变量上的表现差异。比如，把大学生分为“文科”和“理工科”两组，观察他们在图书馆借阅图书类别的差异。变量个数不能少于三个。为了方便阅读，群体个数不宜超过三个。如果把大学生按照四个年级分组，再观察文科、理工科学生借书类别的差异，会出现四条线，不易辨识。

在 Excel 中，选中三列数据：图书类别（类型变量）、文科学生、理工科学生，点击

“插入”→“其他图表”→“雷达图”，即得雷达图。

在 R 语言中，可以使用 fmsb 包的 radarchart 函数画雷达图。设“文科”和“理工科”两组大学生在图书馆借阅的图书分为 9 类（小说、自然科学、科普……），各有借阅次数或借阅比例，该文件为 D:\studentfile\radar.csv，其内容如表 3-13 所示。

表 3-13　大学生图书借阅情况统计（单位：次）

分类	小说	自然科学	科普	社会	文化	计算机	历史	经济管理	政治
文科学生	64	25	51	67	68	47	38	54	21
理工科学生	85	78	66	66	43	39	26	24	8

画雷达图的命令如下。

```
data<-read.csv("D:\\studentfile\\radar.csv",header=TRUE)
radarplot<-rbind(rep(100,9),rep(0,9),data)
radarchart(radarplot[,2:10], axistype=1, pcol=rgb(0,0,0), pfcol=rgb(0,0,
0,0.6), plwd=2, seg=5, cglcol="gray", cglty=1, cglwd=2, axislabcol="black",
caxislabels=seq(0,100,20), vlcex=0.7, calcex=0.7)
legend(x="topleft",legend=radarplot[,1],lty=1:2,col=1:2,lwd=1,
text.width=0.6,cex=0.7)
```

注：radarplot 是画图时创建的一个媒介文件名。

rbind 函数用于合并两行的数据（即“文科学生”和“理工科学生”）；前一个 rep 参数指定了 9 个维度上的最大值是 100，后一个 rep 参数指定了 9 个维度上的最小值是 0。

第三条命令中的 radarplot[,2:10]指的是要求读取数据文件中第 2 列到第 10 列的数据（即 9 类图书的名称）；axistype 指定雷达图坐标轴的类型，取值在 0 至 5 之间，1 代表在主轴上标示百分比刻度；pcol 用于控制雷达图中数据勾勒区域的轮廓颜色；pfcol 指定雷达图内部填充颜色；plwd 参数控制数据勾勒区域轮廓线的粗细；seg 参数指定在坐标轴上标出 5 条刻度线；cglcol 设定雷达图的颜色；cglty 设定雷达图边框的线段形状；cglwd 设定雷达图边框的线段宽度；axislabcol 设定雷达图内部数字标签的颜色；caxislabels 设定雷达图内部数字标签的分割情况，seq(0,100,20)指的是雷达图的数字标签从 0 到 100，每 20 分割一次；vlcex 设定雷达图各外部标签的大小；calcex 控制坐标轴标签大小。

第四条命令设定图例的位置（如 x="topleft"）；legend=radarplot[,1]表示读取数据文件的第一列当作图例中的分类名称；其他参数设定图例的线型、宽度、字号。得到雷达图如图 3-52 所示。

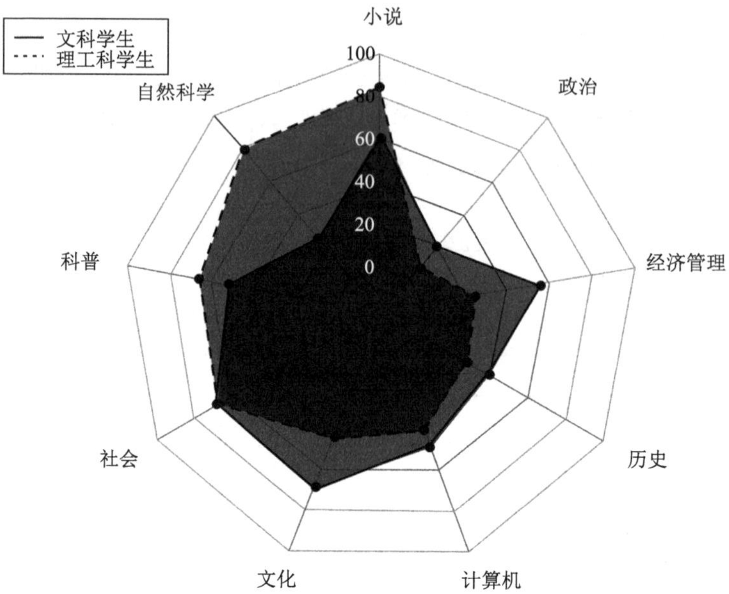

图 3-52　用 R 语言画的雷达图

第4章

数据的概括性度量

4.1 集中趋势的度量

集中趋势是指一组数据向某一中心值靠拢的程度，它反映了一组数据的中心点的位置所在。

4.1.1 平均数

一组数据相加后除以数据的个数所得到的结果，称为平均数，也称均值。设一组样本数据为 $x_1,x_2,\cdots,x_n$，样本量为 n，则样本平均数用 $\bar{x}$ 表示，计算公式为

$$\bar{x}=\frac{x_1+x_2+\cdots+x_n}{n}=\frac{\sum_{i=1}^{n}x_i}{n} \tag{4-1}$$

如果原始数据被分成 k 组，各组的组中值（一个组中的中间值，是组的下限值与上限值的简单平均）分别用 $M_1,M_2,\cdots,M_k$ 表示，各组的频数分别用 $f_1,f_2,\cdots,f_k$ 表示，则样本平均数的计算公式为

$$\bar{x}=\frac{M_1f_1+M_2f_2+\cdots+M_nf_n}{n}=\frac{\sum_{i=1}^{k}M_if_i}{n} \tag{4-2}$$

1. 用 SPSS 计算平均数

举例：用 SPSS 计算员工的月平均工资。

SPSS 操作步骤如下。

（1）打开 SPSS，导入 Excel 的工资数据（图 4-1）。导入数据的路径为“文件—导入数据—Excel”，如图 4-2、图 4-3 所示。

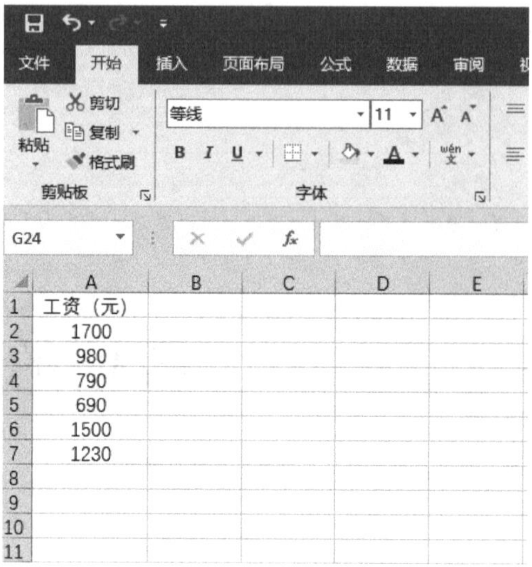

图 4-1　员工的月平均工资

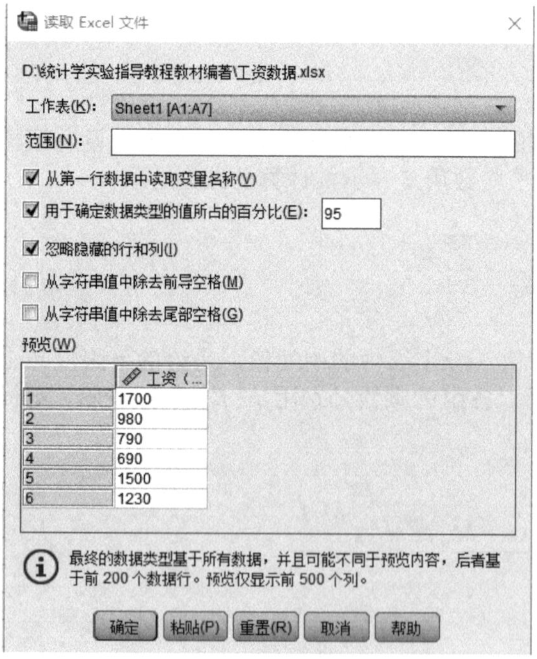

图 4-2　计算平均数操作步骤一

图 4-3　计算平均数操作步骤二

（2）点击“分析”窗口，选择“描述统计”窗口，选择“频率”，变量选择“工资”，点击“统计”，勾选“平均值”，点击“继续”，回到之前的对话框，点击“确定”，如图 4-4～图 4-7 所示。

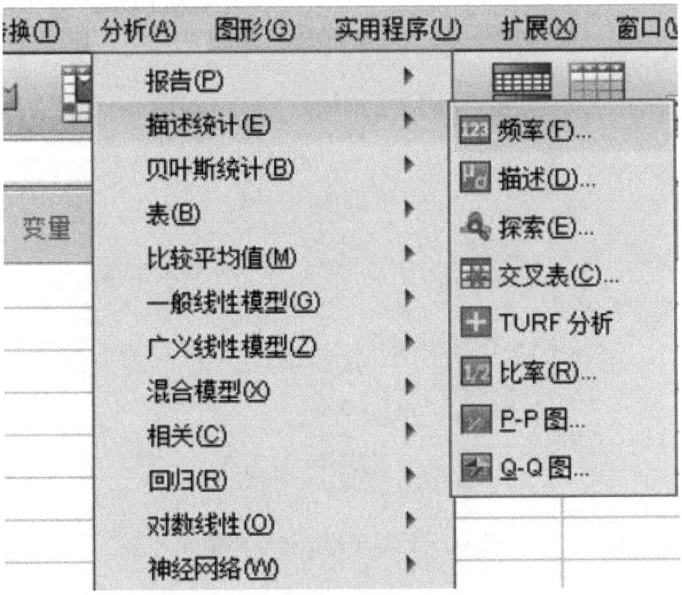

图 4-4　计算平均数操作步骤三

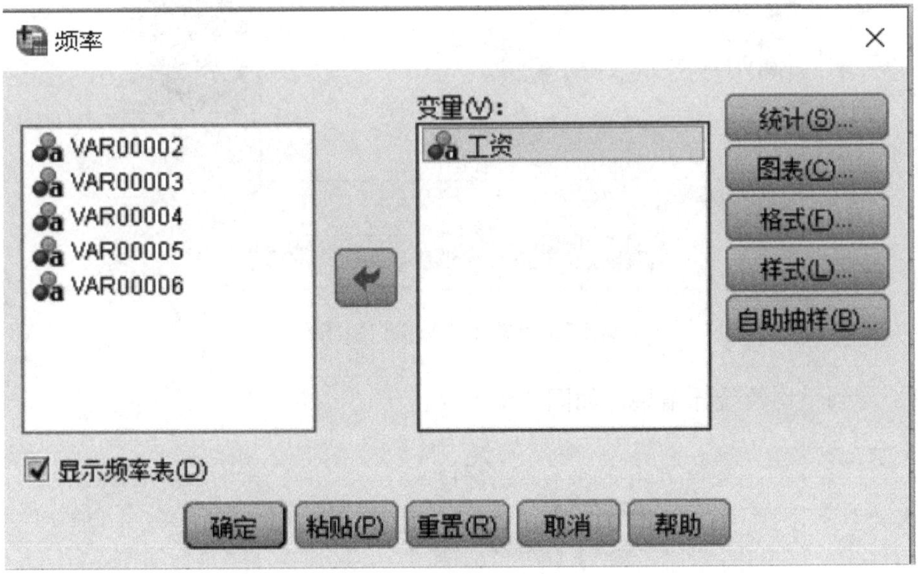

图 4-5　计算平均数操作步骤四

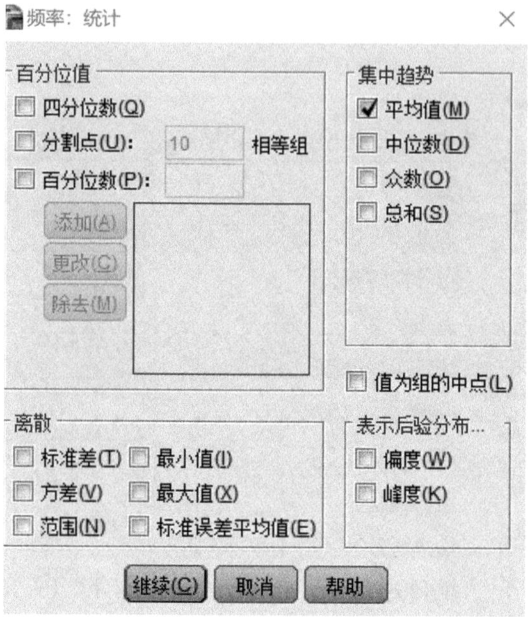

图 4-6　计算平均数操作步骤五

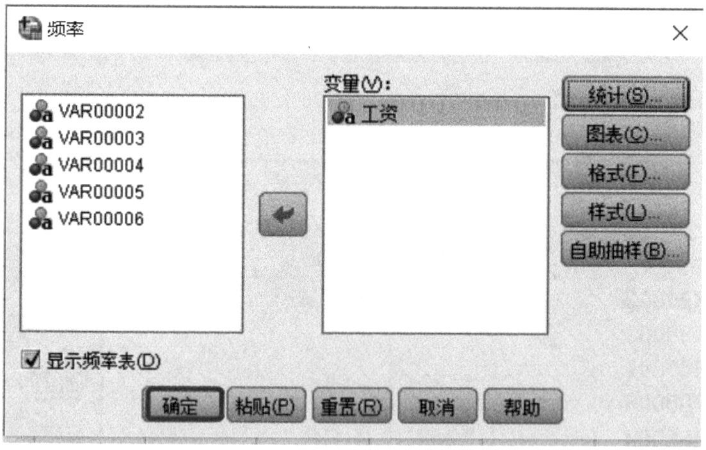

图 4-7　计算平均数操作步骤六

（3）得到平均数统计结果，如图 4-8 所示。

统计

VAR00001

个案数	有效	6
	缺失	0
平均值		1148.3333

图 4-8　平均数统计结果

2. 用 R 语言计算平均数

举例：用 RStudio 计算员工的月平均工资。

用 R 语言进行数据的输入有两种途径：一是手动输入数据；二是导入数据。由于本例采用的是样本量非常少的数据，可以手动输入数据。这种方法是采用 R 中的函数 edit()，自动调用一个手动输入数据的文本编辑器，具体步骤如下：第一，创建一个数据框，其中变量名与数据表格一致；第二，针对这个数据调用文本编辑器，输入数据，并将结果保存。具体操作如下。

输入命令：

```
mydata<-data.frame(wage=numeric(0))
mydata<-edit(mydata)
```

其中，mydata 表示新建数据框的名称；wage 表示生成的数值型变量，表示员工工资；edit()表示编辑函数，用于调用文本编辑器。输入数据得到图 4-9。

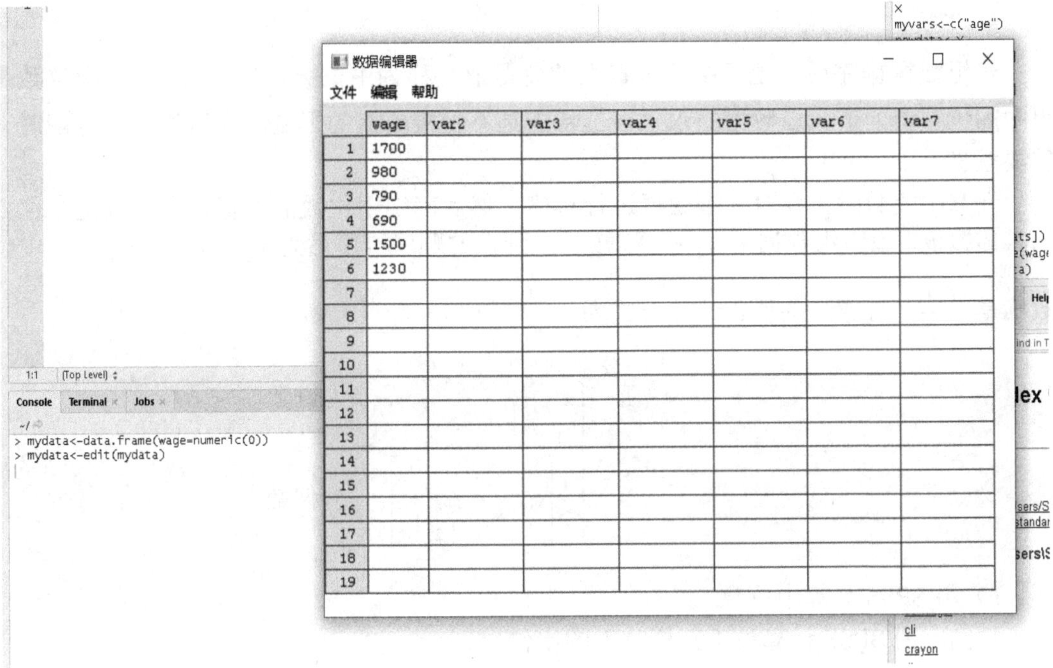

图 4-9　输入数据

用 RStudio 计算员工月平均工资的步骤如下。

（1）在“Console”工作框，输入命令：

```
A<-mean(mydata$wage)
 print(A)
```

其中，A 表示一个代入名，即 A 相当于 mean(mydata$wage)；mean()表示求平均数的函数；mydata 表示数据名称；wage 表示变量名称；$被用来选取一个给定数据框中的某个特定变量；mydata$wage 即在 mydata 数据中选取 wage 这一变量名称；Print()函数表示在控制台输出打印的内容，A 表示输出的内容。

（2）求得员工月平均工资 1148.3333 元。

```
mydata<-data.frame(wage=numeric(0))
mydata<-edit(mydata)>
mydata<-edit(mydata)
A<-mean(mydata$wage)
print(A)
[1] 1148.3333
```

4.1.2 中位数、四分位数和众数

1. 中位数

一组数据排序后，处于中间位置上的变量值，称为中位数，用 M_e 表示。中位数是用中间位置上的值代表数据的水平，其特点是不受极端值的影响，在研究收入分配时有重要意义。

计算中位数时，要对 n 个数据进行排序，然后确定中位数的位置，最后确定中位数的具体数值。设一组数据 $x_1, x_2, \cdots, x_n$ 按从小到大的顺序排序后为 $x_{(1)}, x_{(2)}, \cdots, x_{(n)}$，则中位数就是 $\frac{(n+1)}{2}$ 位置上的值。计算公式为

$$M_e = \begin{cases} x_{\left(\frac{n+1}{2}\right)}, & n\text{为奇数} \\ \frac{1}{2}\left[x_{\left(\frac{n}{2}\right)} + x_{\left(\frac{n}{2}+1\right)}\right], & n\text{为偶数} \end{cases} \tag{4-3}$$

1）用 SPSS 计算中位数

举例：用 SPSS 计算员工工资收入的中位数。

员工工资收入如图 4-10 所示。

	A	B	C	D	E	F
1	工资（元）					
2	1700	980	790	690	1500	1230

图 4-10 员工工资收入

SPSS 操作步骤如下。

（1）打开 SPSS，导入数据，如图 4-11 所示。

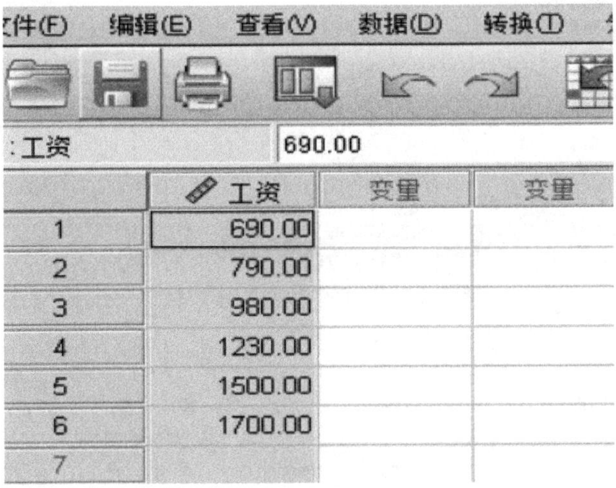

图 4-11　计算中位数操作步骤一

（2）点击“分析”窗口，选择“描述统计”窗口，选择“频率”，选择变量“工资”，点击“统计”，勾选“中位数”，选择页面下方“继续”，回到之前的对话框，点击“确定”，如图 4-12～图 4-15 所示。

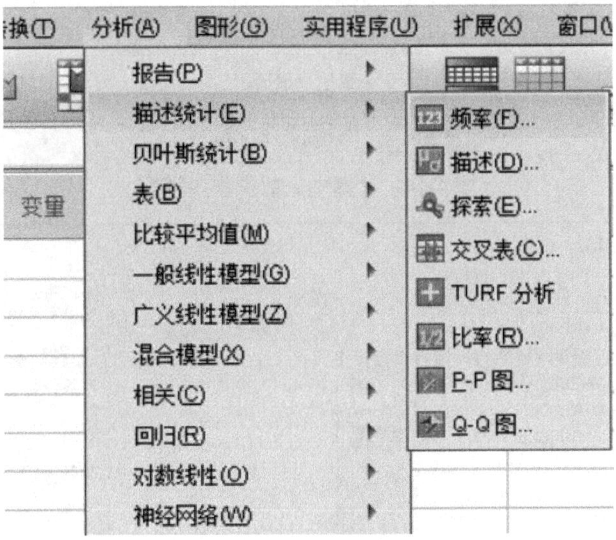

图 4-12　计算中位数操作步骤二

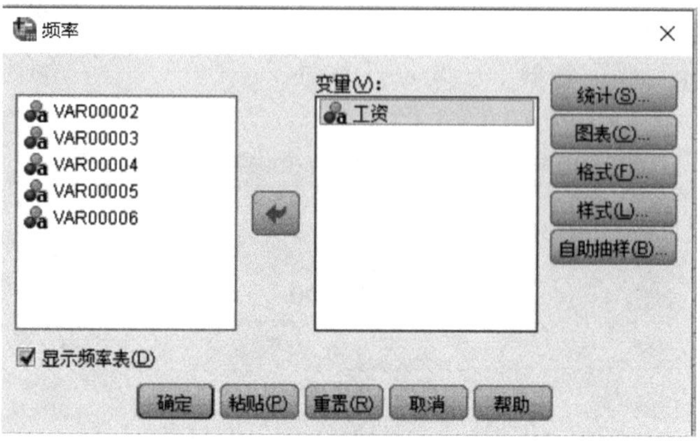

图 4-13　计算中位数操作步骤三

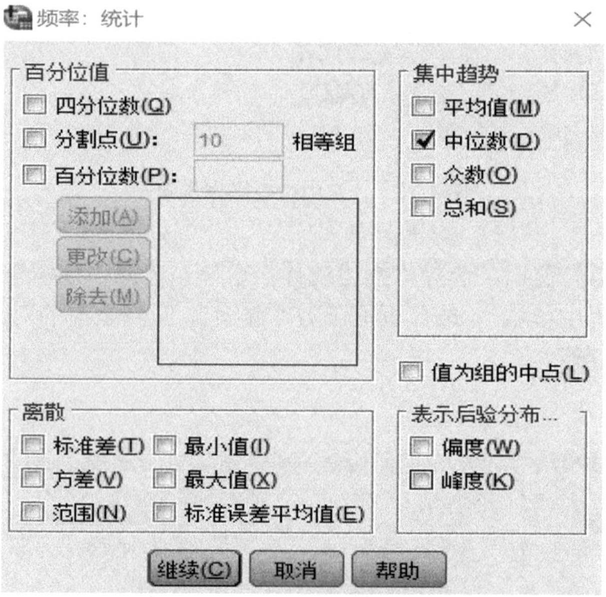

图 4-14　计算中位数操作步骤四

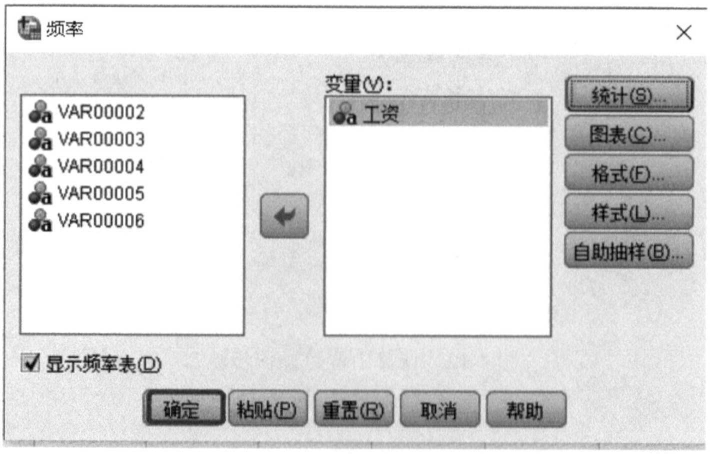

图 4-15　计算中位数操作步骤五

（3）由此计算出中位数，$M_e = 1105.0000$，如图 4-16 所示。

统计

工资

个案数	有效	6
	缺失	0
中位数		1105.0000

图 4-16　中位数统计结果

2）用 R 语言计算中位数

举例：用 RStudio 计算员工工资收入的中位数。

操作步骤如下。

（1）在“Console”工作框中，输入求中位数的命令。

```
B<-median(mydata$wage)    #该代码不能单独运行，请在运行均值代码之后运行
print(B)
```

其中，median()表示中位数函数。

（2）输出平均值：1105。

```
mydata<-data.frame(wage=numeric(0))
mydata<-edit(mydata)
B<-median(mydata$wage)
print(B)
[1] 1105
```

2. 四分位数

将一组数据由小到大排序后，将位于 25%、50%和 75%位置上的 3 个数称为四分位数。将数据分等分为四份，位于 75%位置上的第一四分位数称为上四分位数，记为 $Q_{75\%}$；位于 50%位置上的称为第二四分位数，记为 $Q_{50\%}$；位于 25%位置上的第三四分位数称为下四分位数，记为 $Q_{25\%}$。

$$Q_{25\%}\text{位置} = \frac{n+1}{4},\quad Q_{75\%}\text{位置} = \frac{3(n+1)}{4} \tag{4-4}$$

1）用 SPSS 计算四分位数

举例：用 SPSS 计算员工工资收入的四分位数（沿用图 4-10 中的数据）。

SPSS 操作步骤如下。

（1）打开 SPSS，导入数据。

（2）点击“分析”窗口，选择“描述统计”窗口，选择“频率”，点击“工资”，选择“统计”，进入新对话框，勾选“四分位数”，见图 4-17（其他步骤与求中位数时一致，不再展示），点击“继续”，回到之前的对话框，选择“确定”。

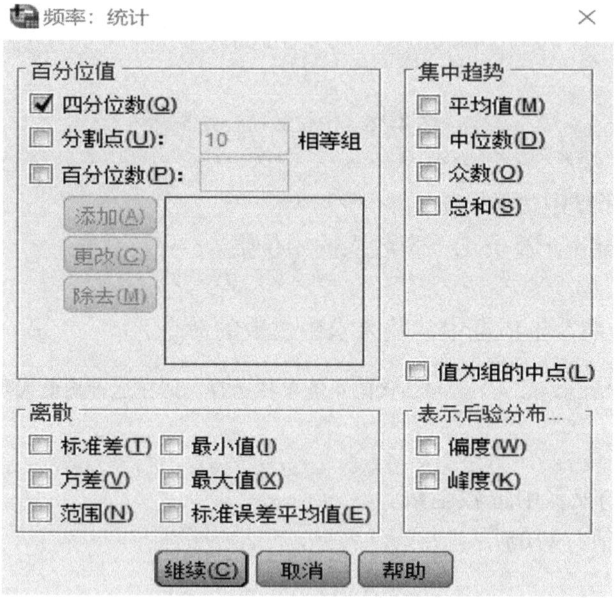

图 4-17　计算四分位数操作步骤

（3）由此计算出四分位数，统计结果如图 4-18 所示。

统计

VAR00001

个案数	有效	6
	缺失	0
百分位数	25	765.0000
	50	1105.0000
	75	1550.0000

图 4-18　四分位数统计结果

2）用 R 计算四分位数

举例：用 RStudio 计算员工工资收入的四分位数。

RStudio 操作步骤如下。

（1）在“Console”工作框，输入求四分位数的命令。

```
Q<-quantile(mydata$wage,c(.25,.5,.75))      #请在运行均值代码之后运行
 print(Q)
```

其中，quantile(mydata$wage,c(.25,.5,.75))表示分位数函数；mydata$wage 表示计算的数值型向量；c(.25,.5,.75)表示要获取的四分位数位置。

（2）输出四分位数：$Q_{25\%}=765$，$Q_{50\%}=1105$，$Q_{75\%}=1550$。

```
Q<-quantile(mydata$wage,c(.25,.5,.75))      #请在运行均值代码之后运行
print(Q)
 25%    50%    75%
 765 1105.0 1550
```

3. 众数

众数是一组数据中出现频数最多的数值，用 M_o 表示。一般情况下，只有在数据量较大时分析众数才有意义。

4.1.3　各度量值的比较

平均数：易被理解与接受，实践中用得多；缺点为易受极端值的影响，对于严重偏态分布的数据，代表性较差。

中位数与众数：不受极端值影响，具有统计上的稳健性，当数据为偏态分布时具有较好的代表性；缺点为表达的信息较少。

从分布角度来看，对于具有单峰分布的大多数数据而言，具有以下特征。

（1）如果数据分布是对称的，则平均数 $\bar{x}$ =中位数 M_e =众数 M_o。

（2）如果数据是明显的左偏分布，则平均数 $\bar{x}$ ＜中位数 M_e ＜众数 M_o。

（3）如果数据是明显的右偏分布，则平均数 $\bar{x}$ ＞中位数 M_e ＞众数 M_o。

4.2　离散程度的度量

数据的分散程度是数据分布的另一个重要特征，它所反映的是各变量值远离其中心值的程度，因此也称离中趋势。数据的离散程度越大，集中趋势的测度值对该组数据的代表性就越差；离散程度越小，其代表性就越好。

描述数据离散程度采用的测度值主要有极差、四分位差、平均差、方差、标准差、标准分数以及离散系数等。

4.2.1 极差和四分位差

1. 极差

一组数据的最大值与最小值之差，称为极差，也称全距，用 R 表示。计算公式为

$$R = \max(x_i) - \min(x_i) \tag{4-5}$$

极差是描述数据离散程度的最简单测度值，计算简单，易于理解。但是容易受极端值的影响。由于极差只是利用了一组数据两端的信息，不能反映出中间数据的分散状况，因而不能准确描述出数据的分散程度。

举例：用 Excel 计算员工工资收入的极差。

Excel 操作步骤如下。

（1）对图 4-10 中的员工工资收入数据从小到大进行排序（图 4-19）。

	A	B	C	D	E	F
1	工资（元）					
2	690	790	980	1230	1500	1700

图 4-19　对数据排序

（2）根据公式算出极差（图 4-20）。

B3　　f_x　=F2-A2

	A	B	C	D	E	F
1	工资(元)					
2	690	790	980	1230	1500	1700
3	极差	1010				

图 4-20　根据公式计算极差

举例：用 RStudio 计算员工工资收入的极差。

```
M<-max(mydata$wage)-min(mydata$wage)
print(M)
[1] 1010
```

2. 四分位差

上四分位数与下四分位数之差，称为四分位差，也称内距或四分间距，用 Q_d 表示。计算公式为

$$Q_d = Q_{75\%} - Q_{25\%} \tag{4-6}$$

四分位差反映了中间 50%数据的离散程度，其数值越小，说明中间的数据越集中；数值越大，说明中间的数据越分散。

举例：用 SPSS 计算员工工资收入的四分位差（沿用图 4-10 中的数据）。

根据图 4-18 中计算的四分位数结果计算四分位差。

$$Q_d = Q_{75\%} - Q_{25\%} = 1550 - 765 = 785 \tag{4-7}$$

举例：用 RStudio 计算员工工资收入的四分位差。

```
mydata = c(1700,980,790,690,1500,1230)
D = as.numeric(quantile(mydata,0.75)) - as.numeric(quantile (mydata,
0.25))
print(D)
[1] 785
```

4.2.2　平均差

如果考虑每个数据 x_i 与其平均数 $\bar{x}$ 之间的差异，以此作为一组数据差异水平的度量，结果就会比极差和四分位差更加全面和准确。

各变量值与其平均数离差绝对值的平均数，称为平均差，也称平均绝对离差，用 M_d 表示。

根据未分组数据计算平均差的公式为

$$M_d = \frac{\sum_{i=1}^{n}|x_i - \bar{x}|}{n} \tag{4-8}$$

根据分组数据计算平均差的公式为

$$M_d = \frac{\sum_{i=1}^{k}|M_i - \bar{x}|f_i}{n} \tag{4-9}$$

平均差以平均数为中心，反映了每个数据与平均数的平均差异程度，它能全面准确地反映一组数据的离散状况。平均差越大，说明数据的离散程度越大；反之，则说明数据的离散程度越小。

举例：用 Excel 计算电脑销售量的平均差。

解：已知 $\bar{x} = 185$，计算过程如图 4-21 所示。

	A	B	C	D	E
1	按销售量分组（台）	组中值 M_i	频数 f_i	$\|M_i - X\|$	$\|M_i - X\|f_i$
2	140-150	145	4	40	160
3	150-160	155	9	30	270
4	160-170	165	16	20	320
5	170-180	175	27	10	270
6	180-190	185	20	0	0
7	190-200	195	17	10	170
8	200-210	205	10	20	200
9	210-220	215	8	30	240
10	220-230	225	4	40	160
11	230-240	235	5	50	250
12	合计		120		2040

图 4-21　用 Excel 计算电脑销售量平均差

分组原则为上组限不在内

根据计算公式可得

$$M_d = \frac{\sum_{i=1}^{k} |M_i - \bar{x}| f_i}{n} = \frac{2040}{120} = 17 \tag{4-10}$$

4.2.3 方差、标准差和标准分数

1. 样本方差和标准差

平均差在数学处理上是通过绝对值消去离差的正负号，如果通过平方的办法消去离差的正负号，则更便于数学上的处理。方差或标准差是实际中应用最广泛的离散程度测度值，它反映了每个数据与其平均数相比平均相差的数值，因此它能准确地反映出数据的离散程度。

各变量值与其平均数离差平方的平均数，称为方差。设样本方差为 s^2，计算样本方差的公式如下。

未分组数据：

$$s^2 = \frac{\sum_{i=1}^{n} (x_i - \bar{x})^2}{n-1} \tag{4-11}$$

分组数据：

$$s^2 = \frac{\sum_{i=1}^{k} (M_i - \bar{x})^2 f_i}{n-1} \tag{4-12}$$

方差的平方根，称为标准差。与方差不同的是，标准差是具有量纲的，它与变量值的计量单位相同，其实际意义要比方差清楚。因此在实际问题分析中，更多使用标准差。标准差的计算公式如下。

未分组数据：

$$s = \sqrt{\frac{\sum_{i=1}^{n} (x_i - \bar{x})^2}{n-1}} \tag{4-13}$$

分组数据：

$$s = \sqrt{\frac{\sum_{i=1}^{k} (M_i - \bar{x})^2 f_i}{n-1}} \tag{4-14}$$

举例：用 SPSS 计算员工工资收入的方差和标准差（沿用图 4-10 中的数据）。

SPSS 操作步骤如下。

（1）点击“分析”窗口，选择“描述统计”窗口，选择“描述”，在新对话框中，点击“工资”，再点击“选项”，进入下一个对话框，勾选“方差”和“标准差”，如图 4-22～图 4-24 所示。

图 4-22　操作步骤一和二

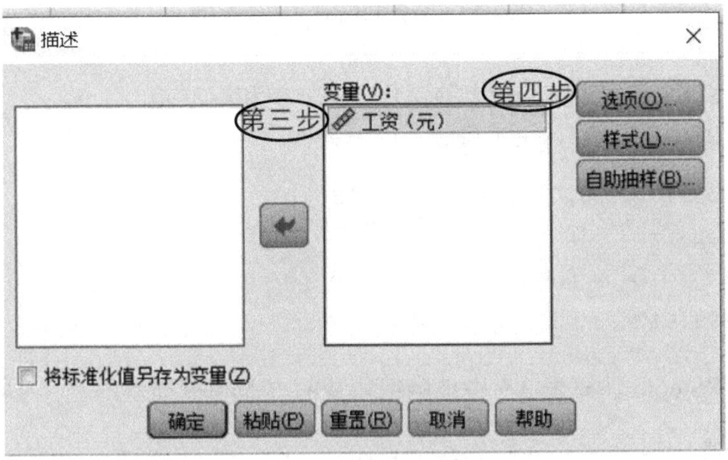

图 4-23　操作步骤三和四

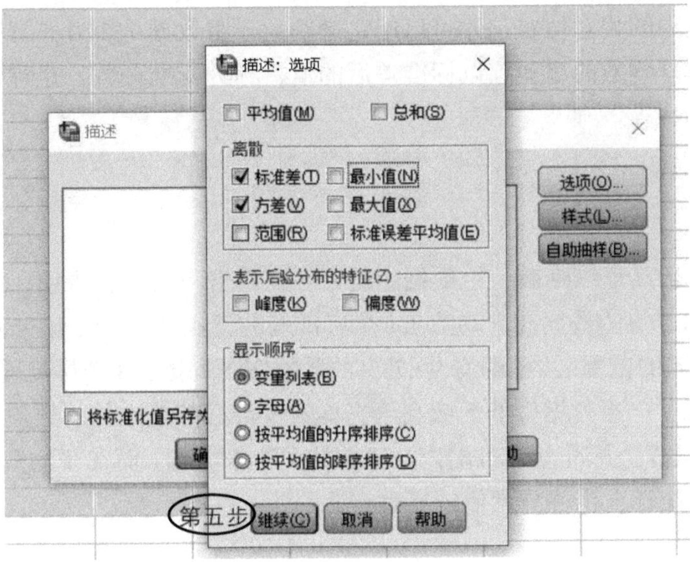

图 4-24　操作步骤五

（2）得到结果如图 4-25 所示。

➡描述

描述统计

	N	标准 偏差	方差
工资（元）	6	400.371	160296.667
有效个案数（成列）	6		

图 4-25　方差和标准差统计结果

作业：用 SPSS 计算表 3-9 中电脑销售量的方差和标准差。

举例：用 RStudio 计算员工工资收入的方差。

```
mydata = c(1700,980,790,690,1500,1230)
v=var(mydata);
print(v);
[1] -160296.667
```

作业：用 RStudio 计算表 3-9 中电脑销售量的方差和标准差。

2. 标准分数

有了平均数与标准差之后，可以计算一组数据中每个数值的标准分数，以测度每个数值在该组数据中的相对位置，并可以用它来判断一组数据是否有离群点。

变量值与其平均数的离差除以标准差后的值，称为标准分数，也称标准化值或 z 分数。计算公式为

$$z_i = \frac{x_i - \bar{x}}{s} \tag{4-15}$$

根据标准分数，可以判断一组数据中是否存在离群点。经验表明：当一组数据对称分布时，约有 68.27%的数据在平均数±1 个标准差的范围之内；约有 95.45%的数据在平均数±2 个标准差的范围之内；约有 99.73%的数据在平均数±3 个标准差的范围之内（图 4-26）。可以想象，一组数据中低于或高于平均数 3 倍标准差之外的数值是很少的，也就是说，在平均数±3 个标准差的范围内几乎包含了全部数据，而在平均数±3 个标准差范围之外的数据在统计上也称异常值或离群点。

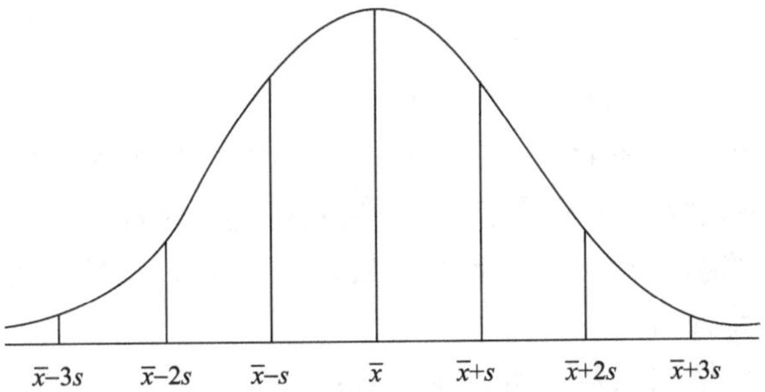

图 4-26　数据对称分布图

经验法则适合于对称分布的数据。如果一组数据不是对称分布，需要使用切比雪夫不等式来判别。对任何分布形状的数据，根据切比雪夫不等式，至少有$1-\frac{1}{k^2}$的数据落在 k 个标准差之内。其中 k 是大于 1 的任意值，但不一定是整数。对于 k=2,3,4，该不等式的含义分别是：至少有 75%的数据落在平均数±2 个标准差的范围之内；至少有 89%的数据落在平均数±3 个标准差的范围之内；至少有 94%的数据落在平均数±4 个标准差的范围之内。

4.2.4　离散系数：比较几组数据的离散程度

标准差是反映数据差异水平的绝对值。一方面，标准差数值的大小受原始数据绝对值大小的影响；另一方面，标准差与原始数据的计量单位相同，采用不同计量单位计量的数据，其标准差的值就不同。因此，对于不同组别的数据，如果原始数据的绝对值相差较大或计量单位不同，就不能用标准差直接比较其离散程度，这时需要计算离散系数。

一组数据的标准差与其相应的平均数之比，称为离散系数，也称变异系数。计算公式为

$$v_s=\frac{s}{\bar{x}} \tag{4-16}$$

离散系数主要用于比较不同样本数据的离散程度。离散系数大，说明数据的离散程度大；离散系数小，说明数据的离散程度小。

4.3　偏态与峰态的度量

4.3.1　偏态及其测度

数据分布的不对称性，称为偏态。判别偏态的方向并不困难，但要测度偏斜的程度则需要计算偏态系数（也称偏度）。

在根据未分组的原始数据计算偏态系数 SK 时，通常采用公式：

$$SK=\frac{n}{(n-1)(n-2)}\sum\left(\frac{x_i-\bar{x}}{s}\right)^3 \tag{4-17}$$

偏态系数测度了数据分布的非对称性程度。如果一组数据的分布是对称的，则偏态系数等于 0；如果偏态系数明显不等于 0，表明分布是非对称的。若偏态系数大于 1 或者小于–1，被称为高度偏态分布；偏态系数越接近 0，偏斜程度就越大。其中负值表示左偏分布，正值表示右偏分布。

根据分组数据计算偏态系数，可采用公式：

$$SK=\frac{\sum_{i=1}^{k}(M_i-\bar{x})^3 f_i}{ns^3} \tag{4-18}$$

当分布对称时，离差三次方后正负离差可以相互抵消，因而 SK 的分子等于 0，则 SK=0；当分布不对称时，正负离差不能抵消，就形成了正或负的 SK。当 SK 为正值时，表示正离差数值较大，可以判断为正偏或右偏；反之，当 SK 为负值时，表示负离差数值较大，可判断为负偏或左偏。SK 的数值越大，表示偏斜的程度越大。

举例：用 SPSS 计算表 3-9 中电脑销售量的偏态系数。

SPSS 操作步骤如下。

（1）打开 SPSS，导入“电脑销售量”Excel 表格的数据，点击“分析”窗口，再选择“描述统计”窗口，选择“频率”，选择“电脑销售量”，点击“统计”，勾选“偏度”，点击“继续”，回到之前的对话框，点击“确定”，如图 4-27～图 4-31 所示。

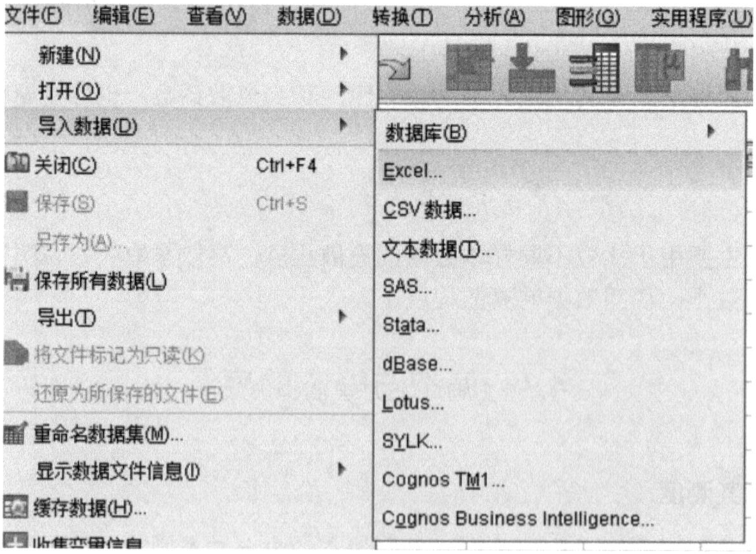

图 4-27 计算偏态系数操作步骤一

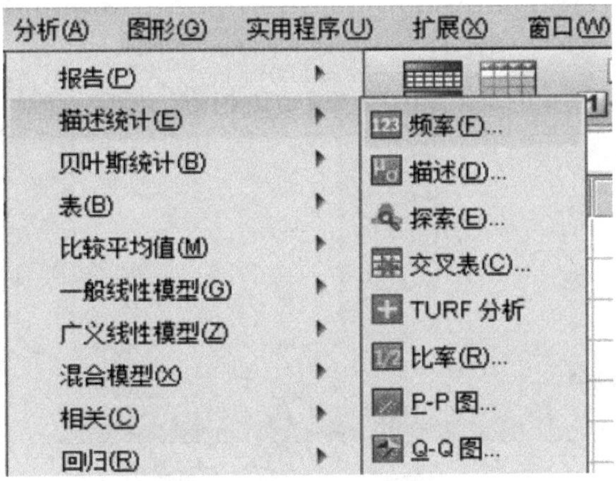

图 4-28　计算偏态系数操作步骤二

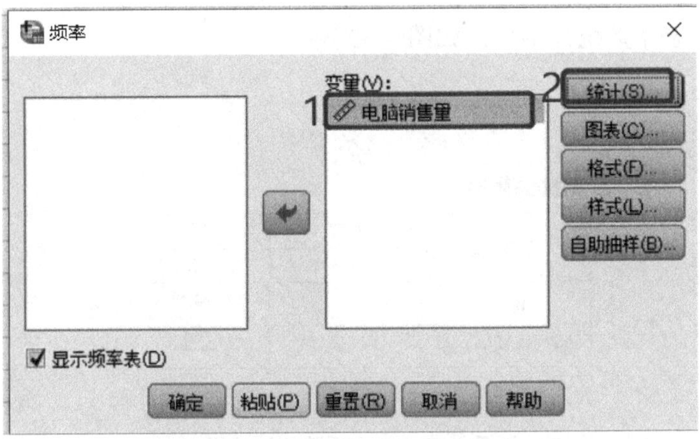

图 4-29　计算偏态系数操作步骤三

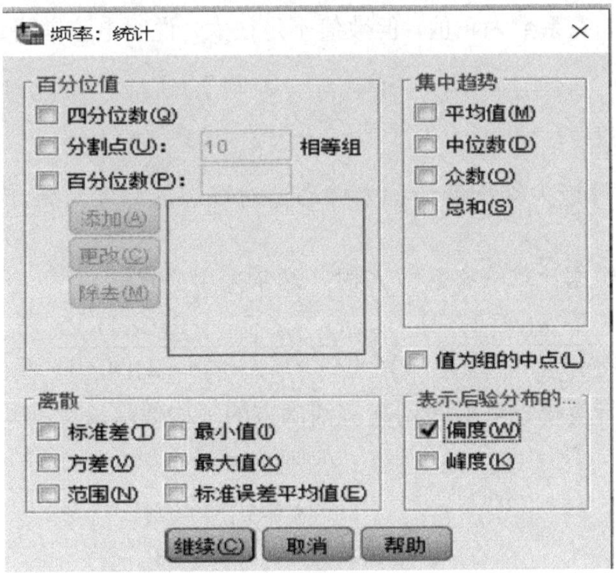

图 4-30　计算偏态系数操作步骤四

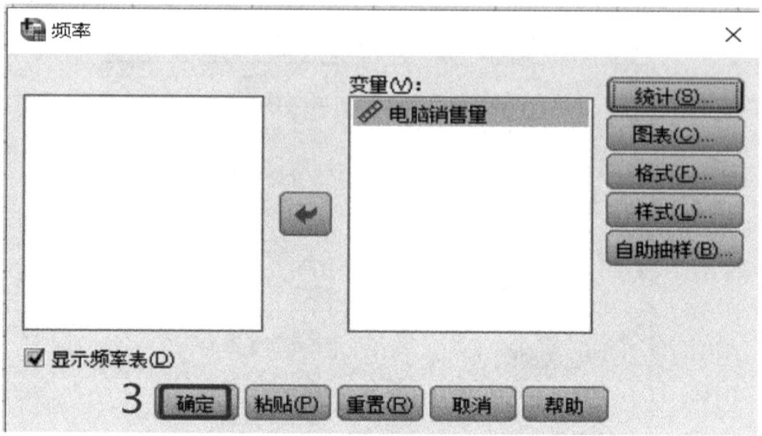

图 4-31　计算偏态系数操作步骤五

（2）得出偏态系数统计结果，如图 4-32 所示。

统计

电脑销售量

个案数	有效	120
	缺失	0
偏度		.405
偏度标准误差		.221

图 4-32　偏态系数统计结果

从结果可得，偏态系数为正值，但数值不是很大，说明电脑销售量分布为右偏分布，但偏斜程度不是很大。

4.3.2　峰态及其测度

数据分布的平峰或尖峰程度，称为峰态。对峰态的测度需要计算峰态系数（也称峰度）。

在根据未分组数据计算峰态系数 K 时，通常采用公式：

$$K=\frac{n(n+1)}{(n-1)(n-2)(n-3)}\sum\left(\frac{x_i-\bar{x}}{s}\right)^4-\frac{3(n-1)^2}{(n-2)(n-3)} \tag{4-19}$$

根据分组数据计算峰态系数是用离差四次方的平均数除以标准差的四次方，其计算公式为

$$K=\frac{\sum_{i=1}^{k}(M_i-\bar{x})^4 f_i}{ns^4}-3 \tag{4-20}$$

由于正态分布的峰态系数为 0，当 $K>0$ 时为尖峰分布，数据的分布也更为集中；当 $K<0$ 时为扁平分布，数据的分布也更为分散。

举例：用 SPSS 计算表 3-9 中电脑销售量的峰态系数。

SPSS 操作步骤如下。

（1）打开 SPSS，导入“电脑销售量”Excel 表格的数据，点击“分析”窗口，再选择“描述统计”窗口，选择“频率”，选择“电脑销售量”，点击“统计”，勾选“峰度”，见图 4-33（其他步骤与求偏态系数时一致，不再展示），点击“继续”，回到之前的对话框，点击“确定”。

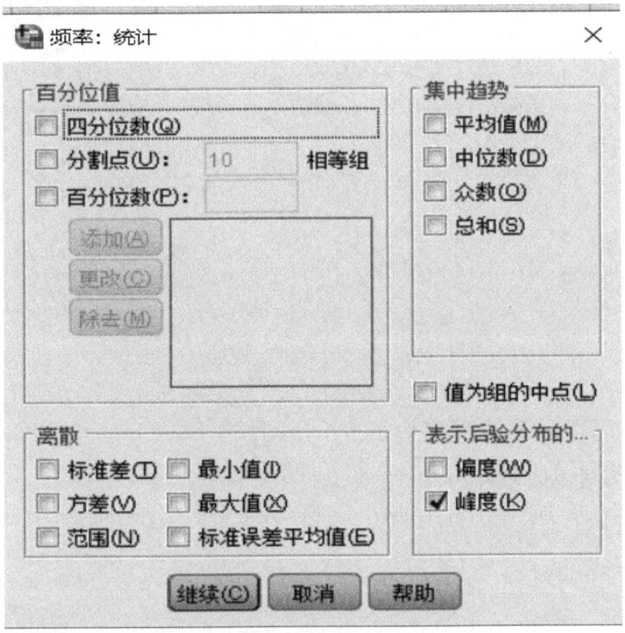

图 4-33　计算峰态系数操作步骤

（2）得出峰态系数统计结果，如图 4-34 所示。

统计

电脑销售量

个案数	有效	120
	缺失	0
峰度		-.224
峰度标准误差		.438

图 4-34　峰态系数统计结果

计算出峰度系数为–0.224，表征该电脑销售量的样本分布为扁平分布，数据分布较分散。

举例：用 RStudio 计算表 3-9 中电脑销售量的偏态系数和峰态系数。

RStudio 操作步骤如下。

（1）输入命令：< install.packages()（图 4-35）。

图 4-35　下载程序包

点击 fBasics，可以下载该程序包。

（2）输入求偏态系数的命令。

```
library(fBasics)
A<-skewness(F$amount)
print(A)
```

其中，skewness()表示程序包（fBasics）中的偏态函数。

（3）输出偏态系数：0.405。

```
library(fBasics)
A<-skewness(F$amount)
print(A)
[1] 0.405
attr(,"method")
[1]  "moment"
>
```

（4）输入求峰态系数的命令。

```
library(fBasics)
B<-kurtosis(F$amount)
```

```
print(B)
```

其中，kurtosis()表示程序包（fBasics）中的峰态函数。

（5）输出峰态系数：–0.224。

```
library(fBasics)
```

载入需要的程辑包：timeDate。

载入需要的程辑包：timeSeries。

```
B<-kurtosis(F$amount)
print(B)
[1] -0.224
attr(,"method")
[1] "excess"
```

第5章

抽样分布的实验设计

5.1 实验目的

本章实验旨在通过让学生全程参与总体数据的收集、随机样本的抽样、样本统计量的计算、置信区间的获得等过程，结合手工操作与计算机模拟运算，获取样本统计量的经验分布以及经验置信水平，加深学生对中心极限定理、抽样分布以及参数估计问题的认识与理解。

5.2 实验所采用软件

本章实验可以采用 Excel、R、SPSS 软件完成。

5.3 实验设计及步骤

5.3.1 收集总体数据并计算总体参数

收集每个同学的身高、性别数据（表 5-1），全班共 182 名同学，以这 182 名同学为总体，可以得到总体参数：平均身高 $\mu = 163.2005\ \text{cm}$ ，身高的方差 $\sigma^2 = 50.3925$ ，女生在全部学生中的比重 $\pi = 74.7253\%$ 。

表 5-1 全班同学身高、性别表

编号	身高/cm	性别	编号	身高/cm	性别	编号	身高/cm	性别
1	183	男	5	156	女	9	158	女
2	158	女	6	165	男	10	157	女
3	157	女	7	159	女	11	156	女
4	165	女	8	157	女	12	168	男

续表

编号	身高/cm	性别	编号	身高/cm	性别	编号	身高/cm	性别
13	162	女	51	163	女	89	160	女
14	161	女	52	160	女	90	155	女
15	166	男	53	157	女	91	170	男
16	164	女	54	172.5	男	92	167	男
17	161	女	55	171	男	93	160	女
18	165	女	56	166	女	94	170	男
19	166	女	57	162	女	95	152	女
20	156	女	58	158	女	96	175	男
21	158	女	59	167	男	97	166	女
22	153	女	60	164	女	98	160	女
23	156	女	61	173	男	99	153	女
24	170	女	62	162	女	100	158	女
25	168	女	63	158	女	101	159	女
26	180	男	64	163	女	102	153	女
27	158	女	65	166	女	103	160	女
28	170	男	66	168	女	104	155	女
29	165	男	67	165	女	105	163	女
30	158	女	68	157	女	106	150	女
31	158	女	69	172	男	107	180	男
32	153	女	70	163	女	108	162	女
33	157	女	71	163	女	109	159	女
34	168	男	72	170	男	110	177	男
35	159	女	73	158	女	111	163.5	女
36	181	男	74	159	女	112	165	女
37	160	女	75	160	女	113	167	女
38	170	女	76	162	女	114	158	女
39	158	女	77	158	女	115	155	女
40	160	女	78	155	女	116	166	男
41	161	女	79	185	男	117	158	女
42	180	男	80	167	男	118	158	女
43	163	女	81	185	男	119	168	男
44	155	女	82	160	女	120	160	女
45	180	男	83	157	女	121	164	女
46	158	女	84	166	男	122	167	男
47	177	男	85	167	男	123	160	女
48	160	女	86	162	女	124	170	男
49	162	女	87	160	女	125	152	女
50	163	女	88	158	女	126	175	男

续表

编号	身高/cm	性别	编号	身高/cm	性别	编号	身高/cm	性别
127	166	女	146	166	男	165	165	女
128	160	女	147	158	女	166	167	男
129	153	女	148	158	女	167	170	男
130	158	女	149	168	男	168	172	男
131	159	女	150	160	女	169	174	男
132	153	女	151	164	女	170	165	女
133	160	女	152	175	男	171	157	女
134	155	女	153	165	女	172	162	女
135	163	女	154	153	女	173	165	女
136	150	女	155	162	女	174	153	女
137	180	男	156	165	女	175	180	男
138	162	女	157	164	女	176	169	男
139	159	女	158	164	女	177	163	女
140	177	男	159	162	女	178	163	女
141	163.5	女	160	166	女	179	174	男
142	165	女	161	155	女	180	163	女
143	167	女	162	160	女	181	163	女
144	158	女	163	158	女	182	162	女
145	155	女	164	160	女			

5.3.2 进行随机抽样，计算样本统计量的值

令样本容量$n=50$，抽取样本，计算并记录该样本统计量的估计值：平均身高$\bar{x}$、身高的方差s^2、女生在全部学生中的比重p。具体操作过程如下。

（1）采用简单随机抽样方法，抽取样本容量为 50 的随机单位。首先，在“数据分析”模块中选择“抽样”（图 5-1）。

其次，点击“确定”后会出现如图 5-2 所示的弹窗，在抽样方法下，有“周期”和“随机”两种抽样模式，“周期”模式即所谓的等距抽样，在此采用的纯随机抽样适用于“随机”模式。

最后，在选择好“输入区域”“抽样方法”“输出区域”后，按“确定”即可得到样本容量为 50 的随机样本（图 5-3）。

（2）根据样本数据，分别计算该次抽样所获得的样本统计量$\bar{x}$、s^2、p的值。

首先，在“数据分析”模块中选择“描述统计”（图 5-4）。

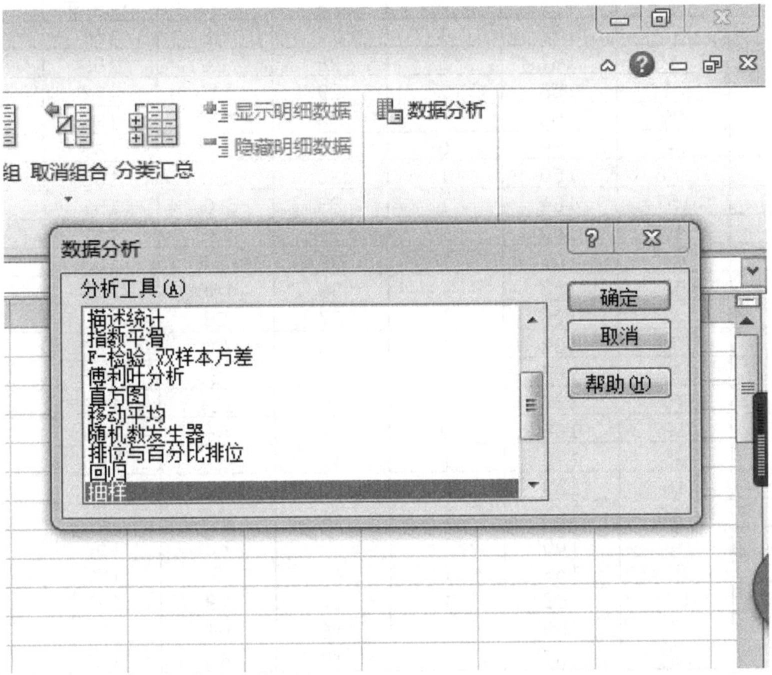

图 5-1　数据分析菜单（一）

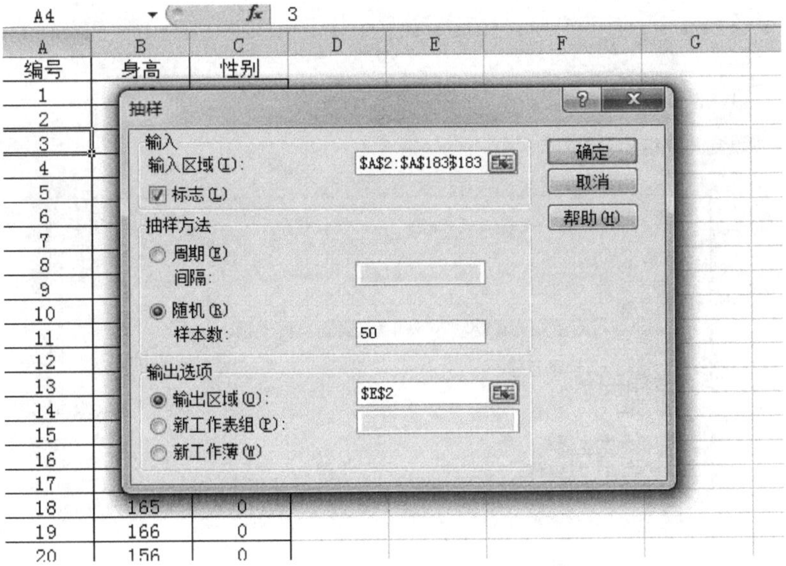

图 5-2　抽样对话框

D	E	F	G	H	I	J	K
n=50	编号	身高	性别	n=50	编号	身高	性别
1	47	177	0	26	111	163.5	1
2	43	163	1	27	88	158	1
3	113	167	1	28	84	166	0
4	21	158	1	29	110	177	0
5	29	165	0	30	159	162	1
6	146	166	0	31	177	163	1
7	106	150	1	32	56	166	1
8	157	164	1	33	10	157	1
9	40	160	1	34	138	162	1
10	41	161	1	35	18	165	1
11	58	158	1	36	105	163	1
12	23	156	1	37	28	170	0
13	172	162	1	38	76	162	1
14	173	165	1	39	8	157	1
15	70	163	1	40	114	158	1
16	12	168	0	41	66	168	1
17	38	170	1	42	134	155	1
18	46	158	1	43	71	163	1
19	112	165	1	44	75	160	1
20	160	166	1	45	63	158	1
21	51	163	1	46	3	157	1
22	50	163	1	47	79	185	0
23	7	159	1	48	94	170	0
24	134	155	1	49	42	180	0
25	171	157	1	50	179	174	0

图 5-3　样本容量为 50 的随机样本

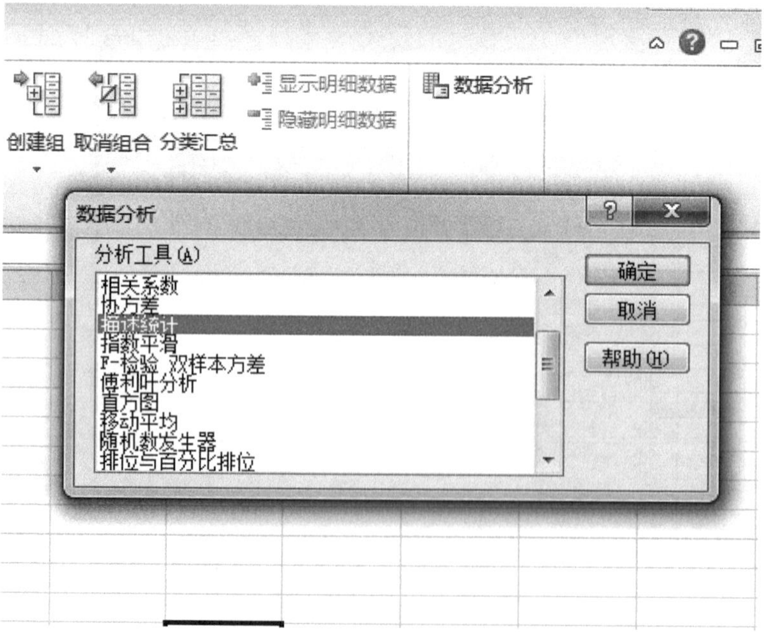

图 5-4　数据分析菜单（二）

然后，在输入区域选择样本的身高数据，在输出选项选择好输出区域、平均数置信度、第 K 大值，并勾选“汇总统计”（图 5-5）。

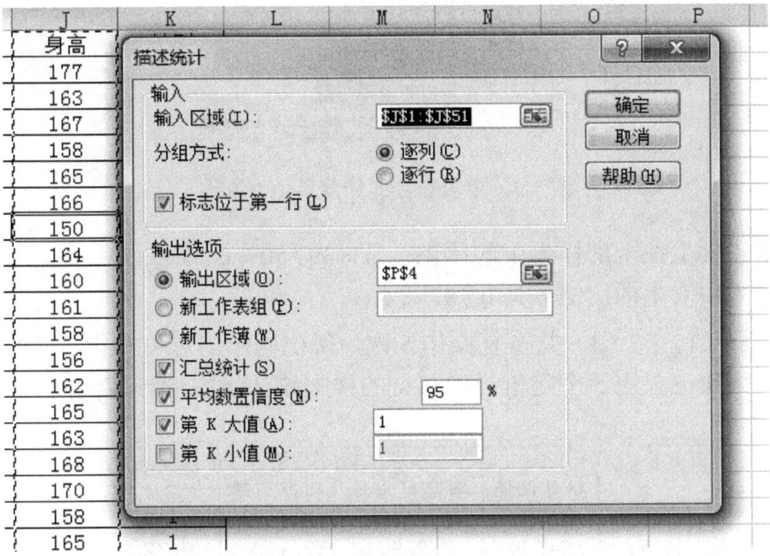

图 5-5　描述统计对话框

点击“确定”，就可以得到该样本关于身高的描述性统计结果（图 5-6）。

身高	
平均	163.57
标准误差	0.951477
中位数	163
众数	163
标准差	6.727957
方差	45.26541
峰度	1.635922
偏度	1.0299
区域	35
最小值	150
最大值	185
求和	8178.5
观测数	50
最大(1)	185
置信度(95.0%)	1.912064

图 5-6　描述性统计结果（一）

记录该样本的平均身高 $\bar{x}$ 为 163.57 cm，身高的方差 s^2 为 45.265 41。

（3）针对样本数据，计算女生在全部样本中的比重。

首先，求出该样本中男生的全部人数为 11 人（图 5-7）。

75	160	1
63	158	1
3	157	1
79	185	0
94	170	0
42	180	0
179	174	0

=SUM(K2:K51)

SUM(**number1**, [number2], ...)

图 5-7　用求和公式计算男生总人数

然后，求出女生在全部样本中的比重：$p = 39/50 = 0.78$

记录该样本中女生的比例 p 为 0.78。

（4）对步骤（1）～（3）共重复操作 5 次，每位同学均可以获得 5 个样本容量为 50 的随机样本，依次记录由 5 个随机样本获得的样本统计量的估计值（图 5-8）。

A	B	C	D	E
	身高均值	身高标准差	身高方差	女性比例
样本1	163.57	6.7280	45.2654	0.78
样本2	164.34	7.2390	52.4024	0.72
样本3	163.80	8.0989	65.5918	0.68
样本4	162.32	6.8256	46.5894	0.82
样本5	162.78	5.8912	34.7057	0.74

图 5-8　5 个随机样本的样本统计量估计值

收集所有同学得到的样本统计量的估计值，进行汇总。通过 910 个随机变量的取值，分别得到身高均值、女生比例的经验分布及对应的均值和方差。

（1）身高均值的经验分布直方图如图 5-9 所示。

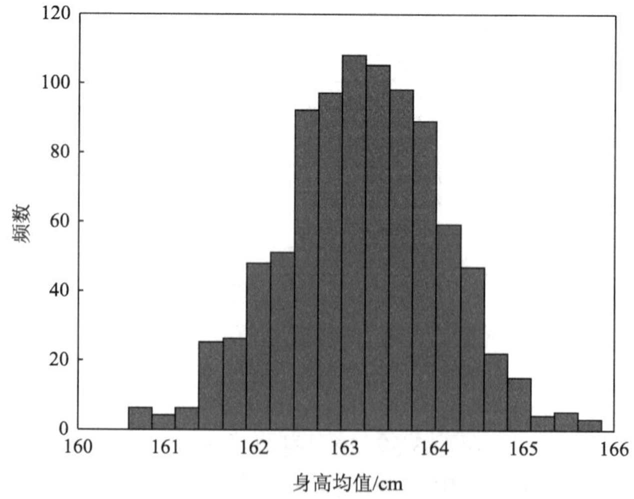

图 5-9　身高均值的经验分布直方图（一）

对该 910 次抽样获得的身高均值数据的描述性统计如图 5-10 所示。

身高均值	
平均	163.2035
标准误差	0.028993
中位数	163.22
众数	162.94
标准差	0.874612
方差	0.764946
峰度	-0.02202
偏度	-0.10147
区域	5.28
最小值	160.59
最大值	165.87
求和	148515.1
观测数	910

图 5-10　身高均值的描述性统计

即 $\bar{x}$ 的经验分布的均值为 163.2035 cm，方差为 0.764 946。

（2）女生比例的经验分布直方图如图 5-11 所示。

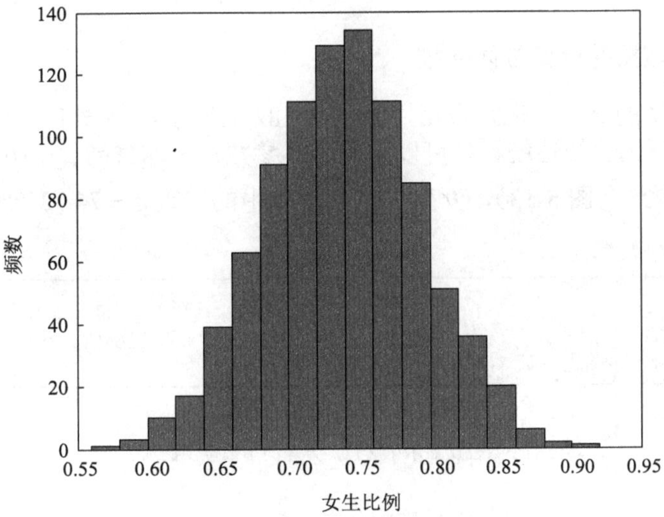

图 5-11　女生比例的经验分布直方图（一）

根据 910 个样本估计值，女生比例的描述性统计如图 5-12 所示。

女性比例	
平均	0.74811
标准误差	0.001815
中位数	0.74
众数	0.76
标准差	0.054748
方差	0.002997
峰度	-0.11003
偏度	-0.01148
区域	0.36
最小值	0.56
最大值	0.92
求和	680.78
观测数	910

图 5-12　女生比例的描述性统计

即样本比例 p 的经验分布的均值为 74.811%，方差为 0.002 997。总体比例即“女生在全部学生中的比重” $\pi = 74.7253\%$ 。根据理论可知， $E(p) = \pi$ ， $\sigma_p^2 = \frac{\pi(1-\pi)}{n}$ ，即 $E(p) = 74.7253\%$ ， $\sigma_p^2 = 0.0038$ 。

5.4　使用 SPSS 软件完成抽样过程

5.4.1　收集总体数据并计算总体参数

收集每个同学的身高、性别数据，全班共 182 名同学，以该 182 名同学为总体。选择“分析”栏目下的“描述统计”可以得到总体参数：平均身高 $\mu = 163.2005$ cm，身高的方差 $\sigma^2 = 50.3925$（图 5-13），女生在全部学生中的比重 $\pi = 74.7253\%$（图 5-14）。

描述统计				
	N	均值	标准 偏差	方差
身高	182	163.20	7.118	50.393
有效个案数（成列）	182			

图 5-13　身高描述统计

均值的小数位仅显示了 2 位，方差的小数位仅显示了 3 位

性别（男 0 女 1）					
		频率	百分比	有效百分比	累积百分比
有效	0	46	25.3	25.3	25.3
	1	136	74.7	74.7	100.0
	总计	182	100.0	100.0	

图 5-14　性别比例

百分比的小数位仅显示了 1 位

5.4.2 进行随机抽样，计算样本统计量的值

令样本容量 $n=50$，抽取样本，计算并记录该样本的统计量——平均身高 $\bar{x}$、身高的方差 s^2、女生在全部学生中的比重 p 的估计值。具体操作过程如下。

采用简单随机抽样方法，抽取样本容量为 50 的随机单位。

首先将总体数据导入 SPSS，随后在“数据”菜单中选择“选择个案”（图 5-15）。

图 5-15 数据菜单

随后会弹出选择个案对话框（图 5-16），因为在此采用的是简单随机抽样的方法，所以选择“随机个案样本”，设置好样本大小和数据输出方式，点击“确定”，即可得到样本容量为 50 的随机样本。具体的样本数据如图 5-17 所示。

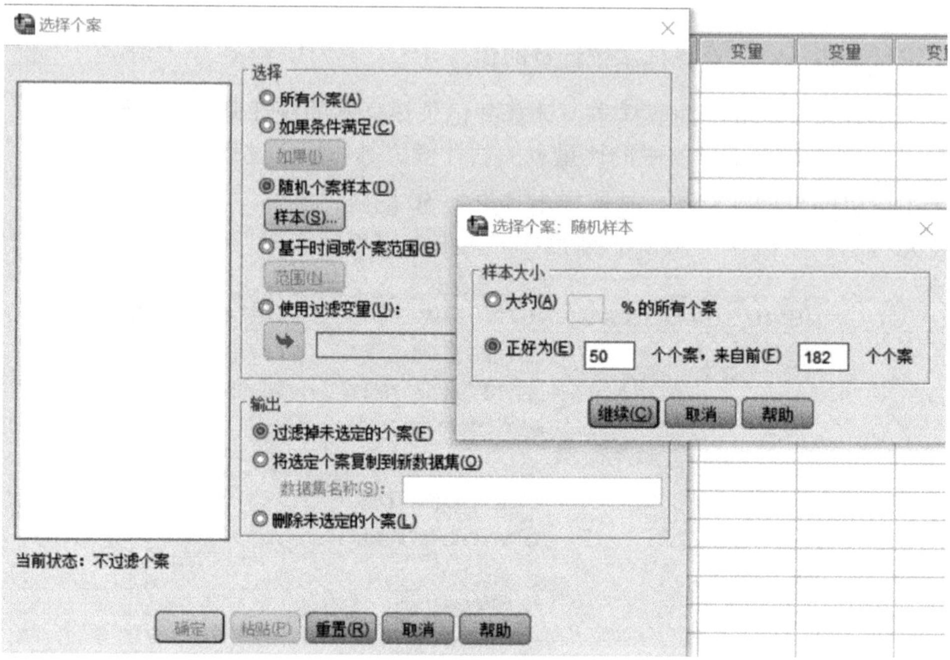

图 5-16　选择个案对话框

编号	身高	性别	编号	身高	性别
1	183	0	73	158	1
5	156	1	79	185	0
9	158	1	84	166	0
10	157	1	88	158	1
11	156	1	90	155	1
12	168	0	97	166	1
14	161	1	101	159	1
20	156	1	103	160	1
21	158	1	117	158	1
23	156	1	118	158	1
24	170	1	126	175	0
27	158	1	131	159	1
29	165	0	138	162	1
31	158	1	145	155	1
32	153	1	146	166	0
33	157	1	150	160	1
34	168	0	155	162	1
41	161	1	156	165	1
43	163	1	159	162	1
50	163	1	161	155	1
60	164	1	168	172	0
65	166	1	171	157	1
66	168	1	173	165	1
70	163	1	174	153	1
72	170	0	175	180	0

图 5-17　样本数据

（1）根据样本数据，分别计算出从此次抽样中获得的样本统计量 $\bar{x}$、s^2、p 的值。首先，选择“分析”菜单里“描述统计”中的“描述”选项（图 5-18）。

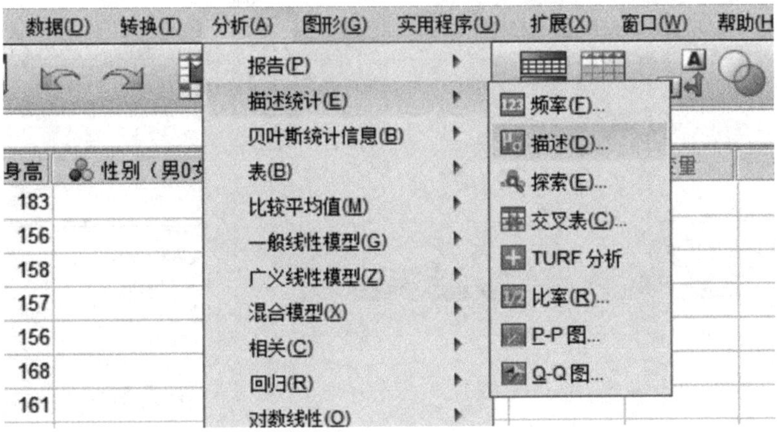

图 5-18　分析菜单（一）

然后在弹出来的对话框中选择要进行描述性统计的变量，拖动到“变量”框中（图 5-19）。

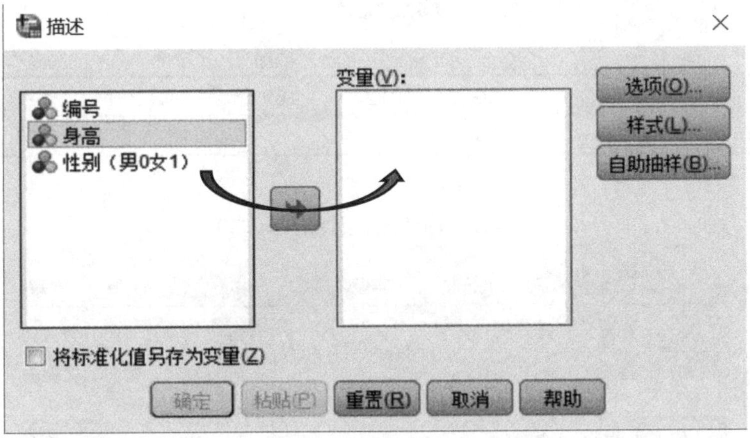

图 5-19　描述对话框

其次，点击右上角的“选项”，勾选“平均值”和“标准差”，以及想要了解的其他项，随后点击“确定”（图 5-20）。

最后，可以得到描述性统计结果（图 5-21）。

记录该样本的平均身高 $\bar{x}$ 为 162.54 cm，身高的方差 s^2 为 52.376。

（2）针对样本数据，计算女生在全部样本中的比重。

首先，选择“分析”菜单里“描述统计”中的“频率”选项（图 5-22）。

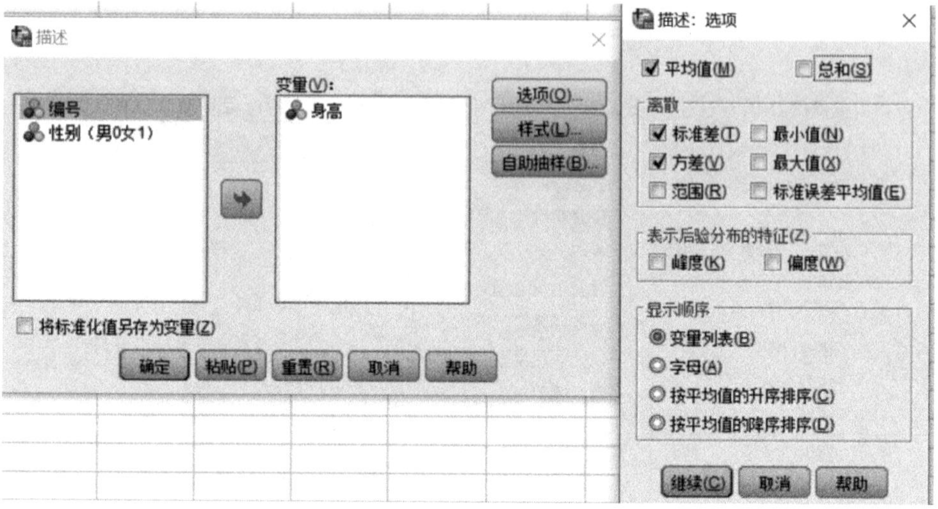

图 5-20 描述：选项对话框

➜ 描述

描述统计

	N	合计	均值	标准 偏差	方差
身高	50	8127	162.54	7.237	52.376
有效个案数（成列）	50				

图 5-21 描述性统计结果（二）

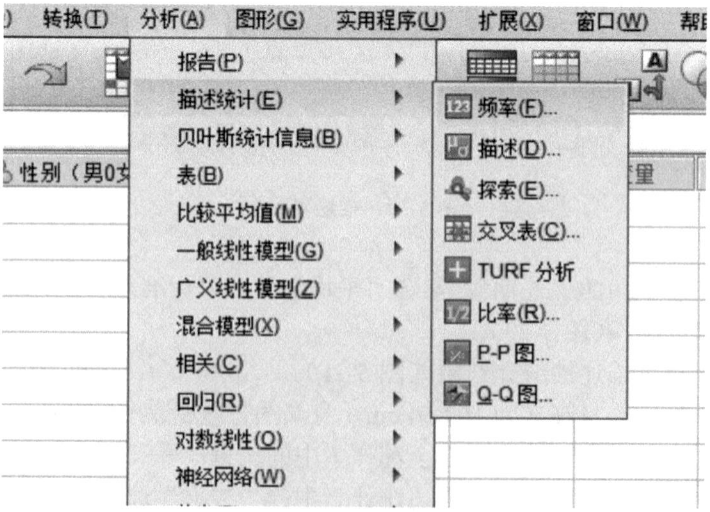

图 5-22 分析菜单（二）

其次，将需要求和的变量拖动到“变量”框中，再点击右上角的“统计”，勾选集中趋势下的“总和”选项，点击“继续”，再点击“确定”（图 5-23）。

图 5-23　频率对话框

最后，可以得到男女在所选样本中出现的频率（图 5-24）。

性别（男0女1）

		频率	百分比	有效百分比	累积百分比
有效	0	11	22.0	22.0	22.0
	1	39	78.0	78.0	100.0
	总计	50	100.0	100.0	

图 5-24　样本频率输出结果

记录该样本中女生的比例 p 为 78%。

（3）以上步骤重复操作 5 次，每位同学均可以获得 5 个样本容量为 50 的随机样本，以及 5 个随机样本的样本统计量的估计值。收集所有同学得到的样本统计量的估计值，进行汇总可以得到多个样本的平均身高、身高方差、样本比例的分布。

5.5　使用 R 软件完成参数估计

5.5.1　收集总体数据并计算总体参数

收集每个同学的身高、性别数据，全班共 182 名同学，以该 182 名同学为总体。

在 R 中导入所需要使用的包和原始数据。

```
library(openxlsx);library(psych);options(digits = 4)
```

```
data <- read.xlsx("C:\\Users\\sun\\Desktop\\教材数据\\第5、6章.xlsx") #读取数据
data <- data[,1:3]   #使用describe()函数可以得到总体参数
data_des <- describe(data)    #描述统计,使用psych包
height_avg_ture <- data_des$mean[2]   #平均身高
height_sd_ture <- data_des$sd[2]   #身高标准差
height_s_ture <- height_sd_ture ^ 2   #身高方差
# 女生占比 = 女生总数 / 总人数
girls_prop_ture <- sum(data$性别 == "女") / nrow(data)
print(height_avg_ture);
print(height_sd_ture);
print(height_s_ture);
print(girls_prop_ture)
```

结果为：平均身高 $\mu = 163.2005\ \text{cm}$ ，身高的方差 $\sigma^2 = 50.3925$ ，女生在全部学生中的比重 $\pi = 74.7253\%$ 。

5.5.2 进行随机抽样，计算样本统计量的值

令样本容量 $n = 50$ ，抽取样本，计算并记录该样本统计量的估计值：平均身高 $\bar{x}$ 、身高的方差 s^2 、女生在全部学生中的比重 p 。具体操作过程如下。

（1）使用 sample()函数做简单随机抽样。

```
sample_num <- sample(1:nrow(data), 50, replace = FALSE)
data_sample <- data[sample_num,]
```

（2）使用 describe()函数做描述统计，并分别计算该次抽样所获得的样本统计量 $\bar{x}$ 、s^2 的值。

```
data_sample_des <- describe(data_sample)
height_avg_1 <- data_sample_des$mean[2]   #平均身高
height_sd_1 <- data_sample_des$sd[2]   #身高标准差
height_s_1 <- height_sd_1 ^ 2   #身高方差
```

（3）针对样本数据，计算女生在全部样本中的比重 p 。

```
girls_prop_1 <- sum(data_sample$性别 == "女") / nrow(data_sample)
```

（4）对步骤（1）～（3）共重复操作 5 次，每位同学均可以获得 5 个样本容量为 50 的随机样本，依次记录由 5 个随机样本获得的样本统计量的估计值。

```
data_info <- data.frame(matrix(nrow = 5,ncol = 4))
colnames(data_info) <- c("身高均值","身高标准差","身高方差","女生比例")
rownames(data_info) <- c("样本1","样本2","样本3","样本4","样本5")  #赋值行名、列名
```

```
for (i in 1:5){
    set.seed(i)
    sample_num <- sample(1:nrow(data),50,replace = FALSE)
    data_sample <- data[sample_num,]
    data_sample_des <- describe(data_sample)
    height_avg <- data_sample_des$mean[2]
    height_sd <- data_sample_des$sd[2]
    height_s <- height_sd ^ 2
    girls_prop <- sum(data_sample$性别 == "女") / nrow(data_sample)
    data_info[i,] <- c(height_avg,height_sd,height_s,girls_prop)
}  #重复5次并存入dataframe
```

5 个随机样本的样本统计量估计值如图 5-25 所示。

	身高均值	身高标准差	身高方差	女性比例
样本1	163.0	7.297	53.25	0.76
样本2	162.6	7.382	54.49	0.74
样本3	163.1	6.752	45.59	0.76
样本4	162.5	5.920	35.04	0.80
样本5	162.8	5.946	35.36	0.76

图 5-25　5 个随机样本的样本统计量估计值

收集所有同学得到的样本统计量的估计值，进行汇总。首先，通过 910 个随机变量的取值，分别计算平均身高、身高方差、样本比例的分布。

```
all_data <- data.frame(matrix(nrow = 910, ncol = 4))
colnames(all_data) <- c("身高均值","身高标准差","身高方差","女生比例")  #赋值行名、列名
for (i in 1:910){
    set.seed(i)
    sample_num <- sample(1:nrow(data),50,replace = FALSE)
    data_sample <- data[sample_num,]
    data_sample_des <- describe(data_sample)
    height_avg <- data_sample_des$mean[2]
    height_sd <- data_sample_des$sd[2]
    height_s <- height_sd ^ 2
    girls_prop <- sum(data_sample$性别 == "女") / nrow(data_sample)
    all_data[i,] <- c(height_avg,height_sd,height_s,girls_prop)
```

```
}
```

对该 910 次抽样获得的平均身高数据进行描述性统计。

```
desc <- as.data.frame(describe(all_data))
```

描述性统计输出结果如图 5-26 所示。

> desc

	vars	n	mean	sd	median	trimmed	mad	min	max	range	skew	kurtosis	se
身高均值	1	910	163.1851	0.84281	163.170	163.1807	0.90439	160.910	165.630	4.720	0.05200	-0.341585	0.027939
身高标准差	2	910	7.0868	0.70868	7.109	7.0960	0.72430	4.887	9.328	4.441	-0.09382	-0.189003	0.023493
身高方差	3	910	50.7248	10.02024	50.544	50.5839	10.25717	23.878	87.004	63.127	0.17703	-0.147037	0.332168
女性比例	4	910	0.7493	0.05032	0.750	0.7495	0.04448	0.580	0.900	0.320	-0.04652	0.002132	0.001668

图 5-26 描述性统计输出结果

（1）计算身高均值的经验分布。

根据 910 个样本的身高均值数据编制经验分布的直方图。

```
hist(all_data$身高均值,
     xlab = "身高均值",
     ylab = "",
     col = "grey",
     breaks = 20,
     xlim = c(160,166),
     main = "身高均值的经验分布(样本容量=50，试验次数=910)")
```

身高均值的经验分布直方图如图 5-27 所示。

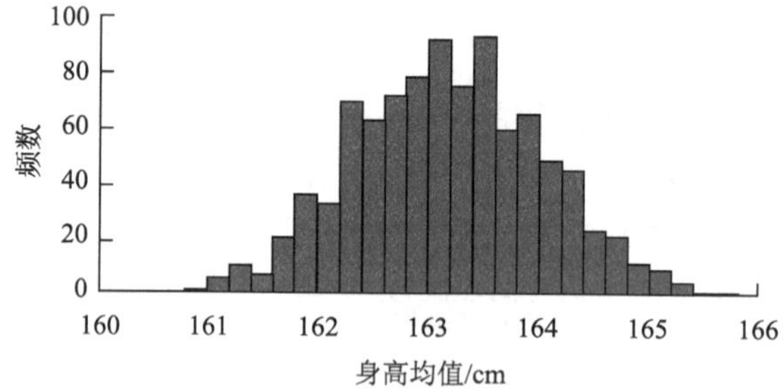

图 5-27 身高均值的经验分布直方图（二）

$\bar{x}$ 的经验分布的均值为 163.1851 cm，标准差为 0.842 81 cm，即方差为 0.710 33。

（2）计算女生在全部人数中的比例的抽样分布。

```
hist(all_data$女生比例,
     xlab = "女生比例",
     ylab = "",
     col = "grey",
     breaks = 20,
```

```
    xlim = c(0.5,1.0),
    main = "女生比例的经验分布(样本容量=50,试验次数=910)")
```

女生比例的经验分布直方图如图 5-28 所示。

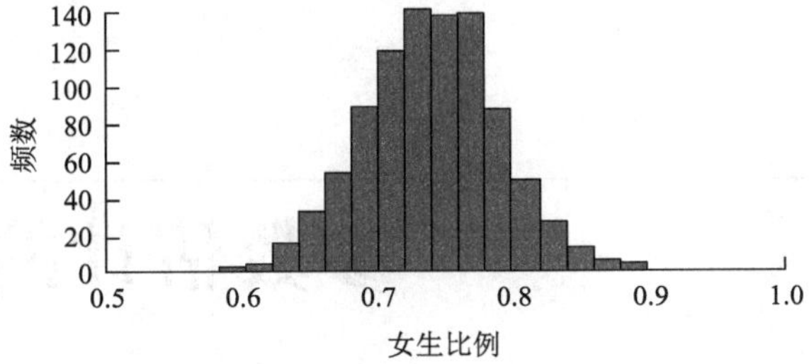

图 5-28　女生比例的经验分布直方图（二）

样本比例 p 的经验分布的均值为 74.93%，标准差为 0.050 32，即方差为 0.002 532。总体比例即女生在全部学生中的比重 $\pi = 74.7253\%$。根据理论可知，$E(p) = \pi$，$\sigma_p^2 = \dfrac{\pi(1-\pi)}{n}$，即 $E(p) = 74.7253\%$，$\sigma_p^2 = 0.0038$。

第6章

参数估计的实验设计

6.1 实验目的

本章旨在通过让学生全程参与从总体中抽出样本、计算样本统计量、根据样本统计量获得总体参数的置信区间等过程，加深学生对参数估计、置信水平等问题的认识与理解。

6.2 实验所采用软件

实验采用 Excel、R 软件完成。

6.3 实验设计及步骤

6.3.1 收集总体数据并计算总体参数

收集每个同学的身高、性别数据，全班共 182 名同学，以该 182 名同学为总体。可以得到总体参数：平均身高 $\mu = 163.2005\ \text{cm}$，身高的方差 $\sigma^2 = 50.3925$，女生在全部学生中的比重 $\pi = 74.7253\%$。

6.3.2 进行随机抽样，得到该样本下各参数的点估计值

令样本容量 $n = 50$，抽取样本，计算并记录该样本统计量的估计值：平均身高 $\bar{x}$、身高的方差 s^2、女生在全部学生中的比重 p。具体操作过程在第 5 章已经介绍，在此不再重复。

5.3 节中获取的样本各参数的点估计值分别为：平均身高 μ 的一个点估计值 $\bar{x}$ 为 163.57 cm，身高的方差 σ^2 的一个点估计值 s^2 为 45.265 41，女生在全部学生中的比重 π 的一个点估计值 p 为 0.78。

6.3.3 给定置信水平，计算该样本下各参数的置信区间

1. 关于 μ 的置信区间的计算

由于总体方差未知，置信区间为 $\left[\bar{x}-t_{\frac{\alpha}{2}}\frac{s}{\sqrt{n}},\bar{x}+t_{\frac{\alpha}{2}}\frac{s}{\sqrt{n}}\right]$，在大样本的情况下，$t$ 分布渐进趋于正态分布，估计误差可表述为 $z_{\frac{\alpha}{2}}\frac{s}{\sqrt{n}}$ ，计算结果如图 6-1 所示。

点估计值	163.57
标准误差	0.9515
z分位数	1.96
估计误差	1.8649
区间下限	161.71
区间上限	165.43

图 6-1　身高均值点估计值的置信区间计算结果（一）

2. 关于 σ^2 的置信区间的计算

总体方差 σ^2 在 $1-\alpha$ 置信水平下的置信区间为 $\left[\frac{(n-1)s^2}{\chi^2_{\frac{\alpha}{2}}(n-1)},\frac{(n-1)s^2}{\chi^2_{1-\frac{\alpha}{2}}(n-1)}\right]$，计算结果如图 6-2 所示。

点估计值	45.27
卡方上分位数	31.55
卡方下分位数	70.22
区间下限	31.59
区间上限	70.29

图 6-2　身高方差点估计值的置信区间计算结果（一）

3. 关于 π 的置信区间的计算

总体比例 π 在 $1-\alpha$ 置信水平下的置信区间为 $p\pm z_{\frac{\alpha}{2}}\sqrt{\frac{p(1-p)}{n}}$，计算结果如图 6-3 所示。

点估计值	0.78
z分位数	1.96
估计误差	0.11
区间下限	0.67
区间上限	0.89

图 6-3　女生比例点估计值的置信区间计算结果（一）

每人共抽样 5 次，获得 5 个样本容量为 50 的随机样本，分别得到 5 个样本下的总体参数的点估计值及相应的置信区间。

5 个样本的身高均值、身高方差、女生比例点估计值的置信区间分别见图 6-4～图 6-6。

	样本1	样本2	样本3	样本4	样本5
点估计值	163.57	164.34	163.80	162.32	162.78
标准误差	0.95	1.02	1.15	0.97	0.83
z分位数	1.96	1.96	1.96	1.96	1.96
估计误差	1.86	2.01	2.24	1.89	1.63
区间下限	161.71	162.33	161.56	160.43	161.15
区间上限	165.43	166.35	166.04	164.21	164.41
是否包含参数真值	是	是	是	是	是

图 6-4　5 个样本的身高均值点估计值的置信区间（一）

	样本1	样本2	样本3	样本4	样本5
点估计值	45.27	52.40	65.59	46.59	34.71
卡方上分位数	70.22	70.22	70.22	70.22	70.22
卡方下分为数	31.55	31.55	31.55	31.55	31.55
区间上限	31.59	36.57	45.77	32.51	24.22
区间下限	70.29	81.37	101.85	72.35	53.89
是否包含参数真值	是	是	是	是	是

图 6-5　5 个样本的身高方差点估计值的置信区间（一）

	样本1	样本2	样本3	样本4	样本5
点估计值	0.78	0.72	0.68	0.82	0.74
z分位数	1.96	1.96	1.96	1.96	1.96
估计误差	0.11	0.12	0.13	0.11	0.12
区间下限	0.67	0.60	0.55	0.71	0.62
区间上限	0.89	0.84	0.81	0.93	0.86
是否包含参数真值	是	是	是	是	是

图 6-6　5 个样本的女生比例点估计值的置信区间（一）

收集所有同学计算的置信区间，共有 910 个（182 名同学，每人计算 5 个置信区间），据此分别计算总体均值、总体方差和总体比例的经验置信水平。

（1）该 910 个置信区间中有 32 个置信区间未包含总体均值 μ，有 878 个置信区间包含总体均值 μ，包含总体均值的置信区间占全部置信区间的 96.48%，即经验置信水平为 96.48%。

（2）该 910 个置信区间中有 49 个置信区间未包含总体方差 σ^2，有 861 个置信区间包含总体均值 σ^2，包含总体方差的置信区间占全部置信区间的 94.62%，即经验置信水平为 94.62%。

（3）该 910 个置信区间中有 33 个置信区间未包含总体比例 π，有 877 个置信区间

包含总体均值 π，包含总体比例的置信区间占全部置信区间的 96.37%，即经验置信水平为 96.37%。

6.4　采用 R 完成该实验

6.4.1　收集总体数据并计算总体参数

收集每个同学的身高、性别数据，全班共 182 名同学，以该 182 名同学为总体。可以得到总体参数：平均身高 $\mu = 163.2005$ cm，身高的方差 $\sigma^2 = 50.6704$，女生在全部学生中的比重 $\pi = 74.7253\%$。

6.4.2　进行随机抽样，得到该样本下各参数的点估计值

令样本容量 $n = 50$，抽取样本，计算并记录该样本统计量的估计值：平均身高 $\bar{x}$、身高的方差 s^2、女生在全部学生中的比重 p。具体操作过程在第 5 章已经介绍，在此不再重复。

根据 5.5.2 节获取的样本 1，用 R 计算各参数的点估计值。

```
set.seed(1)    #运行代码之前先读入第5章身高数据
library(openxlsx);  library(psych)
data <- read.xlsx("C:\\Users\\sun\\Desktop\\教材数据\\第5、6章.xlsx") #读取数据
sample_num <- sample(1:nrow(data),50,replace = FALSE)
data_sample <- data[sample_num,]
data_sample_des <- describe(data_sample)
height_avg <- data_sample_des$mean[2]
height_s <- height_sd ^ 2
girls_prop <- sum(data_sample$性别 == "女") / nrow(data_sample)
print(girls_prop)
```

得到平均身高 μ 的一个点估计值 $\bar{x}$ 为 163.0 cm，身高的方差 σ^2 的一个点估计值 s^2 为 53.25；女生在全部学生中的比重 π 的一个点估计值 p 为 0.76。

6.4.3　给定置信水平，计算该样本下各参数的置信区间

1. 关于 μ 的置信区间的计算

由于总体方差未知，置信区间为 $\left[\bar{x} - t_{\frac{\alpha}{2}}\frac{s}{\sqrt{n}}, \bar{x} + t_{\frac{\alpha}{2}}\frac{s}{\sqrt{n}}\right]$，在大样本的情况下，$t$ 分布渐进趋于正态分布，估计误差可表述为 $z_{\frac{\alpha}{2}}\frac{s}{\sqrt{n}}$。

```
alpha <- 0.05   #α值
se <- data_sample_des$se[2]     #标准误差
z = qnorm(1 - alpha / 2)    #z分位数
esti_error <- se * z    #估计误差
mean_conf_lower <- height_avg - esti_error     #区间下限
mean_conf_upper <- height_avg + esti_error     #区间上限
mean_conf <- data.frame(indicator = c("点估计值","标准误差","z分位数","估计误差","区间下限","区间上限"),value = c(height_avg,se,z,esti_error,mean_conf_lower,mean_conf_upper))
print(mean_conf)
```

身高均值点估计值的置信区间计算结果如图 6-7 所示。

	indicator	value
1	点估计值	163.030
2	标准误差	1.032
3	z分位数	1.960
4	估计误差	2.023
5	区间下限	161.007
6	区间上限	165.053

图 6-7　身高均值点估计值的置信区间计算结果（二）

2. 关于 σ^2 的置信区间的计算

总体方差 σ^2 在 $1-\alpha$ 置信水平下的置信区间为 $\left[\dfrac{(n-1)s^2}{\chi^2_{\frac{\alpha}{2}}(n-1)},\dfrac{(n-1)s^2}{\chi^2_{1-\frac{\alpha}{2}}(n-1)}\right]$。

```
chi_upper <- qchisq(alpha / 2, nrow(data_sample) - 1)   #卡方上分位数
chi_lower <- qchisq(1 - alpha / 2, nrow(data_sample) - 1)   #卡方下分位数
chi_conf_lower <- (nrow(data_sample) - 1) * height_s / chi_lower   #区间下限
chi_conf_upper <- (nrow(data_sample) - 1) * height_s / chi_upper   #区间上限
chi_conf <- data.frame(indicator = c("点估计值", "卡方上分位数", "卡方下分位数", "区间下限", "区间上限"),value = c(height_s, chi_upper, chi_lower, chi_conf_lower, chi_conf_upper))
print(chi_conf)
```

身高方差点估计值的置信区间计算结果如图 6-8 所示。

	indicator	value
1	点估计值	53.27
2	卡方上分位数	31.55
3	卡方下分位数	70.22
4	区间下限	37.17
5	区间上限	82.72

图 6-8 身高方差点估计值的置信区间计算结果（二）

3. 关于 π 的置信区间的计算

总体比例 π 在 $1-\alpha$ 置信水平下的置信区间为 $p \pm z_{\frac{\alpha}{2}}\sqrt{\frac{p(1-p)}{n}}$ 。

女生比例点估计值的置信区间计算结果如图 6-9 所示。

	indicator	value
1	点估计值	0.7600
2	z分位数	1.9600
3	估计误差	0.1184
4	区间下限	0.6416
5	区间上限	0.8784

图 6-9 女生比例点估计值的置信区间计算结果（二）

每人共抽样 5 次，获得 5 个样本容量为 50 的随机样本，分别得到 5 个样本下的总体参数的点估计值及相应的置信区间（图 6-10～图 6-12）。

5 个样本的身高均值、身高方差、女生比例点估计值的置信区间分别见图 6-10～图 6-12。

	样本1	样本2	样本3	样本4	样本5
点估计值	163.03	162.59	163.08	162.5	162.77
标准误差	1.03	1.04	0.95	0.84	0.84
z分位数	1.96	1.96	1.96	1.96	1.96
估计误差	2.02	2.04	1.86	1.65	1.65
区间下限	161.01	160.55	161.22	160.85	161.12
区间上限	165.05	164.63	164.94	164.15	164.42
是否包含参数真值	是	是	是	是	是

图 6-10 5 个样本的身高均值点估计值的置信区间（二）

	样本 1	样本 2	样本 3	样本 4	样本 5
点估计值	53.25	54.49	45.59	35.04	35.36
卡方上分位数	31.55	31.55	31.55	31.55	31.55
卡方下分位数	70.22	70.22	70.22	70.22	70.22
区间下限	37.16	38.02	31.81	24.45	24.67
区间上限	82.72	84.63	70.81	54.42	54.92
是否包含参数真值	是	是	是	是	是

图 6-11　5 个样本的身高方差点估计值的置信区间（二）

	样本 1	样本 2	样本 3	样本 4	样本 5
点估计值	0.76	0.74	0.76	0.8	0.76
z分位数	1.96	1.96	1.96	1.96	1.96
估计误差	0.12	0.12	0.12	0.11	0.12
区间下限	0.64	0.62	0.64	0.69	0.64
区间上限	0.88	0.86	0.88	0.91	0.88
是否包含参数真值	是	是	是	是	是

图 6-12　5 个样本的女生比例点估计值的置信区间（二）

收集所有同学计算的置信区间，共有 910 个（182 名同学，每人计算 5 个置信区间），据此分别计算总体均值、总体方差和总体比例的经验置信水平。

（1）该 910 个置信区间中有 20 个置信区间未包含总体均值 μ，有 890 个置信区间包含总体均值 μ，包含总体均值的置信区间占全部置信区间的 97.8%，即经验置信水平为 97.8%。

（2）该 910 个置信区间中有 45 个置信区间未包含总体方差 σ^2，有 865 个置信区间包含总体均值 σ^2，包含总体方差的置信区间占全部置信区间的 95.05%，即经验置信水平为 95.05%。

（3）该 910 个置信区间中有 23 个置信区间未包含总体比例 π，有 887 个置信区间包含总体均值 π，包含总体比例的置信区间占全部置信区间的 97.47%，即经验置信水平为 97.47%。

收集的全部样本的统计量和置信区间数据见表 6-1。

表 6-1　全部样本的统计量和置信区间数据

身高均值/cm	身高标准差/cm	身高均值置信区间下限/cm	身高均值置信区间上限/cm	身高方差	身高方差置信区间下限	身高方差置信区间上限	女生比例	女生比例置信区间下限	女生比例置信区间上限
163.11	8.20	160.84	165.38	67.26	46.93	104.44	0.76	0.64	0.88
161.73	6.10	160.04	163.42	37.18	25.94	57.73	0.82	0.71	0.93
163.07	5.44	161.56	164.58	29.61	20.66	45.98	0.74	0.62	0.86

续表

身高均值/cm	身高标准差/cm	身高均值置信区间下限/cm	身高均值置信区间上限/cm	身高方差	身高方差置信区间下限	身高方差置信区间上限	女生比例	女生比例置信区间下限	女生比例置信区间上限
163.40	7.86	161.22	165.58	61.77	43.10	95.91	0.72	0.60	0.84
162.78	6.85	160.88	164.68	46.91	32.73	72.84	0.84	0.74	0.94
161.72	6.49	159.92	163.52	42.08	29.37	65.35	0.82	0.71	0.93
164.02	7.86	161.84	166.20	61.82	43.13	95.99	0.70	0.57	0.83
164.02	8.07	161.78	166.26	65.09	45.42	101.08	0.70	0.57	0.83
162.57	6.43	160.79	164.35	41.37	28.87	64.24	0.78	0.67	0.89
162.31	7.25	160.30	164.32	52.56	36.68	81.62	0.86	0.76	0.96
162.86	6.78	160.98	164.74	46.00	32.10	71.43	0.76	0.64	0.88
164.42	8.12	162.17	166.67	65.97	46.03	102.45	0.70	0.57	0.83
164.12	7.61	162.01	166.23	57.90	40.40	89.92	0.76	0.64	0.88
164.08	6.46	162.29	165.87	41.67	29.07	64.70	0.68	0.55	0.81
162.76	6.94	160.84	164.68	48.15	33.60	74.76	0.82	0.71	0.93
163.39	7.63	161.27	165.51	58.24	40.64	90.43	0.78	0.67	0.89
162.65	7.10	160.68	164.62	50.45	35.20	78.34	0.78	0.67	0.89
162.67	6.03	161.00	164.34	36.32	25.35	56.40	0.74	0.62	0.86
164.08	8.17	161.82	166.34	66.73	46.56	103.62	0.76	0.64	0.88
164.84	8.76	162.41	167.27	76.74	53.55	119.16	0.74	0.62	0.86
163.97	8.45	161.63	166.31	71.37	49.80	110.83	0.68	0.55	0.81
163.72	8.19	161.45	165.99	67.02	46.77	104.08	0.70	0.57	0.83
162.93	7.00	160.99	164.87	49.04	34.22	76.15	0.74	0.62	0.86
162.66	7.36	160.62	164.70	54.19	37.81	84.15	0.80	0.69	0.91
163.91	8.13	161.66	166.16	66.08	46.11	102.61	0.74	0.62	0.86
162.69	7.57	160.59	164.79	57.38	40.04	89.10	0.76	0.64	0.88
164.48	7.57	162.38	166.58	57.36	40.02	89.07	0.68	0.55	0.81
161.61	7.20	159.61	163.61	51.85	36.18	80.52	0.84	0.74	0.94
162.64	5.29	161.17	164.11	28.03	19.56	43.53	0.76	0.64	0.88
163.03	5.97	161.38	164.68	35.60	24.84	55.28	0.72	0.60	0.84
163.95	7.42	161.89	166.01	55.02	38.39	85.44	0.68	0.55	0.81
163.41	7.76	161.26	165.56	60.26	42.05	93.58	0.80	0.69	0.91
163.06	6.86	161.16	164.96	47.05	32.83	73.06	0.78	0.67	0.89
163.54	7.72	161.40	165.68	59.65	41.62	92.63	0.72	0.60	0.84
162.57	6.02	160.90	164.24	36.22	25.28	56.25	0.74	0.62	0.86
163.00	7.59	160.90	165.10	57.66	40.24	89.54	0.76	0.64	0.88
163.08	6.54	161.27	164.89	42.82	29.88	66.49	0.74	0.62	0.86
163.34	8.61	160.95	165.73	74.12	51.72	115.09	0.76	0.64	0.88
163.74	7.01	161.80	165.68	49.17	34.31	76.35	0.78	0.67	0.89

续表

身高均值/cm	身高标准差/cm	身高均值置信区间下限/cm	身高均值置信区间上限/cm	身高方差	身高方差置信区间下限	身高方差置信区间上限	女生比例	女生比例置信区间下限	女生比例置信区间上限
164.52	7.73	162.38	166.66	59.68	41.65	92.68	0.70	0.57	0.83
163.47	7.62	161.36	165.58	58.13	40.56	90.26	0.72	0.60	0.84
162.88	6.93	160.96	164.80	48.06	33.53	74.62	0.80	0.69	0.91
163.28	7.78	161.12	165.44	60.57	42.27	94.06	0.76	0.64	0.88
162.90	5.23	161.45	164.35	27.35	19.08	42.47	0.76	0.64	0.88
162.95	6.77	161.07	164.83	45.80	31.96	71.12	0.76	0.64	0.88
163.88	8.70	161.47	166.29	75.62	52.76	117.42	0.70	0.57	0.83
163.23	7.91	161.04	165.42	62.65	43.71	97.28	0.72	0.60	0.84
162.86	5.86	161.24	164.48	34.30	23.93	53.26	0.76	0.64	0.88
163.80	7.07	161.84	165.76	50.00	34.89	77.64	0.68	0.55	0.81
163.12	8.51	160.76	165.48	72.44	50.55	112.50	0.78	0.67	0.89
163.25	7.45	161.18	165.32	55.57	38.78	86.30	0.74	0.62	0.86
164.57	7.07	162.61	166.53	49.92	34.83	77.52	0.66	0.53	0.79
164.00	6.90	162.09	165.91	47.62	33.23	73.95	0.68	0.55	0.81
161.97	6.88	160.06	163.88	47.31	33.01	73.47	0.86	0.76	0.96
164.72	7.85	162.54	166.90	61.63	43.01	95.71	0.68	0.55	0.81
162.51	7.36	160.47	164.55	54.15	37.78	84.08	0.72	0.60	0.84
162.58	6.11	160.89	164.27	37.35	26.06	58.00	0.78	0.67	0.89
163.62	7.28	161.60	165.64	53.02	36.99	82.33	0.74	0.62	0.86
163.00	6.36	161.24	164.76	40.45	28.22	62.81	0.78	0.67	0.89
164.95	8.66	162.55	167.35	74.92	52.28	116.34	0.66	0.53	0.79
162.94	6.46	161.15	164.73	41.73	29.12	64.80	0.78	0.67	0.89
163.60	6.72	161.74	165.46	45.15	31.51	70.12	0.68	0.55	0.81
163.27	6.92	161.35	165.19	47.87	33.40	74.33	0.72	0.60	0.84
165.46	8.14	163.21	167.71	66.18	46.18	102.77	0.56	0.42	0.70
162.91	7.78	160.75	165.07	60.51	42.22	93.96	0.74	0.62	0.86
165.03	7.83	162.86	167.20	61.25	42.74	95.11	0.64	0.51	0.77
165.23	8.11	162.98	167.48	65.75	45.88	102.10	0.64	0.51	0.77
162.64	6.47	160.85	164.43	41.87	29.21	65.01	0.84	0.74	0.94
162.76	7.83	160.59	164.93	61.33	42.79	95.23	0.76	0.64	0.88
164.64	7.04	162.69	166.59	49.58	34.60	76.99	0.68	0.55	0.81
163.01	5.89	161.38	164.64	34.74	24.24	53.95	0.78	0.67	0.89
164.00	7.67	161.87	166.13	58.85	41.06	91.38	0.78	0.67	0.89
164.36	7.69	162.23	166.49	59.09	41.23	91.76	0.74	0.62	0.86
163.48	6.02	161.81	165.15	36.30	25.33	56.36	0.78	0.67	0.89
164.12	7.28	162.10	166.14	52.96	36.96	82.25	0.74	0.62	0.86

续表

身高均值/cm	身高标准差/cm	身高均值置信区间下限/cm	身高均值置信区间上限/cm	身高方差	身高方差置信区间下限	身高方差置信区间上限	女生比例	女生比例置信区间下限	女生比例置信区间上限
163.29	7.05	161.34	165.24	49.74	34.70	77.23	0.72	0.60	0.84
163.78	7.39	161.73	165.83	54.63	38.12	84.84	0.78	0.67	0.89
162.49	6.25	160.76	164.22	39.05	27.25	60.63	0.86	0.76	0.96
163.56	7.17	161.57	165.55	51.48	35.92	79.93	0.66	0.53	0.79
162.66	6.03	160.99	164.33	36.35	25.37	56.45	0.76	0.64	0.88
163.69	7.65	161.57	165.81	58.54	40.85	90.90	0.72	0.60	0.84
161.60	6.99	159.66	163.54	48.82	34.06	75.80	0.82	0.71	0.93
161.60	5.74	160.01	163.19	32.93	22.98	51.13	0.86	0.76	0.96
164.48	7.62	162.37	166.59	58.09	40.54	90.21	0.72	0.60	0.84
163.80	7.68	161.67	165.93	59.02	41.18	91.65	0.72	0.60	0.84
163.60	6.16	161.89	165.31	37.91	26.45	58.87	0.76	0.64	0.88
162.95	6.43	161.17	164.73	41.37	28.87	64.24	0.80	0.69	0.91
162.50	7.18	160.51	164.49	51.49	35.93	79.96	0.74	0.62	0.86
164.10	7.73	161.96	166.24	59.77	41.70	92.81	0.72	0.60	0.84
163.39	6.57	161.57	165.21	43.14	30.10	66.98	0.76	0.64	0.88
164.89	7.86	162.71	167.07	61.79	43.12	95.95	0.68	0.55	0.81
162.02	5.83	160.40	163.64	33.98	23.71	52.76	0.86	0.76	0.96
164.13	6.89	162.22	166.04	47.52	33.16	73.79	0.72	0.60	0.84
162.36	6.20	160.64	164.08	38.40	26.79	59.63	0.78	0.67	0.89
162.97	5.28	161.51	164.43	27.92	19.48	43.36	0.78	0.67	0.89
162.66	7.06	160.70	164.62	49.90	34.82	77.49	0.76	0.64	0.88
163.86	8.00	161.64	166.08	63.97	44.64	99.34	0.72	0.60	0.84
163.38	7.31	161.35	165.41	53.48	37.31	83.04	0.72	0.60	0.84
162.82	6.41	161.04	164.60	41.06	28.65	63.76	0.80	0.69	0.91
163.01	7.24	161.00	165.02	52.37	36.54	81.33	0.80	0.69	0.91
162.96	6.65	161.12	164.80	44.23	30.87	68.69	0.72	0.60	0.84
163.28	7.31	161.25	165.31	53.43	37.28	82.97	0.66	0.53	0.79
161.85	5.60	160.30	163.40	31.35	21.88	48.68	0.84	0.74	0.94
163.06	7.75	160.91	165.21	60.02	41.88	93.20	0.68	0.55	0.81
163.19	7.75	161.04	165.34	60.09	41.93	93.31	0.70	0.57	0.83
163.83	7.22	161.83	165.83	52.18	36.41	81.03	0.70	0.57	0.83
163.89	7.77	161.74	166.04	60.36	42.12	93.73	0.70	0.57	0.83
163.53	6.77	161.65	165.41	45.82	31.97	71.15	0.70	0.57	0.83
162.04	6.45	160.25	163.83	41.66	29.07	64.69	0.80	0.69	0.91
164.07	6.83	162.18	165.96	46.61	32.53	72.38	0.68	0.55	0.81
162.21	6.21	160.49	163.93	38.57	26.92	59.90	0.78	0.67	0.89

续表

身高均值/cm	身高标准差/cm	身高均值置信区间下限/cm	身高均值置信区间上限/cm	身高方差	身高方差置信区间下限	身高方差置信区间上限	女生比例	女生比例置信区间下限	女生比例置信区间上限
165.37	7.51	163.29	167.45	56.40	39.35	87.57	0.64	0.51	0.77
163.73	6.87	161.83	165.63	47.22	32.95	73.32	0.68	0.55	0.81
163.92	6.72	162.06	165.78	45.14	31.50	70.09	0.74	0.62	0.86
164.34	7.36	162.30	166.38	54.10	37.75	84.00	0.74	0.62	0.86
163.67	6.28	161.93	165.41	39.45	27.52	61.25	0.72	0.60	0.84
164.78	7.44	162.72	166.84	55.36	38.63	85.96	0.72	0.60	0.84
163.71	8.24	161.43	165.99	67.92	47.39	105.47	0.72	0.60	0.84
164.48	7.84	162.31	166.65	61.52	42.93	95.53	0.66	0.53	0.79
163.11	7.31	161.08	165.14	53.44	37.29	82.99	0.72	0.60	0.84
162.81	7.41	160.76	164.86	54.95	38.34	85.33	0.78	0.67	0.89
162.54	8.17	160.28	164.80	66.74	46.57	103.64	0.78	0.67	0.89
164.04	7.62	161.93	166.15	58.09	40.53	90.21	0.74	0.62	0.86
163.81	6.72	161.95	165.67	45.09	31.46	70.02	0.76	0.64	0.88
163.34	7.16	161.36	165.32	51.25	35.76	79.58	0.74	0.62	0.86
163.34	8.18	161.07	165.61	66.96	46.73	103.98	0.72	0.60	0.84
164.40	8.20	162.13	166.67	67.22	46.91	104.39	0.70	0.57	0.83
162.16	6.85	160.26	164.06	46.91	32.73	72.85	0.74	0.62	0.86
164.22	7.25	162.21	166.23	52.54	36.66	81.59	0.68	0.55	0.81
162.43	5.74	160.84	164.02	32.96	23.00	51.18	0.82	0.71	0.93
164.84	7.36	162.80	166.88	54.19	37.81	84.15	0.68	0.55	0.81
163.64	7.68	161.51	165.77	58.92	41.11	91.49	0.74	0.62	0.86
161.42	5.58	159.87	162.97	31.11	21.71	48.30	0.84	0.74	0.94
164.79	7.54	162.70	166.88	56.78	39.62	88.17	0.66	0.53	0.79
163.34	6.90	161.43	165.25	47.62	33.23	73.94	0.78	0.67	0.89
163.80	8.44	161.46	166.14	71.15	49.65	110.49	0.74	0.62	0.86
164.48	7.87	162.30	166.66	61.93	43.21	96.17	0.70	0.57	0.83
161.39	5.93	159.75	163.03	35.22	24.57	54.69	0.80	0.69	0.91
163.47	6.70	161.61	165.33	44.94	31.36	69.79	0.70	0.57	0.83
163.84	7.47	161.77	165.91	55.77	38.92	86.60	0.66	0.53	0.79
163.28	7.38	161.23	165.33	54.49	38.02	84.62	0.76	0.64	0.88
163.28	5.91	161.64	164.92	34.95	24.39	54.27	0.66	0.53	0.79
162.51	6.63	160.67	164.35	43.94	30.66	68.24	0.80	0.69	0.91
162.94	7.10	160.97	164.91	50.38	35.16	78.24	0.74	0.62	0.86
164.75	8.13	162.50	167.00	66.04	46.08	102.56	0.72	0.60	0.84
161.92	6.69	160.06	163.78	44.81	31.27	69.58	0.82	0.71	0.93
163.30	7.69	161.17	165.43	59.15	41.28	91.86	0.70	0.57	0.83

续表

身高均值/cm	身高标准差/cm	身高均值置信区间下限/cm	身高均值置信区间上限/cm	身高方差	身高方差置信区间下限	身高方差置信区间上限	女生比例	女生比例置信区间下限	女生比例置信区间上限
162.54	7.63	160.43	164.65	58.21	40.62	90.40	0.78	0.67	0.89
163.14	7.92	160.95	165.33	62.65	43.72	97.29	0.76	0.64	0.88
162.91	6.87	161.00	164.82	47.26	32.98	73.39	0.76	0.64	0.88
164.31	7.38	162.27	166.35	54.40	37.96	84.47	0.70	0.57	0.83
164.11	8.55	161.74	166.48	73.05	50.98	113.44	0.76	0.64	0.88
162.82	8.49	160.47	165.17	72.07	50.29	111.91	0.72	0.60	0.84
162.83	7.74	160.68	164.98	59.89	41.79	93.01	0.78	0.67	0.89
162.92	7.90	160.73	165.11	62.44	43.57	96.96	0.66	0.53	0.79
162.62	6.74	160.75	164.49	45.42	31.70	70.54	0.72	0.60	0.84
163.08	6.64	161.24	164.92	44.08	30.75	68.44	0.70	0.57	0.83
164.74	7.74	162.59	166.89	59.94	41.83	93.08	0.64	0.51	0.77
165.63	7.80	163.47	167.79	60.87	42.47	94.51	0.62	0.49	0.75

第7章

假设检验

7.1 实 验 目 的

假设检验是在抽样分布原理和小概率原理的基础上，以样本统计量的值来推断总体参数的一种统计推断方法。单样本 T 检验则是利用来自某一个正态总体的样本数据，来推断该总体的均值是否与指定的检验值之间存在显著差异。本章利用 Excel 软件、R 语言对统计数据进行假设检验分析，通过分析使学生准确掌握单样本 T 检验的方法原理，熟练掌握运用 Excel 软件和 R 语言进行单样本 T 检验的基本操作，从而培养学生利用单样本 T 检验方法解决现实中问题的能力。

7.2 实 验 内 容

一个总体参数的检验包括：总体均值的检验、总体比例的检验、总体方差的检验。

假设检验过程可以借助许多统计软件完成，在 Excel 等软件中，参数检验可以借助相关计算公式、统计函数来完成，下面通过两个例子介绍参数检验的基本过程和方法。

7.3 实 验 步 骤

（1）根据检验统计量进行总体参数检验。

（2）根据 P 值进行总体参数检验。

7.4 实 验 举 例

7.4.1 根据检验统计量进行参数检验

某地对 100 户城市居民进行的抽样调查表明，长途话费下调后的第一周，平均每个长途电话的通话时间为 18 min，而此前的调查为平均每个长途电话通话时间为 14 min。已知总体标准差为 5 min。请问长途电话的通话时间在资费调整前后是否有明显变化？

第一步，进入 Excel 表格界面，在空白单元格中键入公式“=(18–14)/(5/SQRT(100))”，可以计算出检验统计量的值，如图 7-1 所示。

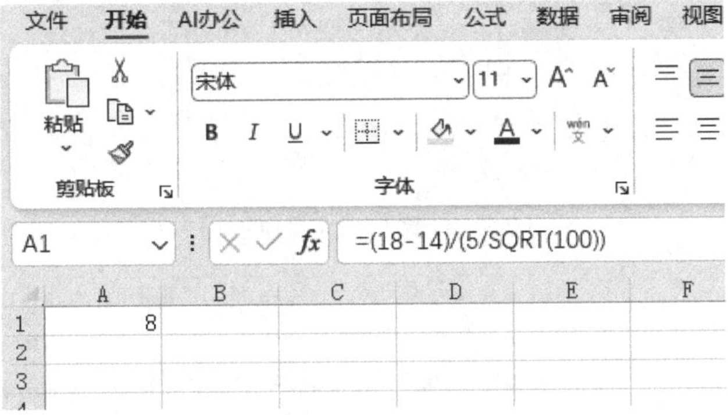

图 7-1 计算检验统计量

第二步，在空白单元格中，点击“*fx*”（插入函数），在类别中选择“统计”，在其中选择“NORM.S.INV”，然后将显著性水平录入，由于进行的是双侧检验，因此首先录入“0.025”，结果表示的是在标准正态分布条件下，根据显著性水平 0.05 所确定的左侧临界值；然后在另一个单元格中再次点击“*fx*”，选择“NORM.S.INV”，录入“1–0.025”，结果为双侧检验的右侧临界值，出现的界面如图 7-2～图 7-4 所示。

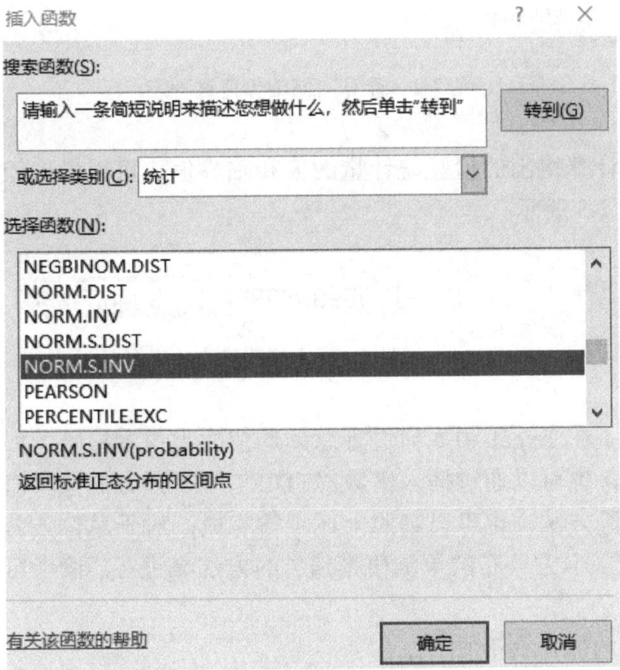

图 7-2 计算左侧临界值过程一

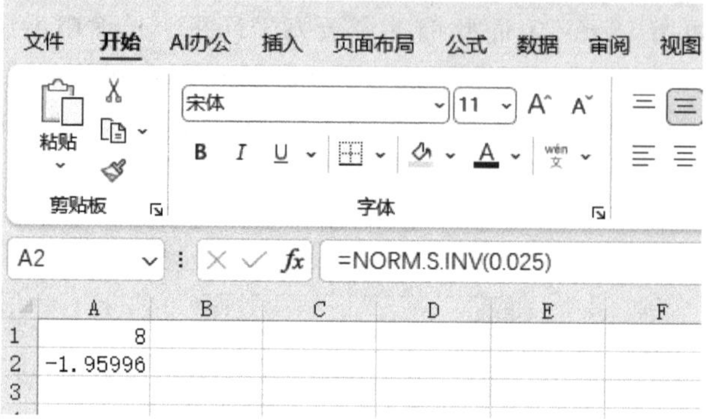

图 7-3　计算左侧临界值过程二

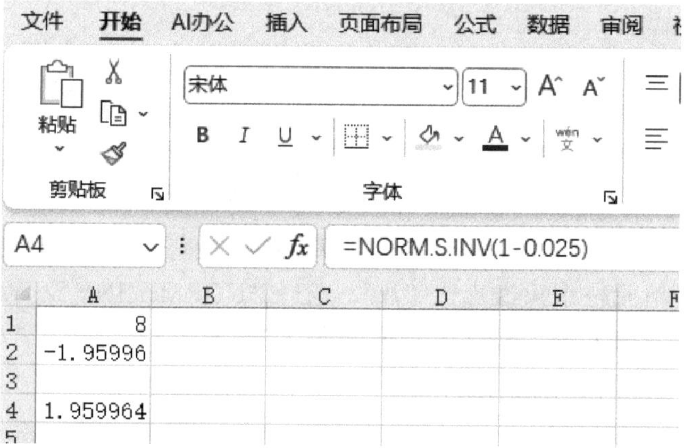

图 7-4　计算右侧临界值过程三

第三步，根据计算得出的检验统计量的值和临界值，可以做出拒绝原假设的决定。计算结果如图 7-5 所示。

图 7-5　计算结果

以上例子说明了在 Excel 中如何进行总体均值的大样本检验，如要进行小样本且总体方差未知的检验，也可以通过插入函数“TDIST”（t 分布的概率值）的方法来进行；对于总体比例的检验方法，也可以参照上述步骤完成；对于总体方差的检验，可通过插入函数“CHIDIST”（卡方分布的单侧概率值）的方法来进行。读者可以根据自己的需要选择相应的函数。

用 R 语言做 Z 检验，命令如下。

```
alpha = 0.05
```

```
xmean = 18; ymean = 14; std = 5; n = 100
u = (xmean - ymean)/(std/sqrt(n))    #计算统计量
right_critical = qnorm(1-alpha*0.5)    #计算临界值
left_critical = qnorm(alpha*0.5)    #计算临界值
con = "U检验认为长途电话的通话时间在调整前后无显著差异"
if(u<left_critical | u>right_critical ){ con ="U检验认为长途电话的通话时间在调整前后存在显著差异"}
result = c("统计量", u, "左侧临界值：", left_critical, "右侧临界值：", right_critical,con)
print( result )
```

7.4.2　根据 *P* 值进行参数检验

除采用检验统计量进行参数检验外，还可以根据 *P* 值来进行相关检验，具体方法如下。

某车间用包装机来包装大米，包得的袋装大米重量是一个随机变量，它服从正态分布。企业要求当机器正常工作时，其平均重量不小于 200 kg，某日开工后为检查包装机是否正常，随机抽取包装的大米 30 包，称得净重数据如下。

202	209	195	198	206	205	195	208	200	207
194	206	196	195	202	207	199	200	193	190
206	198	210	201	188	204	201	196	195	208

根据以上数据，在显著性水平为 5%的条件下，判断机器是否正常工作。

根据题意，可以建立如下假设：

$$H_0: \mu \geqslant 200\text{；}\ H_1: \mu < 200$$

下面利用 Excel 来解决这一检验问题，可按下列步骤进行操作。

第一步，进入 Excel 表格界面，在单元格中将原始数据录入，如图 7-6 所示。

202	209	195	198	206	205	195	208	200	207
194	206	196	195	202	207	199	200	193	190
206	198	210	201	188	204	201	196	195	208

图 7-6　原始数据录入

第二步，直接点击“*fx*”，在类别中选择“统计”，由于是大样本的检验，因此选择“Z.TEST”（*Z* 检验），如图 7-7 所示。

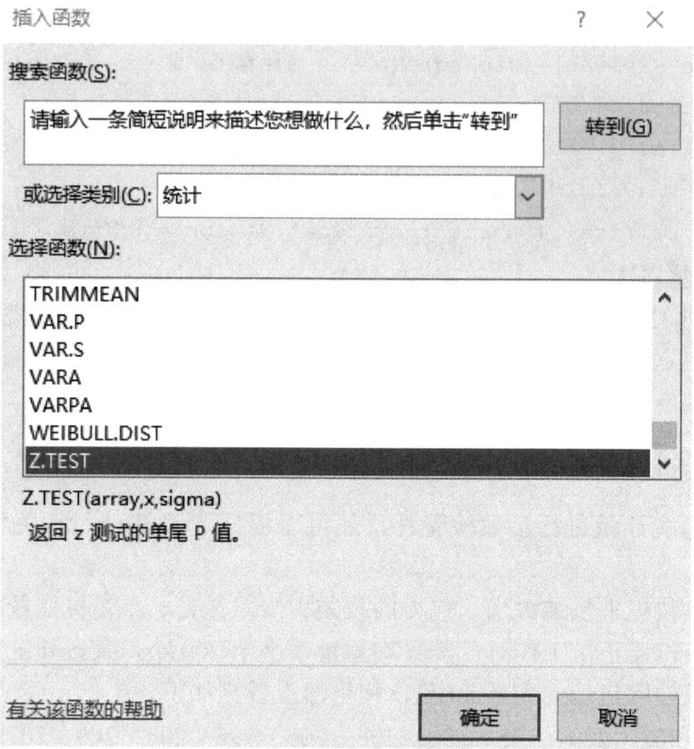

图 7-7　插入函数过程

第三步，在所出现的对话框中，“Array”框中，输入原始数据所在区域；在“X”后输入参数的某一假定值（本例中输入 200）；在“Sigma”后输入已知的总体标准差（若总体标准差未知，可忽略不填，系统将自动使用样本标准差代替），如图 7-8 所示。

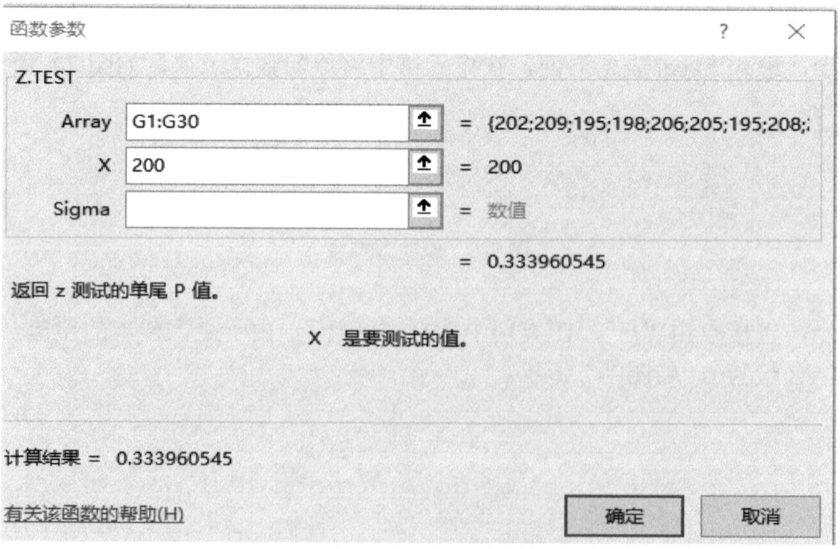

图 7-8　计算 P 值过程

此时给出的分布右侧面积为 0.333 960 545，用 1 减去该值，即 P=1–0.333 960 545=0.666 039 455。由于 P 值大于显著性水平 5%，所以不拒绝原假设，该包装机为正常工作状态。

以上用例子说明了在 Excel 中如何进行总体均值的大样本检验，如要进行小样本且总体方差未知的检验，也可以通过插入函数“TDIST”的方法来进行；对于总体成数检验，可参照上述步骤完成；对于总体方差的检验，可通过插入函数“CHIDIST”的方法来进行。读者可根据自己的需要选择相应的函数。

用 R 语言进行 P 值检验的命令如下（沿用 7.4.1 节长途电话通话时间的例子）。

```
xmean = 18;ymean = 14;std = 5;n = 100
u = (xmean - ymean)/(std/sqrt(n))     #计算统计量
p_value = 2* min(pnorm(u),1-pnorm(u))
con = "U检验认为长途话费在资费调整前后无显著差异"
if(p_value<0.05){con ="U检验认为长途电话的通话时间在资费调整前后存在显著差异"}
result = c("统计量",u, "p值",p_value,con)
print(result)
```

7.5 课堂练习

（1）某电视机生产厂的电视机显像管的质量标准是平均使用寿命为 1000 h，现从该厂生产的一批显像管中随机抽取 16 只，测得其平均寿命为 1050 h，标准差为 39 h。假定显像管寿命服从正态分布，取显著性水平为 α=0.05，能否说该厂的显像管质量显著高于标准？

（2）某市全部职工家庭中，平常订阅某种报纸的占 40%，最近从订阅率来看似乎出现减少的现象，现随机抽取 200 户职工家庭进行抽样调查，结果有 76 户职工家庭订阅该报纸，问报纸的订阅率是否显著降低？（α=0.01）

用 t 统计量进行 T 检验。

在 Excel 中，检验统计量的计算公式为“=(1050–1000)/(39/sqrt(16))”。

检验统计量的 t 值为 5.128 205，左侧临界值为–1.959 96，右侧临界值为 1.959 964。

根据计算得出的检验统计量的 t 值和其临界值，可以做出拒绝原假设的决定。

操作步骤见图 7-9～图 7-11。

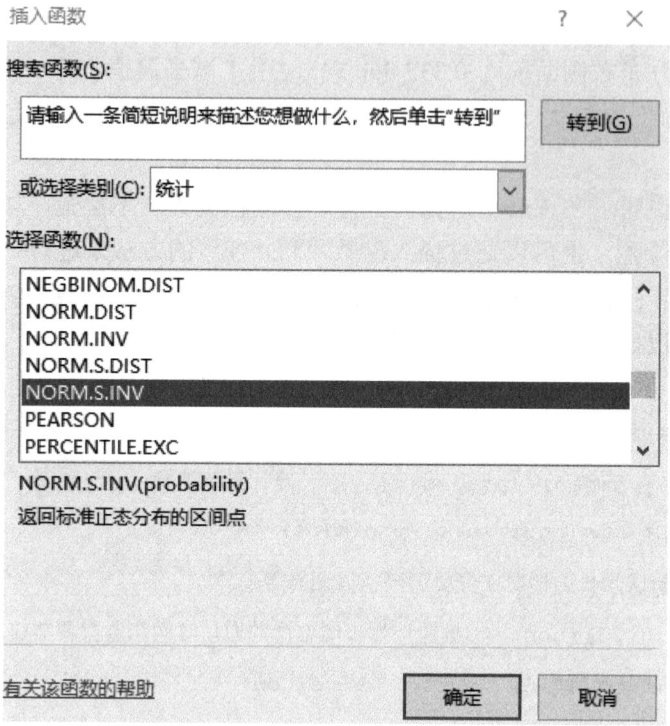

图 7-9　操作步骤一

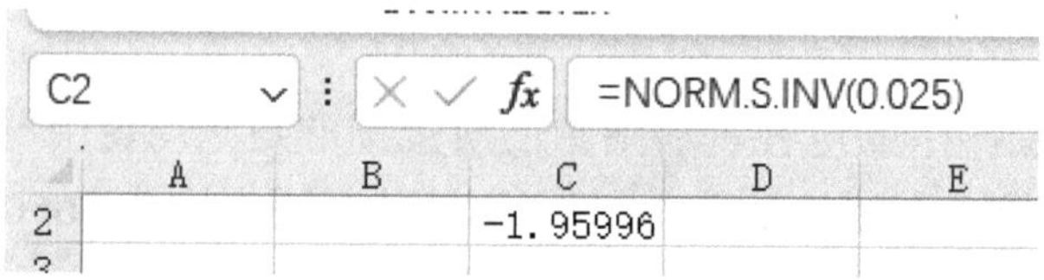

图 7-10　操作步骤二

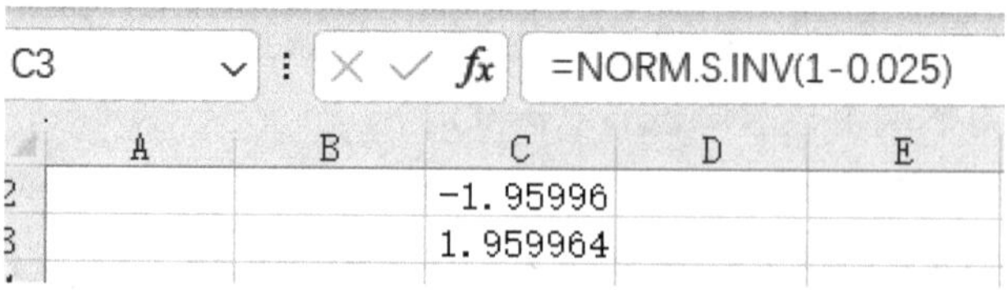

图 7-11　操作步骤三

在 SPSS 中根据 P 值进行 T 检验。

第一步：输入数据，“分析”→“比较平均值”→“独立样本 T 检验”，如图 7-12 所示。

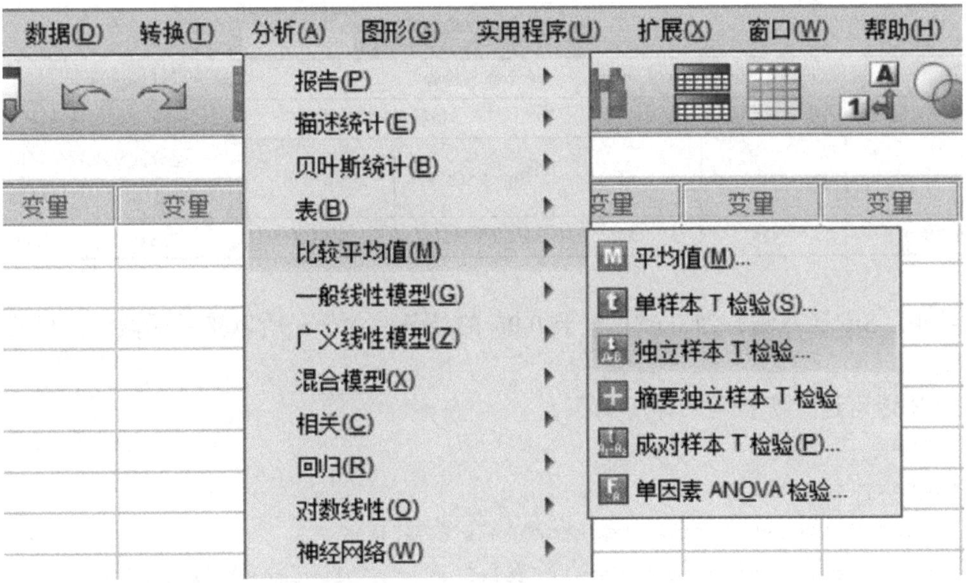

图 7-12　独立样本 T 检验步骤一

第二步：按要求设置，选择检验变量，点击“确定”，如图 7-13 所示。

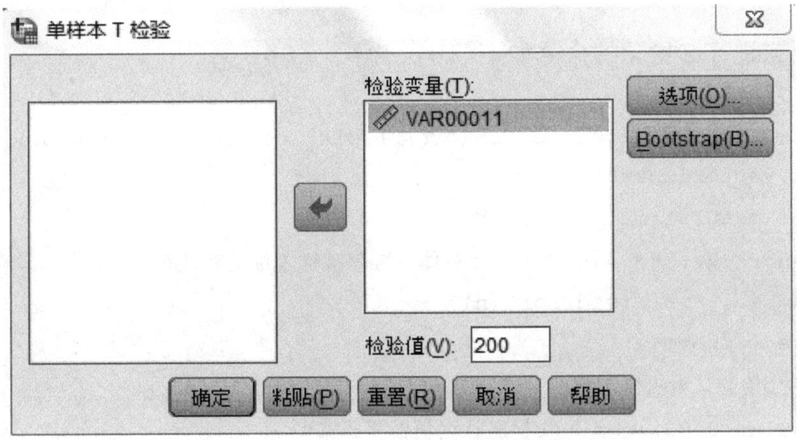

图 7-13　独立样本 T 检验步骤二

输出结果如表 7-1、表 7-2 所示。

表 7-1　单个样本统计量

单个样本统计量				
	N	均值	标准差	均值的标准误
VAR00011	30	200.466 70	5.958 09	1.087 79

表 7-2 单个样本检验

单个样本检验						
	检验值=200					
	t	df	Sig.（双侧）	均值差值	差分的 95%置信区间	
					下限	上限
VAR00011	0.429	29	0.671	0.4667	−1.7581	2.6915

结果：Sig.（双侧）为 0.671 大于 0.05 的显著性水平，所以接受原假设，机器正常工作。

用 R 语言进行 T 检验的命令如下。

```
alpha = 0.05
library(readxl);
setwd("C:\\Users\\sun\\Desktop\\教材数据")
data0 = as.matrix(read_excel("表7.1.xls",col_names = FALSE,))
x = as.vector(data0)
#双侧
t.test(x,mu=200)
#左侧
```

用 R 语言进行 Z 检验的命令如下。

```
library(readxl);
data0 = as.matrix(read_excel("表7.1.xls",col_names = FALSE,))
x = as.vector(data0)
xmean = mean(x);mu = 200;alpha = 0.05
n = length(x);std = sd(x)   #总体标准差被样本标准差代替
u = (xmean - mu)/(std/sqrt(n))
p_value = pnorm(u)
con = "U检验认为机器正常"
if(p_value<0.05){con ="U检验认为机器不正常"}
result = c("统计量",u,"p值",p_value,con)
print(result)
```

第 8 章

定性数据分析

8.1　拟合优度检验和独立性检验简介

本章将介绍拟合优度检验和独立性检验在 Excel、SPSS 和 R 软件中的实现。拟合优度检验适用于检验定性变量是否服从某种分布，独立性检验适用于检验两个定性变量之间是否相互独立，拟合优度检验和独立性检验的相同之处是都用卡方检验，在构造检验统计量时都是将观测频数与期望频数的差距进行对比。不同之处在于卡方检验的自由度不同：拟合优度检验的自由度是定性变量的分类数减 1；独立性检验的自由度等于列联表的行数减 1 乘以列数减 1。

8.2　拟合优度检验

8.2.1　拟合优度检验在 Excel 中的实现

【例 8.1】　拟合优度检验：人事部门希望了解员工请病假是否均匀分布在周一到周五，以便合理安排工作。如今抽取了 100 条病假记录，天数分布数据如图 8-1 所示。问：员工请病假的时间是否均匀分布在周一到周五？数据文件：例题 8.1 数据.xlsx。

G5　　=CHISQ.TEST(B2:F2,B3:F3)

	A	B	C	D	E	F	G
1	工作日	周一	周二	周三	周四	周五	合计
2	观测频数	17	27	10	28	18	100
3	期望频数	20	20	20	20	20	
4							
5						p-value	0.023391

图 8-1　天数分布数据

操作步骤如下。

（1）根据对分布的假定，将期望频数列出来。

（2）调用 CHISQ.TEST 函数“=CHISQ.TEST(B2:F2,B3:F3)”。

在 CHISQ.TEST(Actual_range,Expected_range)中，Actual_range 表示观测频数的区域，Expected_range 表示期望频数的区域。CHISQ.TEST 返回的是假设检验的 P 值。

本例 P 值是 0.023，所以在 0.05 的显著性水平下，拒绝“请病假的时间均匀分布在周一到周五”的原假设，从观测频数可以发现周三请病假的人数最少，周二和周四最多。

8.2.2 拟合优度检验在 SPSS 中的实现

将“例题 8.1 数据.xlsx”中表单“8.1SPSS”的数据导入 SPSS 中，或者直接打开“例题 8.1 SPSS 数据.sav”，如图 8-2 所示。“obs”表示病假记录的编号，“day”表示星期几。变量“day”的观测值是 Mon、Tue、Wed、Thu 和 Fri，是字符串变量，分别表示星期一到星期五，SPSS 无法对字符串变量进行分析，需要先将其转为数字。

图 8-2 例 8.1 SPSS 数据窗口

单击主菜单中的“转换”，在列表中单击“重新编码为不同变量…”（图 8-3）。

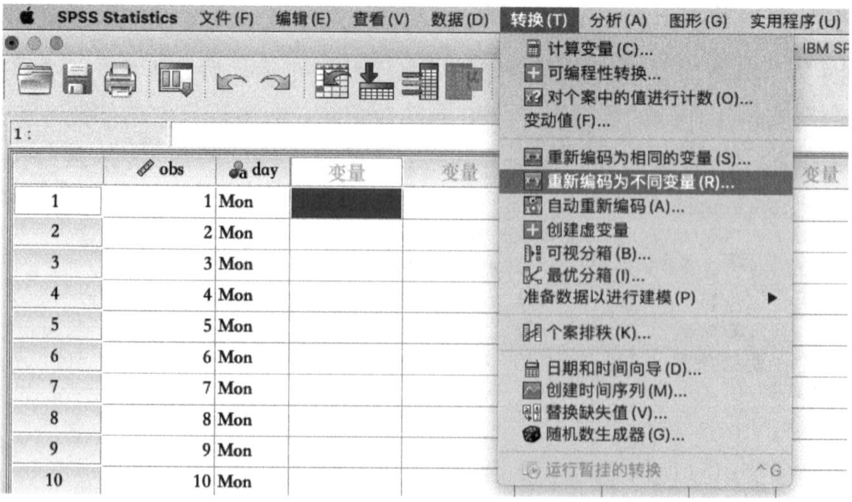

图 8-3 转换菜单

在出现的对话框中将变量“day”选中到中间区域，在输出变量中设置新变量的名称为“星期”，如图 8-4 所示。

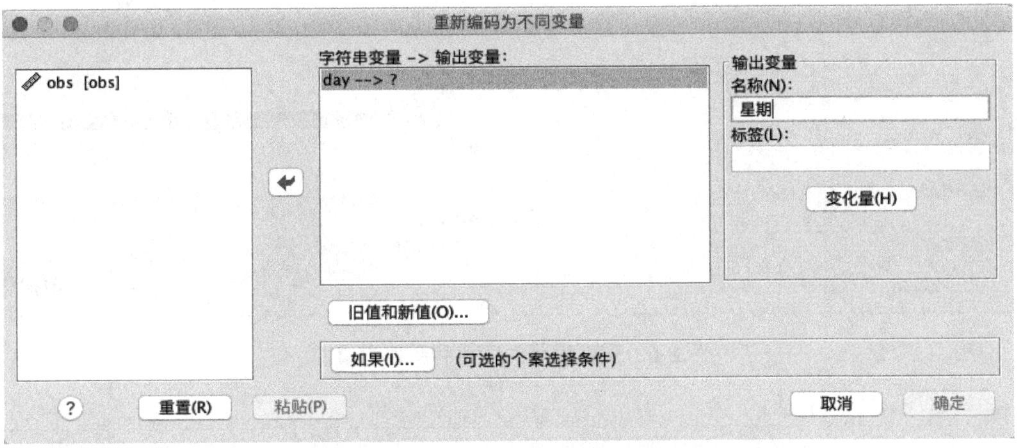

图 8-4　重新编码对话框

单击图 8-4 中的“旧值和新值…”按钮，弹开如图 8-5 所示的对话框，定义从旧值到新值的转换规则。将 Mon、Tue、Wed、Thu 和 Fri 的数值代码分别定义为 1 至 5，即在旧值栏目下填写 Mon，在新值栏目下填入数字 1，单击“添加”按钮。

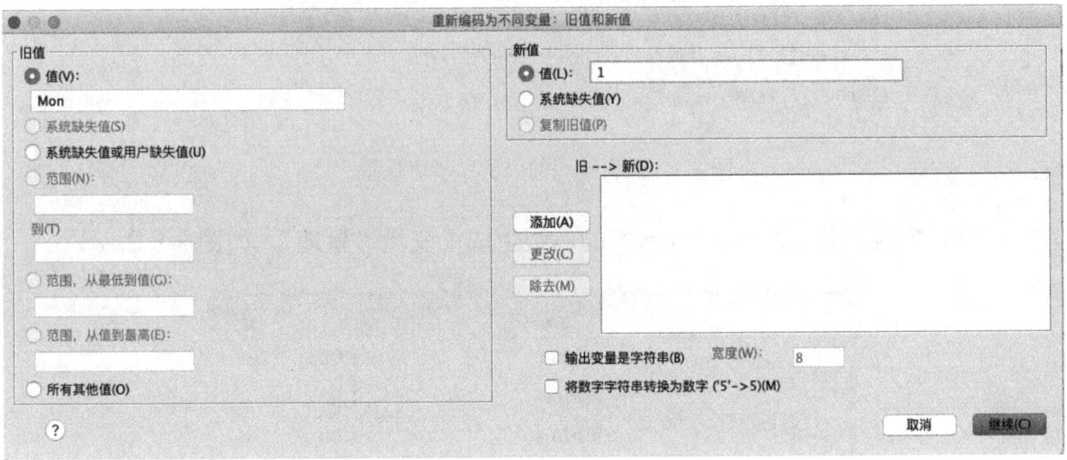

图 8-5　重新编码的旧值和新值设置一

按同样的步骤对 Tue、Wed、Thu 和 Fri 分别进行设置，设置好后，如图 8-6 所示。

在图 8-6 对话框右下区域显示了已定义的字符串到数值的转换规则，单击按钮“继续”，返回到主对话框，单击“变化量”按钮，使自定义的转换规则生效，此时，在图 8-7 的中间区域，可以看到字符串变量“day”已重新编码为“星期”变量，单击“确定”按钮。

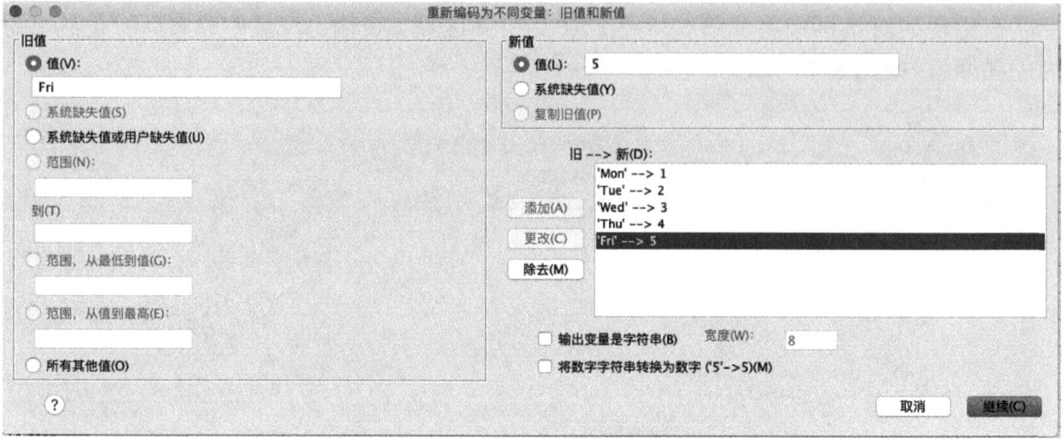

图 8-6　重新编码的旧值和新值设置二

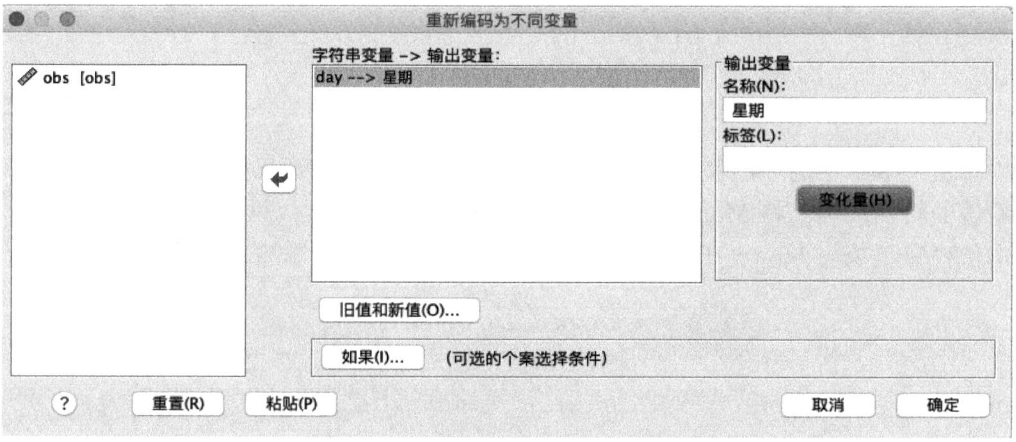

图 8-7　重新编码的旧值和新值设置三

返回到数据页面，此时在“day”的右边生成了变量“星期”，如图 8-8 所示。

	obs	day	星期	变量
1	1	Mon	1.00	
2	2	Mon	1.00	
3	3	Mon	1.00	
4	4	Mon	1.00	
5	5	Mon	1.00	
6	6	Mon	1.00	

图 8-8　创建的变量“星期”

单击主菜单“分析”下的“非参数检验”，单击“旧对话框”中的“卡方…”，如图 8-9 所示。

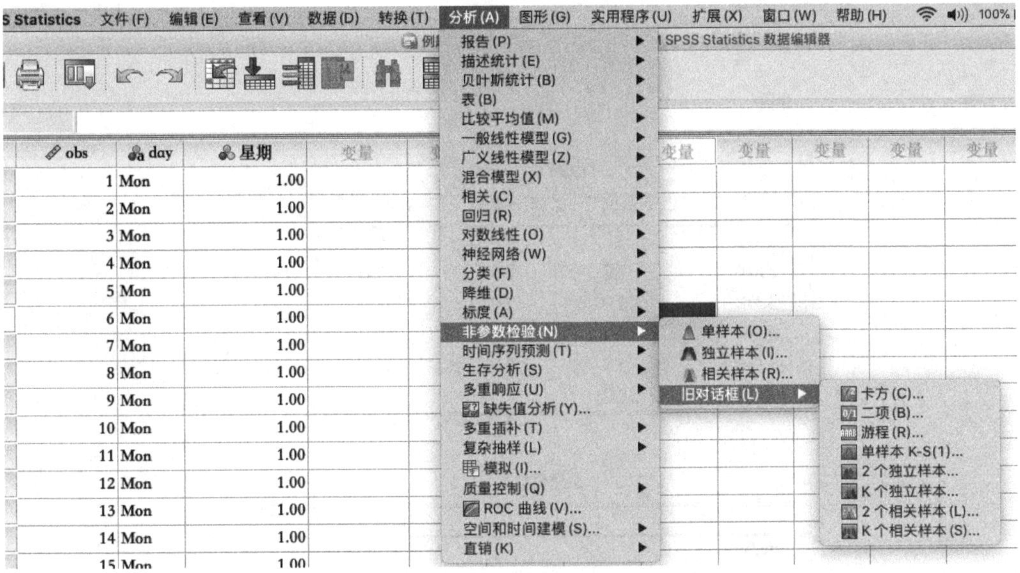

图 8-9 非参数检验菜单

在卡方检验对话框中，将“星期”选入检验变量列表，在下方期望值中选择“所有类别相等”，单击“确定”，如图 8-10 所示。

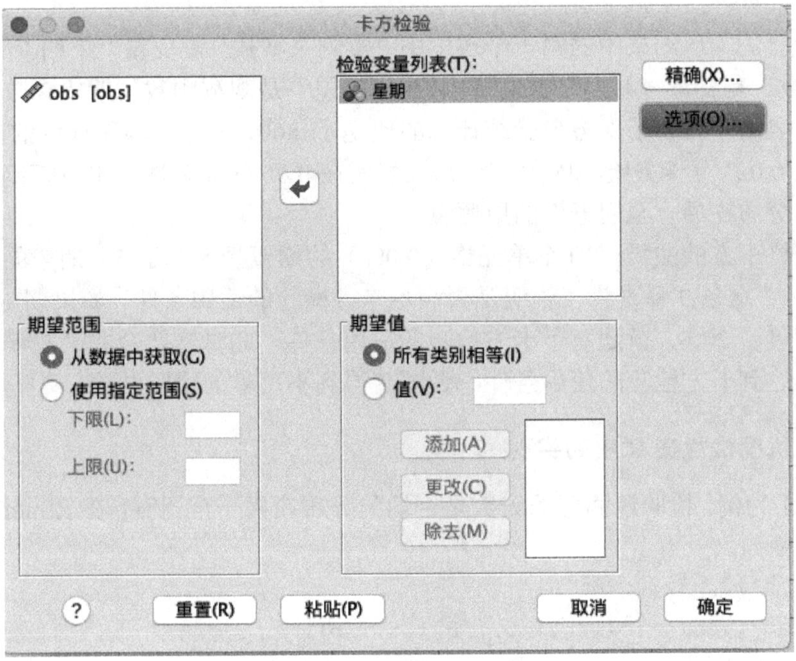

图 8-10 卡方检验对话框

卡方检验输出结果如图 8-11 所示。

卡方检验

频率

星期

	实测个案数	期望个案数	残差
1.00	17	20.0	-3.0
2.00	27	20.0	7.0
3.00	10	20.0	-10.0
4.00	28	20.0	8.0
5.00	18	20.0	-2.0
总计	100		

检验统计

	星期
卡方	11.300[a]
自由度	4
渐近显著性	.023

a. 0 个单元格 (0.0%) 的期望频率低于 5。期望的最低单元格频率为 20.0。

图 8-11 卡方检验输出结果（例 8.1）

卡方检验的输出结果中的第一个表格中“实测个案数”是变量“星期”的观测频数，“期望个案数”是变量“星期”的期望频数，“残差”是观测频数与期望频数的差。

第二个表格中报告了卡方检验统计量的值是 11.300，卡方检验统计量的自由度是 4，渐近显著性 0.023 是卡方检验的 P 值。结果表明在 0.05 的显著性水平下拒绝了“请病假的天数均匀分布在周一至周五”的原假设。

注意表格下方的注释：“0 个单元格（0.0%）的期望频率低于 5。期望的最低单元格频率为 20.0。”这条注释是为了说明是否满足卡方检验的适用条件。如果期望频数小于 5 的单元格超过了 20%，就违背了卡方检验的适用条件。此时需要合并某些期望频数太小的类别，以达到卡方检验的使用条件，否则会得到不可靠的检验结论。

8.2.3 拟合优度检验在 R 中的实现

以例 8.1 为例，检验请病假的天数是否均匀分布在周一至周五。在 RStudio 的命令窗口录入如下命令。

```
day <- c(17,27,10,28,18)
expected_prob <- c(1/5,1/5,1/5,1/5,1/5)
chisq.test(day,p = expected_prob)
```

第 1 行命令：将 100 个病假记录在周一至周五分布的天数保存到向量 day 中。

第 2 行命令：在均匀分布的假定下，在周一至周五每天请假的概率均为 1/5，期望概率保存到向量 expected_prob。

第 3 行命令：调用 chisq.test()函数，该函数第一个参数是观测频数向量，第二个参数是期望概率向量。注意“p=…”等号后要指定的不是期望频数向量，而是期望概率向量，所有期望概率的和为 1。

图 8-12 是上述命令的输出结果。X-squared 是卡方检验统计量的值，为 11.3；df 是卡方检验统计量的自由度，为 4；p-value 是 P 值，为 0.023 39。

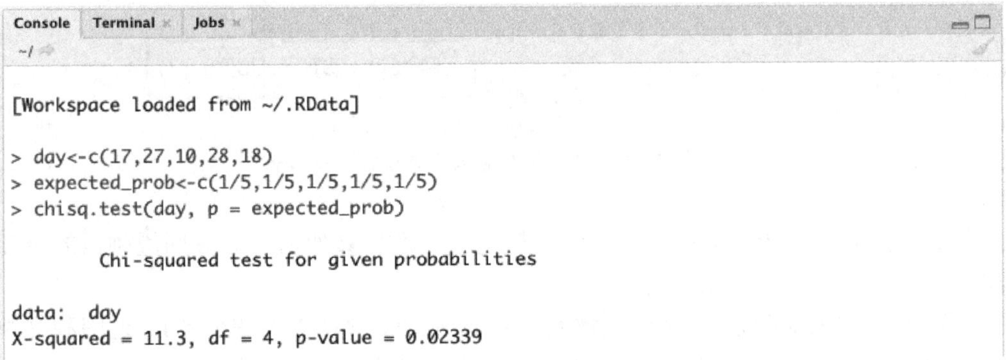

图 8-12　卡方检验输出结果

结果表明在 0.05 的显著性水平下拒绝了“请病假的天数均匀分布在周一至周五”的原假设。

8.3　独立性检验

8.3.1　独立性检验在 Excel 中的实现

【例 8.2】　独立性检验：对 150 名啤酒消费者进行了调查，统计出消费者性别和对啤酒口味偏好的数据如表 8-1 所示，问：消费者的性别和对啤酒口味偏好之间是否独立？数据文件：例题 8.2 数据.xlsx。

表 8-1　消费者性别和对啤酒口味偏好的列联表

性别	淡啤酒	普通啤酒	黑啤酒	合计
男性	20	40	20	80
女性	30	30	10	70
合计	50	70	30	150

操作步骤如下。

（1）打开“例题 8.2 数据.xlsx”，根据独立性假定，计算期望频数，如图 8-13 所示。

	A	B	C	D	E	F
1	观测频数	淡啤酒	普通啤酒	黑啤酒	合计	
2	男性	20	40	20	80	
3	女性	30	30	10	70	
4	合计	50	70	30	150	
5	期望频数	淡啤酒	普通啤酒	黑啤酒		
6	男性	27	37	16		
7	女性	23	33	14		
8					0. 0468	
9						
10						
11						

=CHISQ.TEST(B2:D3,B6:D7)

图 8-13　卡方检验计算过程

在 B6 中输入“=B$4*E$2/150”，然后拖动填充柄将其他需要计算期望频数的单元格自动填充。

（2）运用 CHISQ.TEST 函数，输入“=CHISQ.TEST(B2:D3,B6:D7)”返回独立性检验的 *P* 值。

独立性检验的 *P* 值是 0.0468，表明在 0.05 的显著性水平下，拒绝“消费者性别和对啤酒口味偏好相互独立”的原假设。

注意卡方检验的适用性条件：①如果只有两个类别，则每个类别的期望频数大于或等于 5；②如果有多个类别，则期望频数小于 5 的比例不能超过 20%。需要注意计算出来的期望频数是否满足卡方检验的适用条件。如果不满足，需要合并某些期望频数太小的类别，以达到卡方检验的使用条件，否则会得到不可靠的检验结论。

8.3.2　独立性检验在 SPSS 中的实现

打开数据文件“例题 8.2 SPSS 数据.sav”，如图 8-14 所示，“obs”表示观测值编号，“taste”表示啤酒的口味，“sex”表示性别。

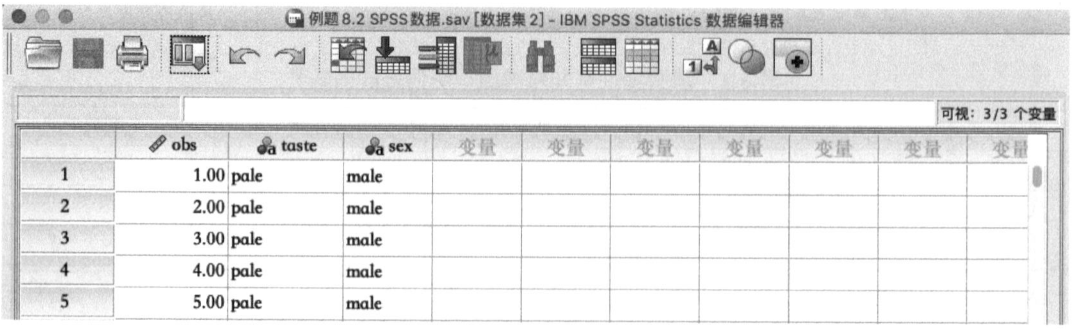

图 8-14　SPSS 数据窗口

单击“分析”→“描述统计”→“交叉表…”，如图 8-15 所示。

图 8-15　分析下的交叉表

在“交叉表”对话框中，将变量“sex”选入“行”，将变量“taste”选入“列”，如图 8-16 所示。

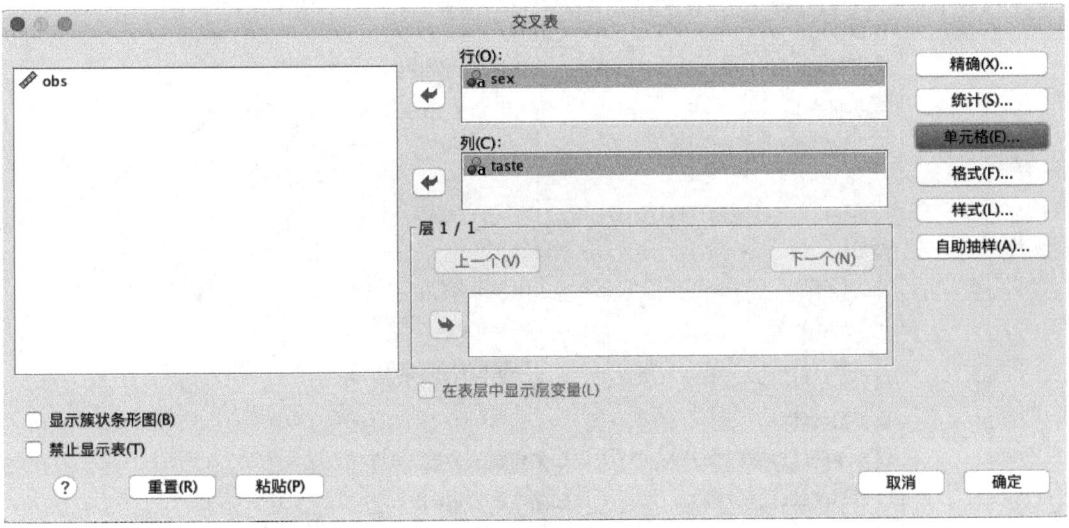

图 8-16　交叉表对话框

单击“交叉表”对话框中的“统计”按钮，在“交叉表：统计”对话框中勾选“卡方”，单击“继续”，如图 8-17 所示。

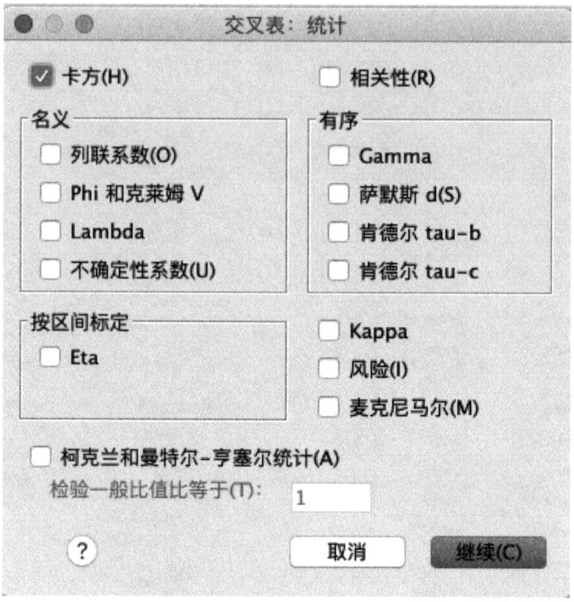

图 8-17　交叉表：统计对话框

单击“交叉表”对话框中的“单元格”按钮，在“交叉表：单元格显示”对话框中勾选“实测”和“期望”，单击“继续”，如图 8-18 所示。

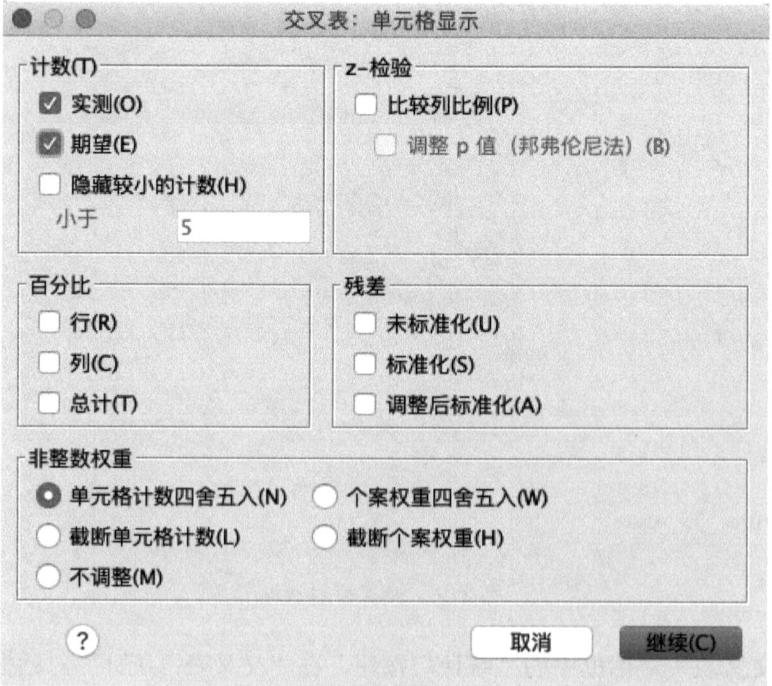

图 8-18　交叉表：单元格显示对话框

卡方检验输出结果如图 8-19 所示。

sex * taste 交叉表

			taste			
			dark	ordinary	pale	总计
sex	female	计数	10	30	30	70
		期望计数	14.0	32.7	23.3	70.0
	male	计数	20	40	20	80
		期望计数	16.0	37.3	26.7	80.0
总计		计数	30	70	50	150
		期望计数	30.0	70.0	50.0	150.0

卡方检验

	值	自由度	渐进显著性（双侧）
皮尔逊卡方	6.122[a]	2	.047
似然比	6.178	2	.046
有效个案数	150		

a. 0 个单元格 (0.0%) 的期望计数小于 5。最小期望计数为 14.00。

图 8-19　卡方检验输出结果（例 8.2）

male 为男性，female 为女性；dark 为黑啤酒，ordinary 为普通啤酒，pale 为淡啤酒

在交叉表中报告了性别和口味的列联表，计数行代表观测频数，期望计数代表了独立性假定下的期望频数。在“卡方检验”表格中“皮尔逊卡方”的值为 6.122，就是卡方检验统计量的值，其自由度为 2，“渐进显著性（双侧）”下列示的 0.047，就是卡方检验的 P 值。结果表明在 0.05 的显著性水平下，拒绝了“消费者性别和对啤酒口味偏好相互独立”的原假设。从交叉表中可以发现，男性中喜欢黑啤酒（dark）、普通啤酒（ordinary）的比重比女性高，女性中喜欢淡啤酒（pale）的比重比男性高。

8.3.3　独立性检验在 R 中的实现

以例 8.2 为例，检验消费者性别与对啤酒口味偏好之间是否独立。对 150 名啤酒消费者进行了调查，统计出消费者性别和对啤酒口味偏好的数据如表 8-1 所示。

在 RStudio 的命令窗口录入如下命令。

```
A <- rbind(c(20,40,20),c(30,30,10))
chisq.test(A)
chisq.test(A)$expected
chisq.test(A)$observed
```

第 1 行命令：将观测频数看成 2 行 3 列的矩阵，将其保存到矩阵 A 中。rbind()就是将括号中的向量以行的形式合并成一个矩阵，*c*(20,40,20)作为矩阵的第一行，*c*(30,30,10)

作为矩阵的第二行。

第 2 行命令：调用 chisq.test()函数，当括号中是矩阵时，将进行独立性检验，无须指定期望概率。

第 3 行命令：chisq.test(A)$expected 表示返回独立性假定下的期望频数。

第 4 行命令：chisq.test(A)$observed 表示返回独立性假定下的观测频数。

图 8-20 展示了上述命令的输出结果。X-squared 是卡方检验统计量的值，为 6.1224；df 是卡方检验统计量的自由度，为 2；p-value 是 P 值，为 0.046 83。结果表明在 0.05 的显著性水平下，拒绝了“消费者性别和对啤酒口味偏好相互独立”的原假设。

```
Console  Terminal  R Markdown  Jobs
~/
> A<-rbind(c(20,40,20),c(30,30,10))
> chisq.test(A)

        Pearson's Chi-squared test

data:  A
X-squared = 6.1224, df = 2, p-value = 0.04683

> chisq.test(A)$expected
         [,1]     [,2] [,3]
[1,] 26.66667 37.33333   16
[2,] 23.33333 32.66667   14
> chisq.test(A)$observed
     [,1] [,2] [,3]
[1,]   20   40   20
[2,]   30   30   10
>
```

图 8-20　独立性检验输出结果

图 8-20 中，chisq.test(A)$expected 和 chisq.test(A)$observed 这两行命令下方分别列出了期望频数矩阵和观测频数矩阵。

在 R 中实现拟合优度检验和独立性检验调用的都是 chisq.test()函数，在拟合优度检验中，需要在 chisq.test()函数中指定期望频率；而在独立性检验中，无须在 chisq.test()函数中指定期望频率。

第9章

方差分析

9.1 方差分析简介

本章介绍方差分析在 Excel、SPSS 和 R 软件中的实现。方差分析的本质是检验多个总体的均值是否相等，这多个总体通常是根据定性变量来划分的。当依据单个定性变量划分出多个总体时，是单因素方差分析；当依据两个定性变量划分出多个总体时，是双因素方差分析。在双因素方差分析中，又根据是否有重复观测，分为无重复双因素方差分析和可重复双因素方差分析。

9.2 单因素方差分析

9.2.1 单因素方差分析在 Excel 中的实现

【例 9.1】 对边接应、防守和进攻三类位置上的 40 名球员的评分数据进行单因素方差分析，在 0.05 的显著性水平下，检验球员的不同位置对球员的评分是否有显著影响。数据文件：例题 9.1 数据.xlsx［数据来源：《商务与经济统计》（*Statistics for Business and Economics*），9 版，第 13 章第 53 页，如图 9-1 所示］。

操作步骤如下。

（1）将数据整理成如图 9-2 所示的格式。

（2）调用数据分析加载项，选择“方差分析：单因素方差分析”，如图 9-3 所示。

	A	B	C	D	E	F
1	边接应		防守		进攻	
2	**Wide Receiver**		**Guard**		**Offensive Tackle**	
3	**Name**	**Rating**	**Name**	**Rating**	**Name**	**Rating**
4	Peter Warrick	9	Cosey Coleman	7.4	Chris San	8.5
5	Plaxico Burress	8.8	Travis Claridge	7	Stockar N	8
6	Sylvester Morris	8.3	Kaulana Noa	6.8	Chris Mc	7.8
7	Travis Taylor	8.1	Leander Jordan	6.7	Adrian K	7.6
8	Laveranues Coles	8	Chad Clifton	6.3	Todd Wa	7.3
9	Dez White	7.9	Manula Savea	6.1	Marvel Si	7.1
10	Jerry Porter	7.4	Ryan Johanning	6	Michael T	6.8
11	Ron Dugans	7.1	Mark Tauscher	6	Bobby W	6.8
12	Todd Pinkston	7	Blaine Saipaia	6	Darnell A	6.4
13	Dennis Northcutt	7	Richard Mercie	5.8	Terrance	6.3
14	Anthony Lucas	6.9	Damion McInto	5.3	Tutan Rey	6.1
15	Darrell Jackson	6.6	Jeno James	5	Greg Rob	6
16	Danny Farmer	6.5	Al Jackson	5		
17	Sherrod Gideon	6.4				
18	Trevor Gaylor	6.2				

图 9-1　例 9.1 数据

	A	B	C
22	边接应	防守	进攻
23	9	7.4	8.5
24	8.8	7	8
25	8.3	6.8	7.8
26	8.1	6.7	7.6
27	8	6.3	7.3
28	7.9	6.1	7.1
29	7.4	6	6.8
30	7.1	6	6.8
31	7	6	6.4
32	7	5.8	6.3
33	6.9	5.3	6.1
34	6.6	5	6
35	6.5	5	
36	6.4		
37	6.2		
38			
39			

图 9-2　整理数据

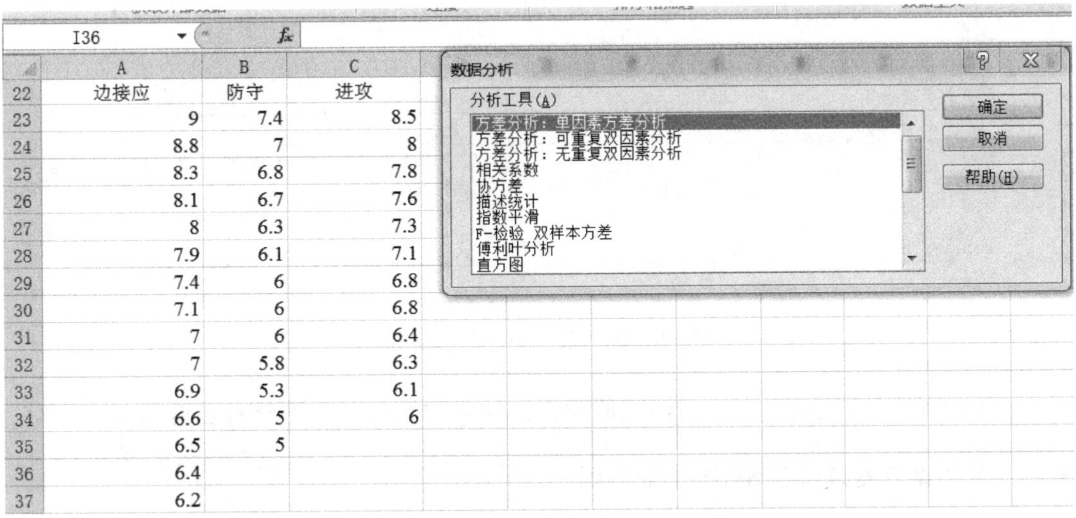

图 9-3　数据分析对话框（一）

（3）在输入区域中框选数据区域，如果将“因子水平”（边接应、防守和进攻）也选中，要勾选“标志位于第一行”，如图 9-4 所示。

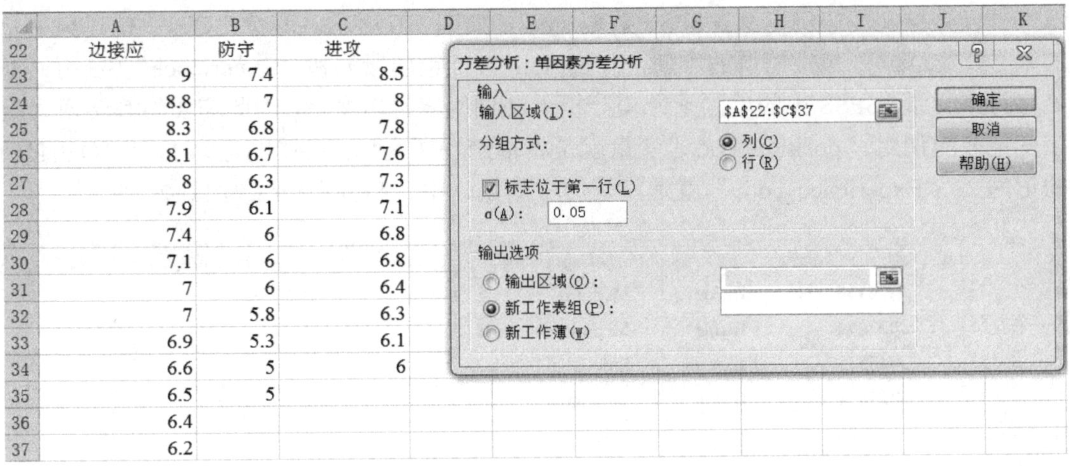

图 9-4　单因素方差分析对话框

（4）单因素方差分析输出结果如图 9-5 所示。

	A	B	C	D	E	F	G
40							
41	SUMMARY						
42	组	观测数	求和	平均	方差		
43	边接应	15	111.2	7.413333	0.784095		
44	防守	13	79.4	6.107692	0.547436		
45	进攻	12	84.7	7.058333	0.640833		
46							
47							
48	方差分析						
49	差异源	SS	df	MS	F	P-value	F crit
50	组间	12.40202	2	6.20101	9.328341	0.000524	3.251924
51	组内	24.59573	37	0.664749			
52							
53	总计	36.99775	39				
54							

图 9-5 单因素方差分析输出结果

在 0.05 的显著性水平下，拒绝了原假设。球员位置对球员评分有显著影响。

9.2.2 单因素方差分析在 SPSS 中的实现

【例 9.2】 为了研究推销员的资历和推销场所与年薪之间的关系，将资历分成 Low（低，10 年及以下）、Medium（中，10 年以上 20 年及以下）和 High（高，20 年以上 30 年及以下），推销场所分为 Inside（室内）和 Outside（户外）两个类别，数据文件：例题 9.2 SPSS 数据.sav（数据来源：《商务与经济统计》（*Statistics for Business and Economics*），9 版，第 13 章，案例 13-2）。问：利用单因素方差分析，在 0.05 的显著性水平下，资历对年薪是否有显著影响？推销场所对年薪是否有显著影响？

打开数据文件“例题 9.2 SPSS 数据.sav”，如图 9-6 所示。变量“Obs”是观测单元的编号，“Salary”是推销员的年薪，“Position”（推销场所）和“Experience”（资历）都是字符串变量。SPSS 中的单因素方差分析无法调用字符串变量，因此需要将其转换为数字变量才能调用。“position_code”变量就是将推销场所为“Inside”的记为 1，为“Outside”的记为 2；“Experience_code”就是将资历中的低、中、高分别记录为 1、2、3。

	Obs	Salary	Position	Experience	position_code	Experience_code	变量
1	1	28938	Inside	Medium	1	2	
2	2	27694	Inside	Medium	1	2	
3	3	45515	Outside	Low	2	1	
4	4	27031	Inside	Medium	1	2	
5	5	37283	Outside	Low	2	1	
6	6	32718	Inside	Low	1	1	
7	7	54081	Outside	High	2	3	
8	8	23621	Inside	Low	1	1	

图 9-6 SPSS 数据文件窗口

单击“变量”视图卡片，单击 position_code 的“值”对应的单元，对数值代码添加标签，如图 9-7 所示，在值中填 1，在标签中填 inside，然后单击“添加”，记录数值代码的实际含义，方便对数据和结果进行解读。

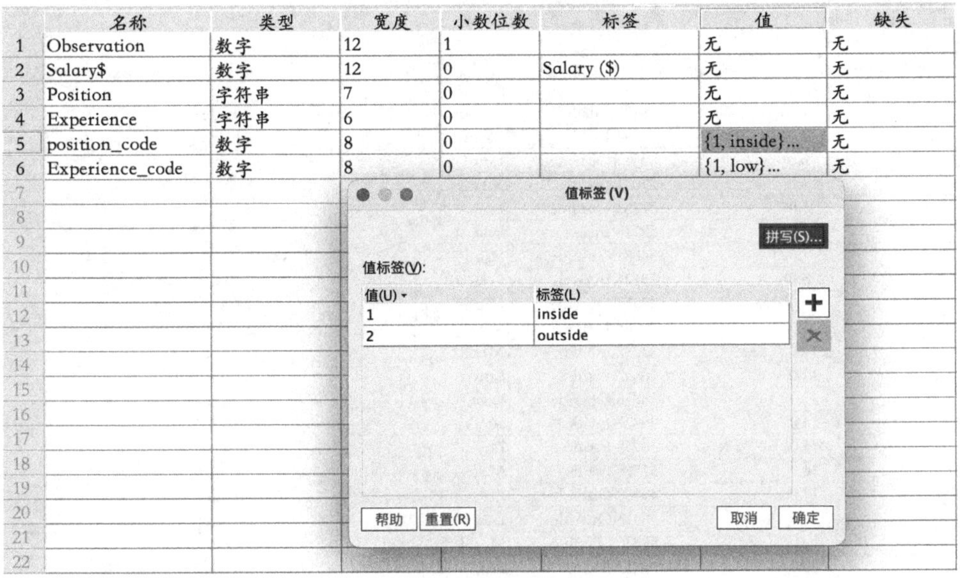

图 9-7　设置值标签

利用同样的步骤，单击“变量”视图卡片，单击 Experience_code 的“值”对应的单元，对数值代码添加标签，如图 9-8 所示，对 Experience_code 的数值 1、2、3 分别添加了标签“low”“medium”“high”。

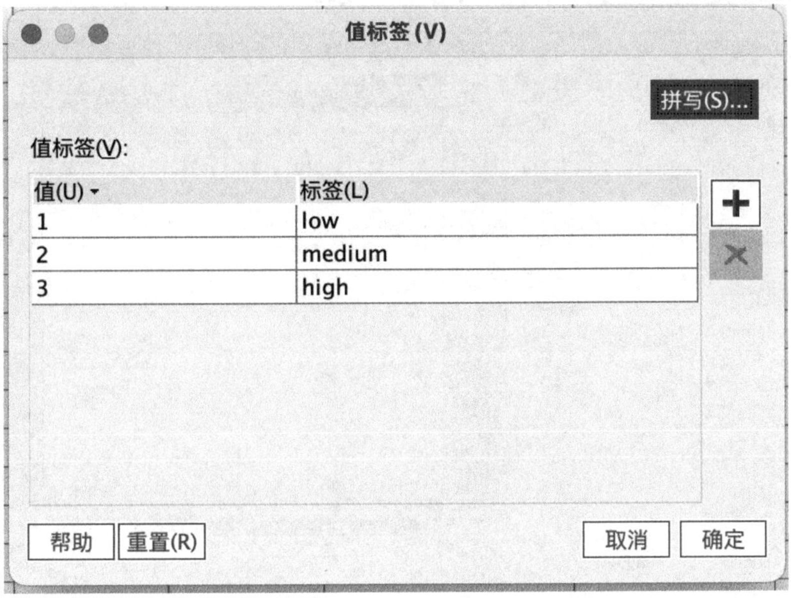

图 9-8　值标签对话框

单击主菜单“分析”→“比较平均值和比例”→“单因素 ANOVA 检验…”，如图 9-9 所示。

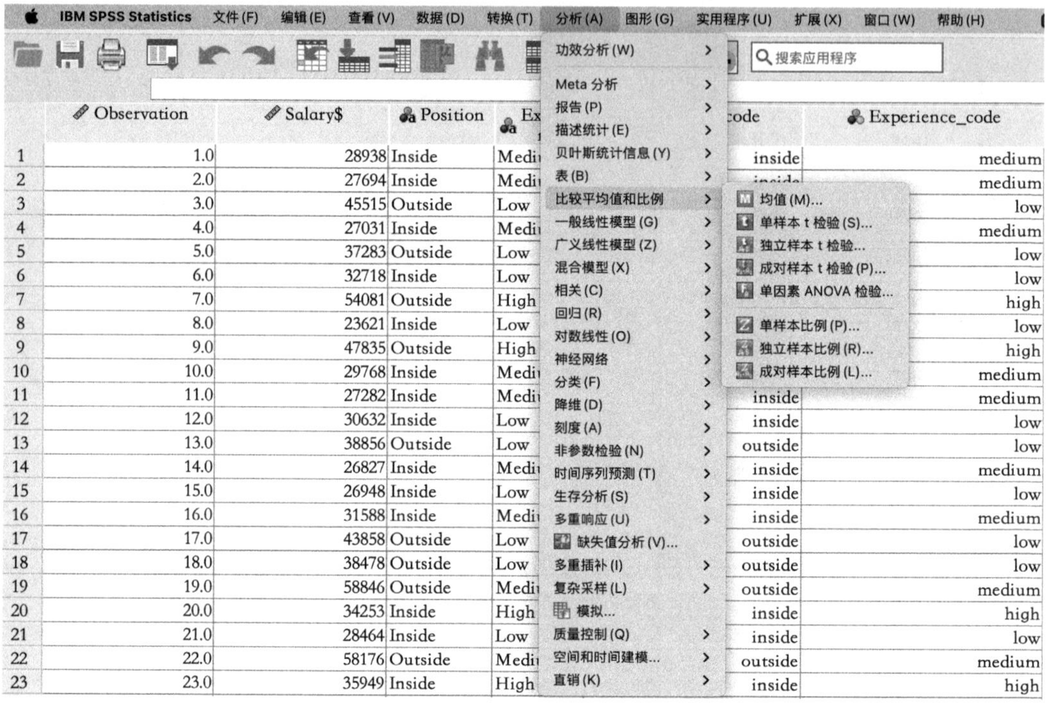

图 9-9 分析菜单（一）

在弹开的“单因素 ANOVA 检验”中将变量“Salary”选入“因变量列表”，将“position_code”选入“因子”中，如图 9-10 所示。

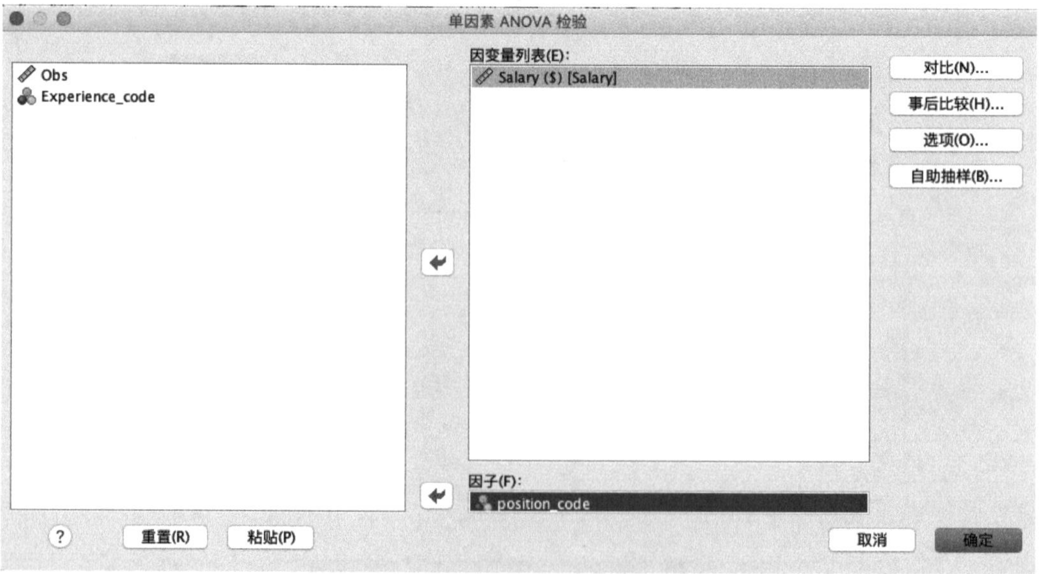

图 9-10 单因素方差分析 SPSS 对话框

单击“选项”按钮，在图 9-11 中勾选“统计”栏目中“描述”，单击“继续”，然后单击图 9-10 中的“确定”按钮。

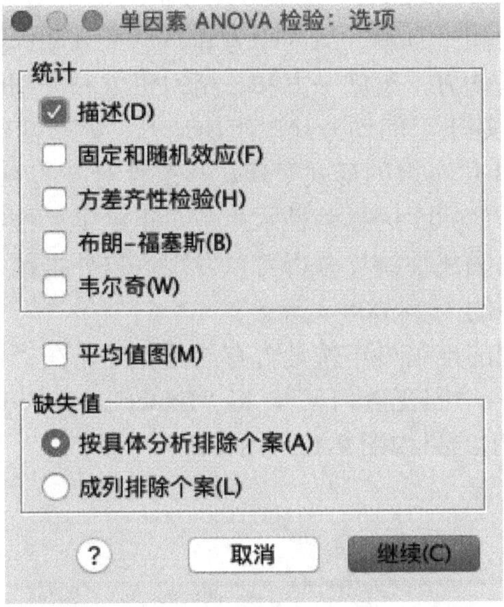

图 9-11　单因素方差选项对话框

勾选“统计”栏目中的“描述”将会在输出结果中报告不同的因子水平下定量变量的描述性统计量，得到更加丰富的输出结果，如图 9-12 所示。

描述

Salary ($)

	个案数	平均值	标准 偏差	标准 错误	平均值的 95% 置信区间 下限	平均值的 95% 置信区间 上限	最小值	最大值
Inside	60	31020.52	3589.826	463.445	30093.17	31947.87	23621	39562
Outside	60	48830.43	7922.960	1022.850	46783.72	50877.15	35259	63730
总计	120	39925.48	10838.673	989.431	37966.30	41884.65	23621	63730

ANOVA

Salary ($)

	平方和	自由度	均方	F	显著性
组间	9.516E+9	1	9.516E+9	251.540	.000
组内	4.464E+9	118	37830076.6		
总计	1.398E+10	119			

图 9-12　单因素方差分析输出结果（一）

第一个表格“描述”报告了因子 position_code 分别为 Inside 和 Outside 的分组时，年薪的平均值、样本标准差（即表中的“标准偏差”）、样本均值的标准误（即表中的“标准错误”，SPSS 汉化版翻译得不够准确）、平均值的 95%置信区间以及最大值和最小值。

从数据中可以看出，推销场所为室内的推销员年薪的均值为 31 020.52 美元，推销场所为户外的推销员年薪的均值为 48 830.43 美元，二者之间差距明显。

第二个表格“ANOVA”报告了单因素方差分析的输出结果，呈现了 F 检验统计量的构造过程，第二列是组间平方和、组内平方和与总平方和；第三列是前述三个平方和对应的自由度；第四列是均方，组间平方和、组内平方和分别除以各自的自由度得到组间均方和组内均方；F 值等于组间均方除以组内均方，显著性代表了 F 检验的 P 值接近 0.000。因为所有数值以 3 位小数的形式呈现，显著性对应的 0.000，代表真实的 P 值比 0.001 还要小。结果表明在 0.05 的显著性水平下，拒绝了“推销场所对年薪没有显著影响”的原假设，从前文的描述性统计分析可以发现，户外推销员年薪明显高于室内推销员，二者之间的平均差距约为 18 000 美元。

如果要讨论资历不同的推销员年薪是否有显著差异，在“单因素 ANOVA 检验”对话框中，将“Salary”选入“因变量列表”，将“Experience_code”选入“因子”，在“选项”中勾选“描述”，输出结果如图 9-13 所示。

描述

Salary ($)

	个案数	平均值	标准 偏差	标准 错误	平均值的 95% 置信区间		最小值	最大值
					下限	上限		
Low	40	34819.63	6005.055	949.483	32899.12	36740.13	23621	46345
Medium	40	43618.13	13621.377	2153.729	39261.80	47974.45	26246	63730
High	40	41338.68	9699.513	1533.628	38236.62	44440.73	26027	54081
总计	120	39925.48	10838.673	989.431	37966.30	41884.65	23621	63730

ANOVA

Salary ($)

	平方和	自由度	均方	F	显著性
组间	1.668E+9	2	834050050	7.926	.001
组内	1.231E+10	117	105227717		
总计	1.398E+10	119			

图 9-13 单因素方差分析输出结果（二）

单因素方差分析 F 检验的 P 值为 0.001，在 0.05 的显著性水平下拒绝了“资历对年薪没有显著影响”的原假设，也就意味着资历不同的推销员，其年薪存在显著差异。从“描述”表格中可以看到，低资历的推销员年薪的均值为 34 819.63 美元，而中等资历的推销员年薪的均值为 43 618.13 美元，高资历的推销员年薪的均值为 41 338.68 美元。整体而言，中等资历的推销员在三类人群中年薪最高。

9.2.3 单因素方差分析在 R 中的实现

本节沿用例 9.1，利用单因素方差分析讨论球员位置对球员评分是否有显著影响。

首先将数据文件“例题 9.1 数据.xlsx”工作表“R”中的数据（图 9-14）导入 RStudio。

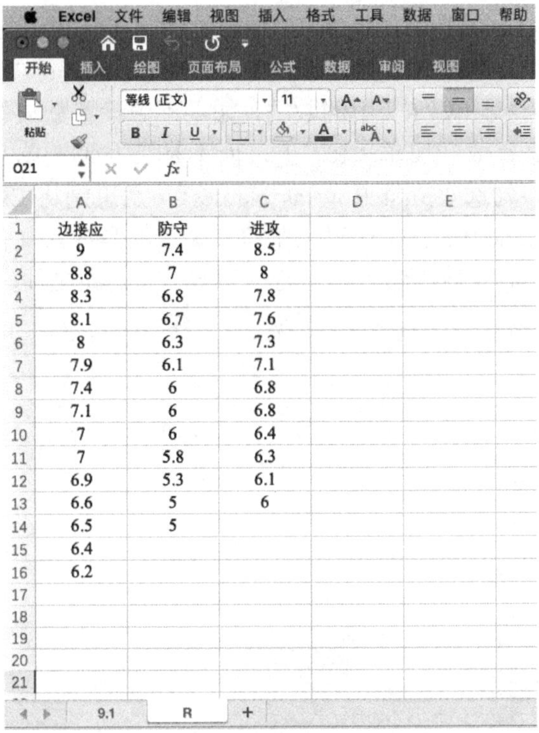

图 9-14　单因素方差数据结构

单击 RStudio 主菜单“File”(文件)→“Import Dataset”(导入数据集)→“From Excel…”(从 Excel…)(图 9-15)，弹出“Import Excel Data”(导入 Excel 数据)的对话框。

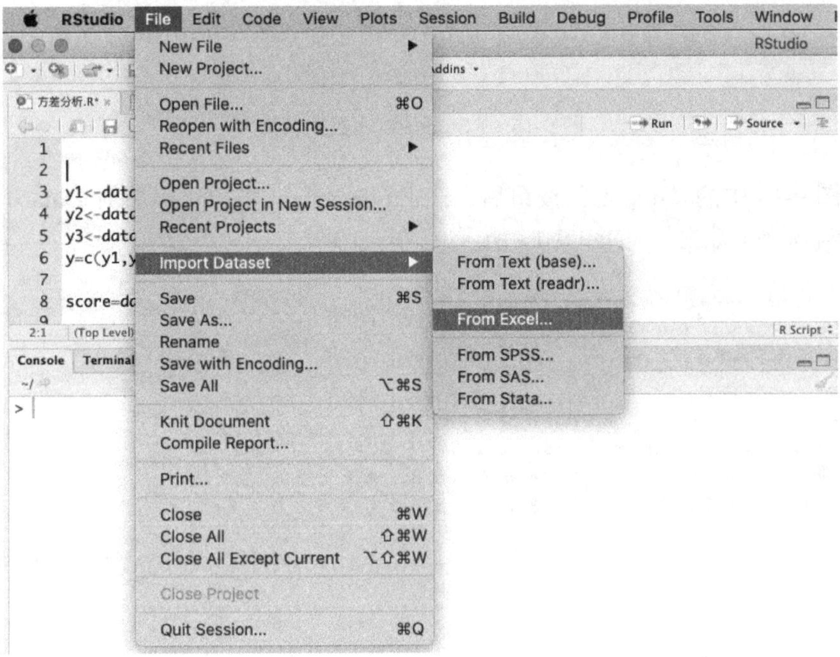

图 9-15　RStudio 导入数据菜单

单击“Import Excel Data”对话框中“File/URL:”右侧的“Browse…”（浏览）按钮，找到要导入的数据文件“例题 9_1 数据.xlsx”，在下方“Import Options：”栏目下，指定要导入的是 Excel 文件中表单“R”中的数据，如果不做设置默认的是导入第一张表单中的数据，因为此处数据存放在表单“R”上，而不是第一张表单，所以需要通过下拉按钮勾选表单名称“R”。勾选“First Row as Names”，意思是将 Excel 文件中数据的第一行作为变量名称。在 Code Preview 代码预览窗口显示的是导入文件的代码，对这一过程熟练后，也可以通过在命令窗口输入和运行代码导入 Excel 文件，如图 9-16 所示。

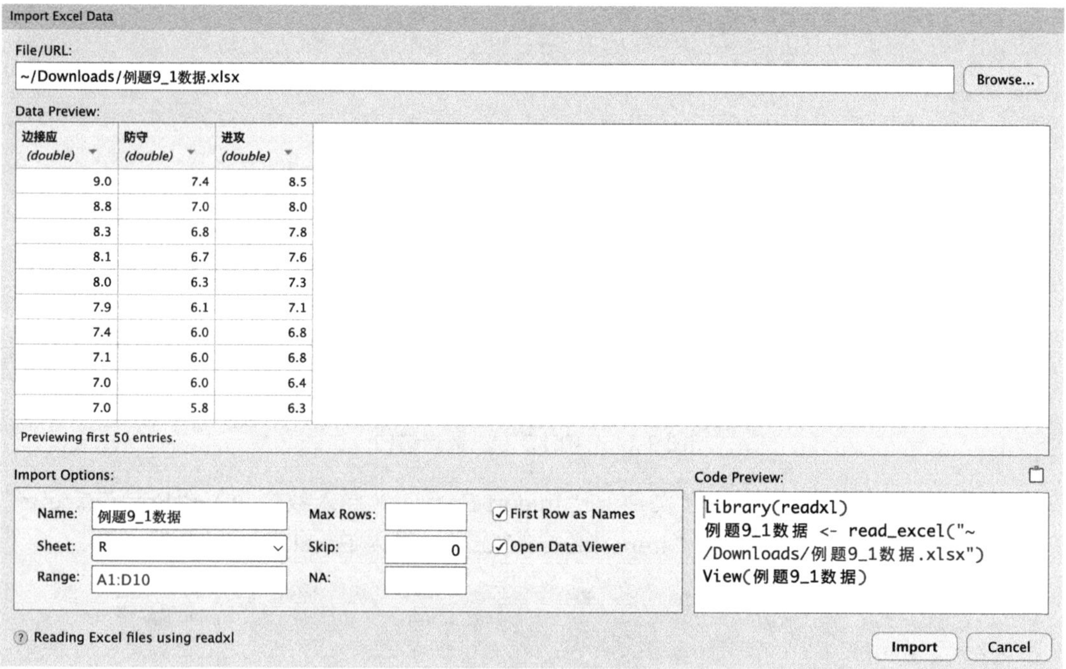

图 9-16　RStudio 导入数据窗口

单击图 9-16 中的“Import”按钮后，在 Environment 窗口可以看到 Data 下方列示了导入的“例题 9_1 数据”，如图 9-17 所示。

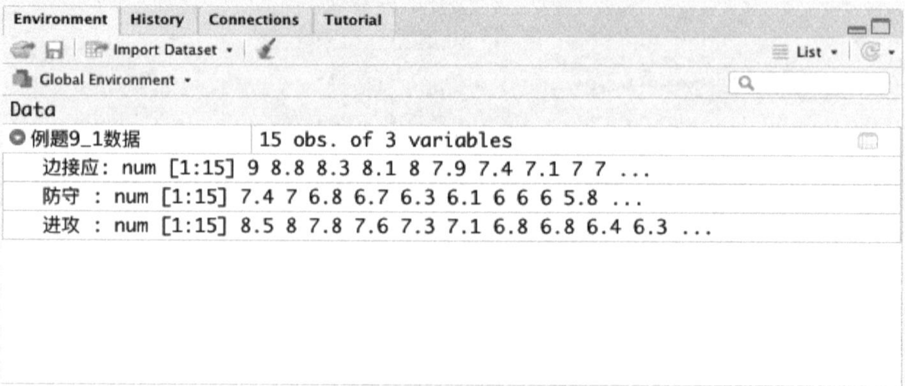

图 9-17　Environment 窗口

单击图 9-17 中“例题 9_1 数据”右侧的表单按钮，可以预览其数据，如图 9-18 所示。

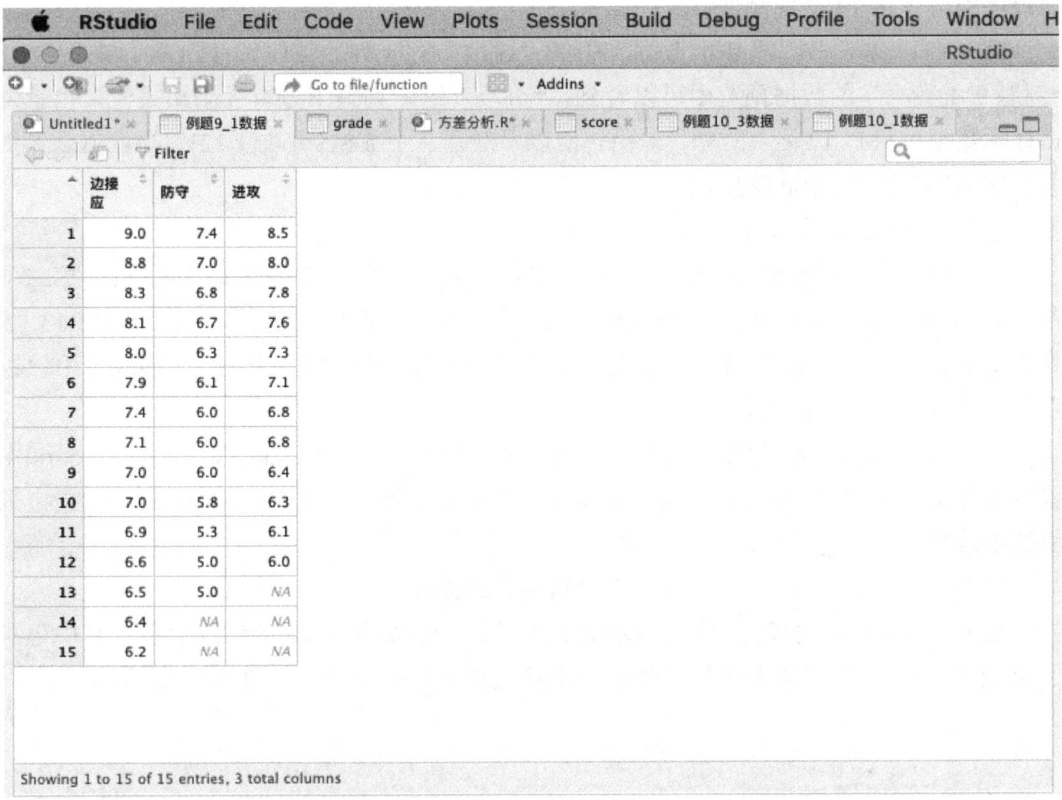

	边接应	防守	进攻
1	9.0	7.4	8.5
2	8.8	7.0	8.0
3	8.3	6.8	7.8
4	8.1	6.7	7.6
5	8.0	6.3	7.3
6	7.9	6.1	7.1
7	7.4	6.0	6.8
8	7.1	6.0	6.8
9	7.0	6.0	6.4
10	7.0	5.8	6.3
11	6.9	5.3	6.1
12	6.6	5.0	6.0
13	6.5	5.0	NA
14	6.4	NA	NA
15	6.2	NA	NA

图 9-18　数据卡片窗口

接下来在命令窗口，录入如下命令。

```
library(readxl);
setwd("C:\\Users\\sun\\Desktop\\教材数据")    #数据的路径
例题9_1数据 = as.data.frame( read_excel("例题9.1数据.xls"))    #读取数据
y1 <- 例题9_1数据$边接应
y2 <- 例题9_1数据$防守[1:13]
y3 <- 例题9_1数据$进攻[1:12]
y <- c(y1,y2,y3)
A = rep(1,length(y) ); A[16:28] = 2;  A[29:length(y)] =3
score <- data.frame(y,A = A)
score.aov <- aov(y ~ A, data = score)
summary(score.aov)
```

第 4 行：提取“例题 9_1 数据”中的“边接应”这一列的数值保存到 $y1$。

第 5 行：提取“例题 9_1 数据”中的“防守”这一列的数值保存到 $y2$。在图 9-18

“例题 9_1 数据”的数据预览中可以看到，“防守”这一列最下方有 2 个缺失值，也就是在样本数据中只有 13 名“防守”球员，所以“例题 9_1 数据$防守[1:13]”的意思是只提取该序列第 1 至 13 个观测值。

第 6 行：提取“例题 9_1 数据”中的“进攻”这一列的数值保存到 $y3$。在图 9-18“例题 9_1 数据”的数据预览中可以看到，“进攻”这一列最下方有 3 个缺失值，也就是在样本数据中只有 12 名“防守”球员，所以“例题 9_1 数据$进攻[1:12]”的意思是只提取该序列第 1 至 12 个观测值。

第 7 行：将向量 $y1$、$y2$、$y3$ 合并为 y。

第 8 行：生成数据集 score，data.frame()函数第一项参数是上一步生成的 y，第二项参数 A=factor(rep(1:3),c(15,13,12))，是定义因子 A 有 3 个水平，其值为 1 至 3，c(15,13,12)是指定 1 有 15 个，2 有 13 个，3 有 12 个，也就是原始数据中“边接应”、“防守”和“进攻”三个位置上的球员人数。

第 9 行：调用 aov()函数，并将其结果保存到 score.aov 中。aov(y～A,data=score)中参数的含义是：y 是方差分析中的定量变量；A 是方差分析中的因子；“data=…”指定采用的数据集。

第 10 行：报告 score.aov，即方差分析的详细结果。

在 Environment 窗口可以看到 Data 下方列示了生成的 score 的详细信息，其中记录了 40 个观测值，包括 2 个变量，分别是定量变量 y 和因子 A，如图 9-19 所示。

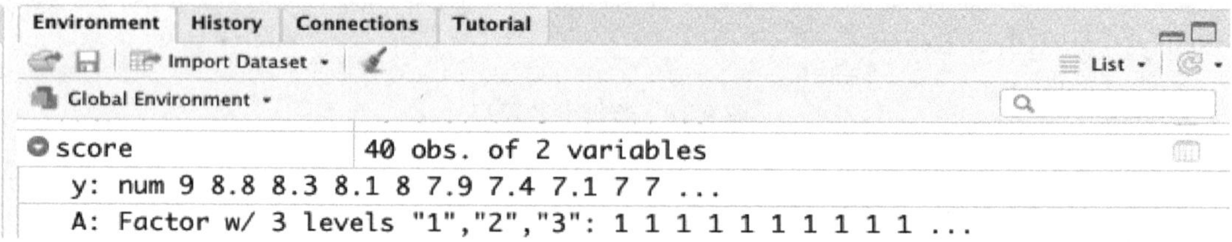

图 9-19 Environment 中的 score 数据框

图 9-20 中 summary(score.aov)的下方列示了方差分析的结果，将这部分结果与 Excel 数据分析—方差分析：单因素方差分析的输出结果对照后，很容易理解其含义。

行标题“A”代表因子，该行等价于 Excel 方差分析表中“组间”那一行；“Residuals”代表残差，该行等价于 Excel 方差分析表中“组内”那一行；Df 是自由度，Sum 是平方和，Mean Sq 是均方，F value 是 F 检验统计量的值，Pr(>F)是 F 检验的 P 值，***代表的是 P 值小于 0.001。

```
Console  Terminal  R Markdown  Jobs
~/
> y1<-例题9_1数据$边接应
> y2<-例题9_1数据$防守[1:13]
> y3<-例题9_1数据$进攻[1:12]
> y=c(y1,y2,y3)
> score=data.frame(y,A=factor(rep(1:3,c(15,13,12))))
> score.aov=aov(y~A,data=score)
> summary(score.aov)
            Df Sum Sq Mean Sq F value   Pr(>F)    
A            2   12.4   6.201   9.328 0.000524 ***
Residuals   37   24.6   0.665                     
---
Signif. codes:  0 '***' 0.001 '**' 0.01 '*' 0.05 '.' 0.1 ' ' 1
>
```

图 9-20　单因素方差分析输出结果（三）

9.3　双因素方差分析

9.3.1　无重复双因素方差分析在 Excel 中的实现

【例 9.3】 图 9-21 反映了 16 名同学对任课老师的评价等级、复习时长以及课程分数。问：在 0.05 的显著性水平下，检验任课老师的评价等级对学生的课程分数是否有显著影响，复习时长对学生的课程分数是否有显著影响。数据文件：例题 9.3 数据.xlsx。

	A	B	C	D	E
1		Excellent	Good	Fair	Poor
2	4hours	94	88	80	72
3	3hours	90	83	78	72
4	2hours	85	77	76	70
5	1hours	80	75	73	68

图 9-21　例 9.3 数据

操作步骤如下。

（1）调用数据分析加载项，选择“方差分析：无重复双因素分析”，如图 9-22 所示。

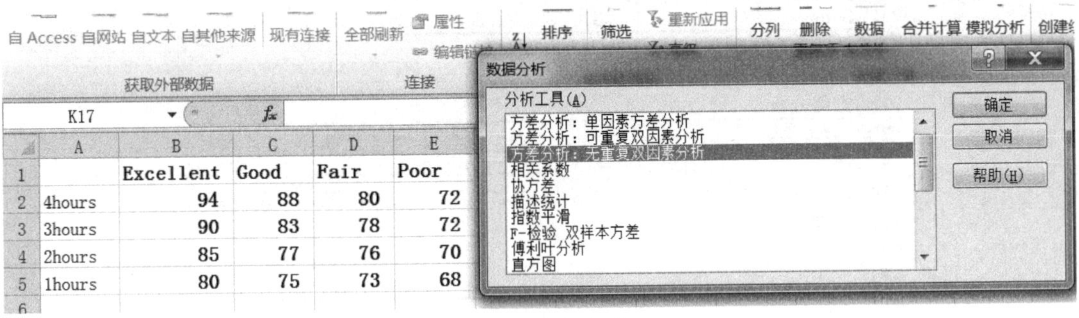

图 9-22　数据分析对话框（二）

（2）在输入区域中框选数据区域，如果将“因子水平”[任课老师的评价等级分为 Excellent（优秀）、Good（良好）、Fair（一般）、Poor（差），复习时长分为 4hours（4 小时）、3hours（3 小时）、2hours（2 小时）、1hours（1 小时）] 也选中，需要勾选“标志”前面的复选框，如图 9-23 所示。

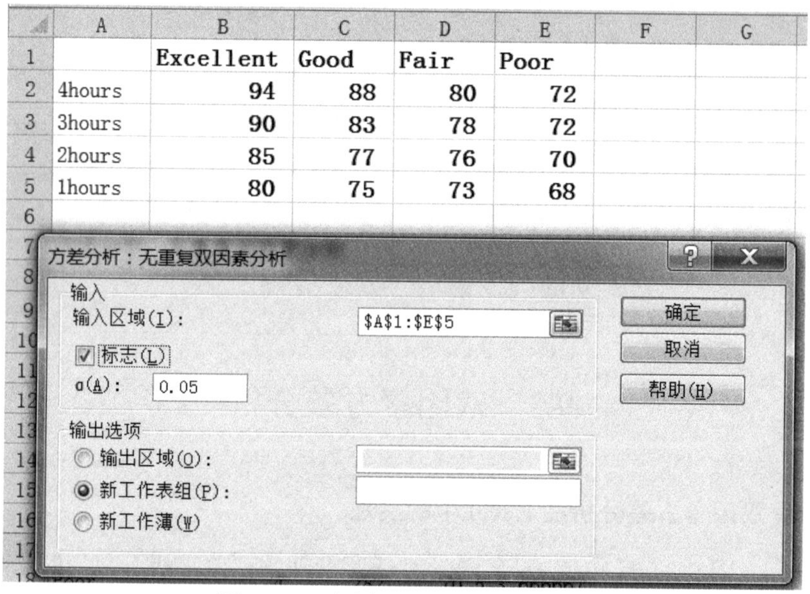

图 9-23　无重复双因素分析对话框

（3）无重复双因素分析输出结果如图 9-24 所示。

	A	B	C	D	E	F	G
1	方差分析：无重复双因素分析						
2							
3	SUMMARY	观测数	求和	平均	方差		
4	4hours	4	334	83.5	91.66667		
5	3hours	4	323	80.75	58.25		
6	2hours	4	308	77	38		
7	1hours	4	296	74	24.66667		
8							
9	Excellent	4	349	87.25	36.91667		
10	Good	4	323	80.75	34.91667		
11	Fair	4	307	76.75	8.916667		
12	Poor	4	282	70.5	3.666667		
13							
14							
15	方差分析						
16	差异源	SS	df	MS	F	P-value	F crit
17	行	208.6875	3	69.5625	14.04909	0.000962	3.862548
18	列	593.1875	3	197.7292	39.93408	1.58E-05	3.862548
19	误差	44.5625	9	4.951389			
20							
21	总计	846.4375	15				

图 9-24　无重复双因素分析输出结果

对行的因素（复习时长）进行讨论，在 0.05 的显著性水平下，P 值为 0.000 962，拒绝了原假设，复习时长对课程分数有显著影响。

对列的因素（任课老师的评价等级）进行讨论，在 0.05 的显著性水平下，P 值为 $1.58*10^{-5}$，拒绝了原假设，任课老师的评价等级对课程分数有显著影响。

9.3.2　可重复双因素方差分析在 Excel 中的实现

沿用例 9.2 数据，如图 9-25 所示。数据文件：例题 9.2 数据.xlsx。

	A	B	C	D
1	**Observation**	**Salary ($)**	**Position**	**Experience**
2	1	28,938	Inside	Medium
3	2	27,694	Inside	Medium
4	3	45,515	Outside	Low
5	4	27,031	Inside	Medium
6	5	37,283	Outside	Low
7	6	32,718	Inside	Low
8	7	54,081	Outside	High
9	8	23,621	Inside	Low
10	….	….	….	….
11	….	….	….	….
12	118	32,788	Inside	High
13	119	28,070	Inside	Medium
14	120	35,259	Outside	Low

图 9-25　例 9.2 数据

先利用“插入”→“数据透视表”，得到数据透视表如图 9-26 所示。

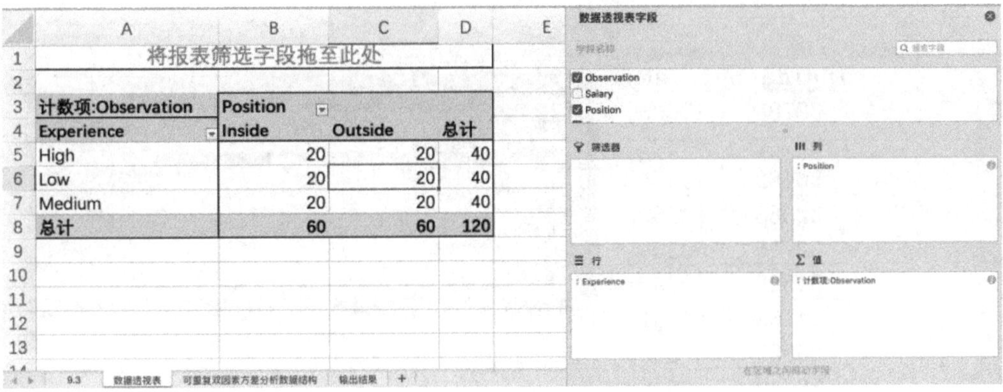

图 9-26　数据透视表（一）

在资历和推销场所的每一种组合下，重复观测了 20 次。双击 B5 单元，在新的工作表中，显示了资历为高(High)、推销场所为室外(Outside)的 20 个观测对象的年薪(Salary)信息如图 9-27 所示。

	A	B	C	D
1	Observation	Salary ($)	Position	Experience
2	107	42603	Outside	High
3	105	52622	Outside	High
4	101	49374	Outside	High
5	98	43569	Outside	High
6	93	50326	Outside	High
7	88	50791	Outside	High
8	7	54081	Outside	High
9	81	51863	Outside	High
10	9	47835	Outside	High
11	80	52311	Outside	High
12	76	41320	Outside	High
13	72	52801	Outside	High
14	71	52820	Outside	High
15	69	52356	Outside	High
16	66	49389	Outside	High
17	61	53936	Outside	High
18	60	52403	Outside	High
19	44	53710	Outside	High
20	36	53074	Outside	High
21	25	47914	Outside	High

图 9-27 数据透视表（二）

对其余频数单元进行上述操作，然后整理出符合 Excel 可重复双因素方差分析数据结构的表格。

点击“数据分析”→“方差分析：可重复双因素分析”，如图 9-28 所示。

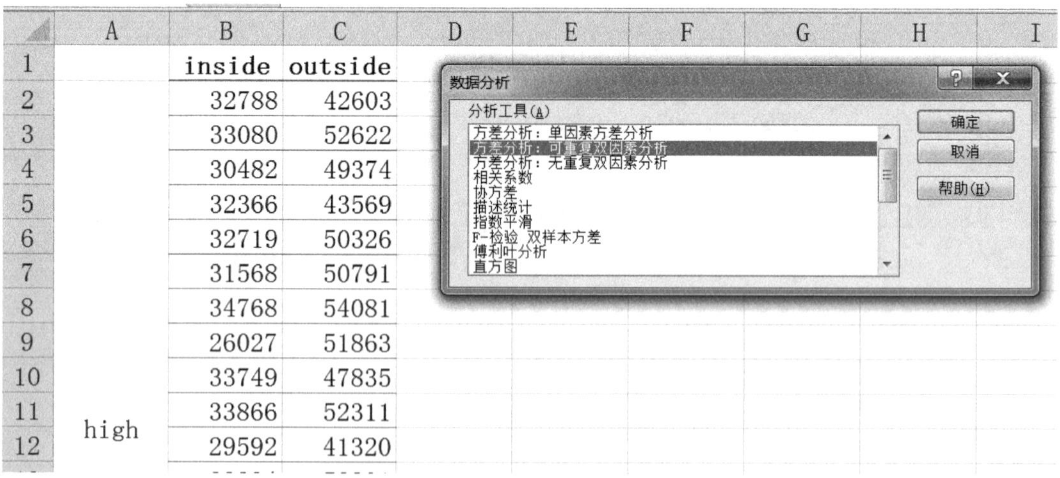

图 9-28 数据分析对话框（三）

在输入区域中，框选$A$1:$C$61，在行数中填重复观测的次数 20，如图 9-29 所示。

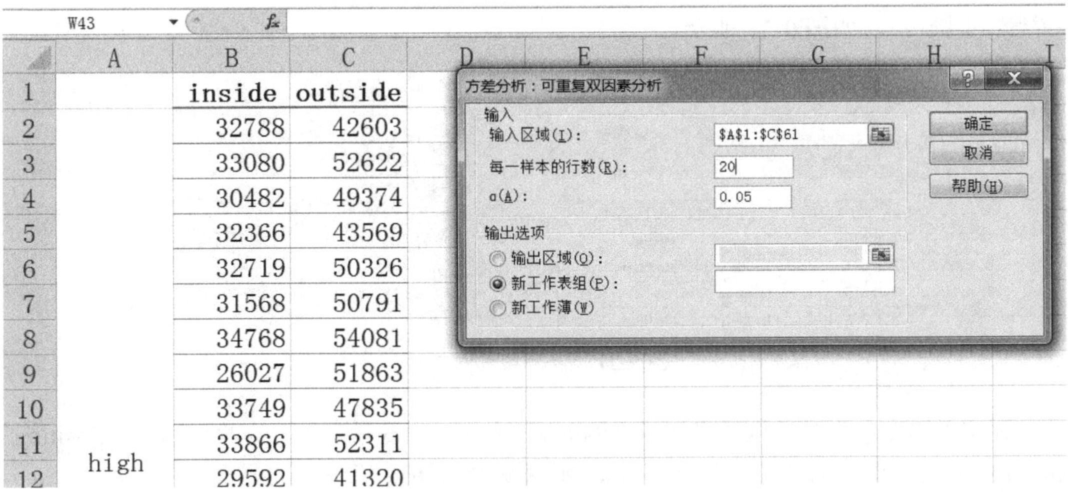

图 9-29　可重复双因素分析对话框

可重复双因素分析输出结果如图 9-30 所示。

29	方差分析						
30	差异源	SS	df	MS	F	P-value	F crit
31	样本	1668100099	2	834050050	65.856	0.000	3.076
32	列	9515793950	1	9515793950	751.360	0.000	3.924
33	交互	1352066184	2	676033092	53.379	0.000	3.076
34	内部	1443782758	114	12664761			
35							
36	总计	1.398E+10	119				

图 9-30　可重复双因素分析输出结果

F、P-value 和 F crit 列仅显示了 3 位小数

方差分析表中的“样本”实际上是指行因素资历，根据该行的 P-value（9.8×10^{-20}）可得，在 0.05 的显著性水平下资历对年薪有显著影响。根据“列”对应行的 P-value（5.3×10^{-52}）可得，在 0.05 的显著性水平下推销场所对年薪有显著影响。根据“交互”所在的行的 P-value（4.4×10^{-17}）可得，在 0.05 的显著性水平下资历和推销场所的交互影响对年薪有显著影响。

9.3.3　双因素方差分析在 SPSS 中的实现

例 9.2 讨论了推销场所和资历分别对推销员年薪的影响，但采用的是单因素方差分析的方法，分别研究了推销场所对年薪的影响，资历对年薪的影响，而在现实中推销场所和资历的交互作用也可能对年薪有影响，此时就需要采用双因素方差分析的方法。在双因素方差分析中，将推销场所、资历和年薪三个变量纳入一个分析框架中，考察推销场所与资历的交互作用对年薪是否有显著影响。

打开数据文件“例题 9.2 SPSS 数据.sav”，单击主菜单“分析”→“一般线性模型”

→“单变量…”，如图 9-31 所示。

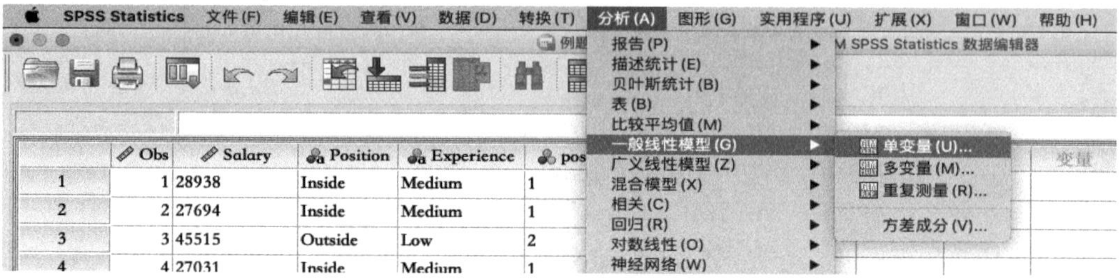

图 9-31　分析菜单（二）

弹出“单变量”对话框，将变量“Salary”选入“因变量”中，将两个因子“Position”和“Experience”选入“固定因子”中，如图 9-32 所示。

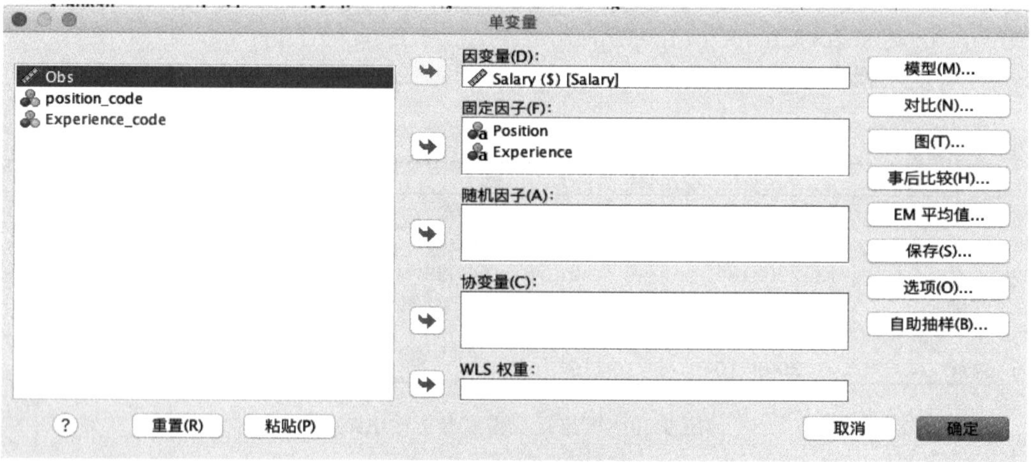

图 9-32　单变量对话框

为了更加形象地报告比较结果，可以在单变量对话框中，单击右侧“图…”按钮。弹出单变量：轮廓图对话框（图 9-33），将“Position”选入“水平轴”，将“Experience”选入“单独的线条”，单击“添加”，在“图”下方将看到列示出“Position*Experience”，“图表类型”选择“折线图”，单击“继续”回到主对话框中。此项设置将输出按推销场所和资历分组后形成的 6 个组别推销员年薪的均值，用折线图呈现各个组别年薪均值的差异。单击主对话框中右侧“选项…”按钮，弹出单变量：选项对话框（图 9-34），勾选“显示”下的“描述统计”。

单击“继续”，再单击主对话框中右下角的“确定”按钮，得到如图 9-35 所示的输出结果。表格“主体间因子”列出了数据文件中 120 个推销员在两个因子下的分布人数，推销场所（Position）为室内（Inside）和户外（Outside）的各有 60 人，推销员的资历（Experience）为高（High）、中（Medium）、低（Low）的各有 40 人。

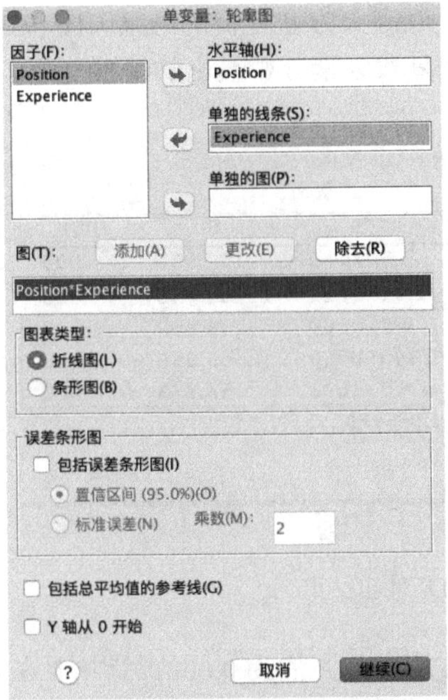

图 9-33　单变量：轮廓图对话框

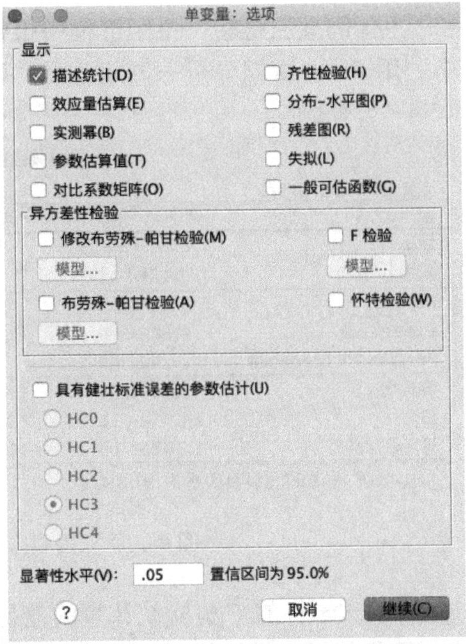

图 9-34　单变量：选项对话框

主体间因子

		个案数
Position	Inside	60
	Outside	60
Experience	High	40
	Low	40
	Medium	40

图 9-35　因子频数表

表格“描述统计”中报告了在推销场所和资历分组下，推销员年薪的均值和样本标准差以及各组别的人数，如图 9-36 所示。

描述统计

因变量：Salary ($)

Position	Experience	平均值	标准偏差	个案数
Inside	High	32422.45	3327.372	20
	Low	30031.35	3619.716	20
	Medium	30607.75	3544.737	20
	总计	31020.52	3589.826	60
Outside	High	50254.90	3830.774	20
	Low	39607.90	3556.456	20
	Medium	56628.50	3453.467	20
	总计	48830.43	7922.960	60
总计	High	41338.67	9699.513	40
	Low	34819.63	6005.055	40
	Medium	43618.12	13621.377	40
	总计	39925.48	10838.673	120

图 9-36　描述统计输出结果

表格“主体间效应检验”中矩形框中报告了双因素方差分析的结果（图 9-37），与 9.3.2 节中利用 Excel 数据分析—方差分析：可重复双因素分析输出的结果一致。

主体间效应检验

因变量：Salary ($)

源	III 类平方和	自由度	均方	F	显著性
修正模型	1.254E+10[a]	5	2.507E+9	197.966	.000
截距	1.913E+11	1	1.913E+11	15103.738	.000
Position	9.516E+9	1	9.516E+9	751.360	.000
Experience	1.668E+9	2	834050050	65.856	.000
Position * Experience	1.352E+9	2	676033092	53.379	.000
误差	1.444E+9	114	12664761.0		
总计	2.053E+11	120			
修正后总计	1.398E+10	119			

a. R 方 = .897（调整后 R 方 = .892）

图 9-37　双因素方差分析输出结果

“Position”这一行的 F 检验统计量的值是 751.360，P 值为 0.000，意味着在 0.01 的显著性水平下拒绝了“推销场所对年薪没有显著影响”的原假设。

“Experience”这一行的 F 检验统计量的值是 65.856，P 值为 0.000，意味着在 0.01 的显著性水平下拒绝了“资历对年薪没有显著影响”的原假设。

“Position*Experience”这一行的 F 检验统计量的值是 53.379，P 值为 0.000，意味着在 0.01 的显著性水平下拒绝了“推销场所和资历的交互作用对年薪没有显著影响”的原假设。

图 9-38 中的三条折线展示了资历为高、中、低的三类推销员年薪的差异，该图的横轴反映的是推销场所的不同，可以看到室内推销员的年薪显著低于户外推销员。

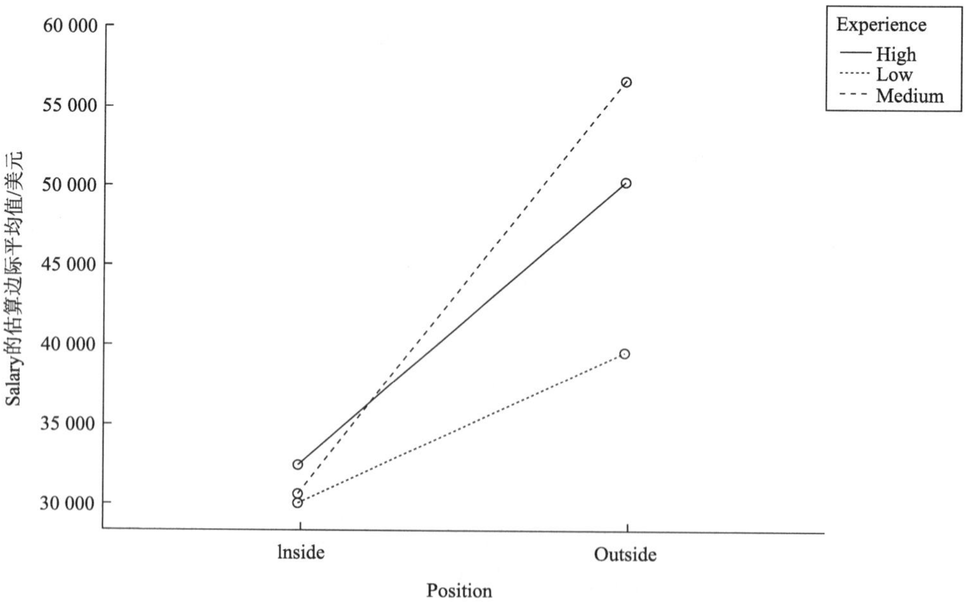

图 9-38　Salary 的估算边际平均值

从图 9-38 中还可以看出，室内推销员中资历不同的推销员平均薪酬差距较小，大致介于 30 000 美元至 33 000 美元之间；户外推销员中资历不同的推销员平均薪酬差距较大，大致介于 40 000 美元至 56 000 美元之间；这也意味着推销场所和资历的交互作用对薪酬有显著的影响。资历的差异对室内和户外推销员的影响也是有显著差异的。

9.3.4　无重复双因素方差分析在 R 中的实现

本节沿用例 9.3，利用双因素方差分析讨论：任课老师的评价等级对学生的课程分数是否有显著影响？复习时长对学生的课程分数是否有显著影响？数据结构如图 9-21 所示。

从图 9-21 中可以看出，在评价等级和复习时长的组合下只有 1 组观测数据，这是一个无重复双因素方差分析的数据结构，因此要采用无重复双因素方差分析。

在命令窗口，录入如下命令。

```
x1 <- c(94,90,85,80)
x2 <- c(88,83,77,75)
x3 <- c(80,78,76,73)
x4 <- c(72,72,70,68)
x = c(x1,x2,x3,x4)
rank = gl(4,4,16)
rank
review = gl(4,1,16)
review
score <- data.frame(x,rank,review)
score.aov <- aov(x ~ review + rank,data = score)
summary(score.aov)
```

第 1 行：将 Excel 表单中 Excellent 下方的数值保存到向量 $x1$ 中。

第 2 行：将 Excel 表单中 Good 下方的数值保存到向量 $x2$ 中。

第 3 行：将 Excel 表单中 Fair 下方的数值保存到向量 $x3$ 中。

第 4 行：将 Excel 表单中 Poor 下方的数值保存到向量 $x4$ 中。

第 5 行：将向量 $x1,x2,x3,x4$ 的数值合并到向量 x。

第 6 行：调用 gl()函数，生成因子变量，并将其保存到 rank 中。gl(4,4,16)中的第 1 项参数 4，是指定因子有 4 个水平；第 2 项参数 4，代表重复的次数；第 3 项 16，代表因子变量中有 16 个观测值。在本例中定量变量学生分数有 16 个观测值，因此因子变量也有 16 个观测值。

第 7 行：显示 rank，其值为“1 1 1 1 2 2 2 2 3 3 3 3 4 4 4 4”，代表对教师评价的 4 个等级。

第 8 行：调用 gl()函数，生成因子变量，并将其保存到 review 中。gl(4,1,16)中的第 1 项参数 4，是指定因子有 4 个水平；第 2 项参数 1，代表重复的次数；第 3 项 16，代表因子变量中有 16 个观测值。

第 9 行：显示 review，其值为“1 2 3 4 1 2 3 4 1 2 3 4 1 2 3 4”，代表 4 种复习时长。

第 10 行：生成数据集 score，data.frame()函数的第 1 项参数是第 5 步生成的 x，第 2 项参数是因子 rank，第 3 项参数是因子 review。

第 11 行：调用 aov()函数，并将其结果保存到 score.aov 中。aov(x～review+rank, data=score)中参数的含义：x 是方差分析中的定量变量，review+rank 是双因素方差分析中的因子，“data=…”指定采用的数据集。

第 12 行：报告 score.aov，即方差分析的详细结果。

执行完上述命令后，在 Environment 窗口中可以浏览 score 中的数值，如图 9-39 所示。

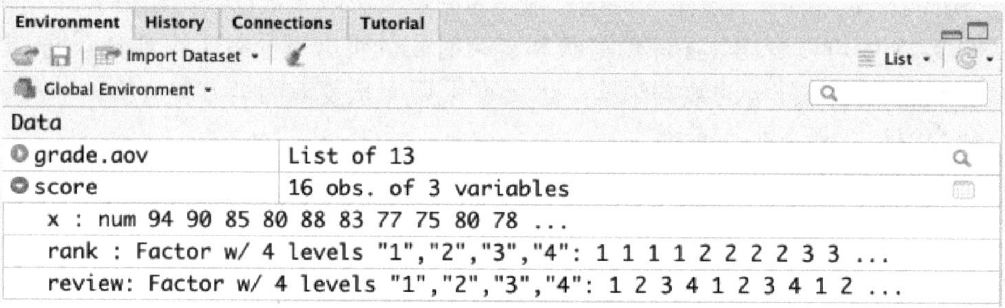

图 9-39　Environment 窗口

单击图 9-39 中“score”右边的表单按钮，以表单形式预览 score，如图 9-40 所示。

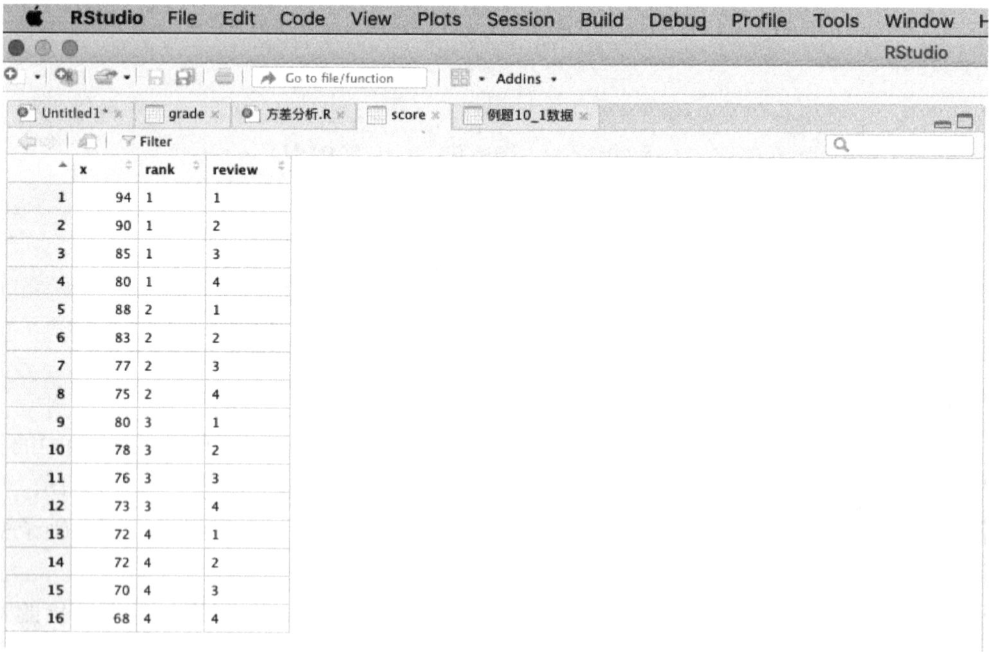

	x	rank	review
1	94	1	1
2	90	1	2
3	85	1	3
4	80	1	4
5	88	2	1
6	83	2	2
7	77	2	3
8	75	2	4
9	80	3	1
10	78	3	2
11	76	3	3
12	73	3	4
13	72	4	1
14	72	4	2
15	70	4	3
16	68	4	4

图 9-40　预览 score

此时，可以看到 score 中包含 3 个变量，第 1 列 x 是方差分析中的定量变量学生分数，第 2 列因子 rank 代表对教师的 4 种评价等级，第 3 列因子 review 代表学生的 4 种复习时长。

图 9-41 是所有命令的运行结果。

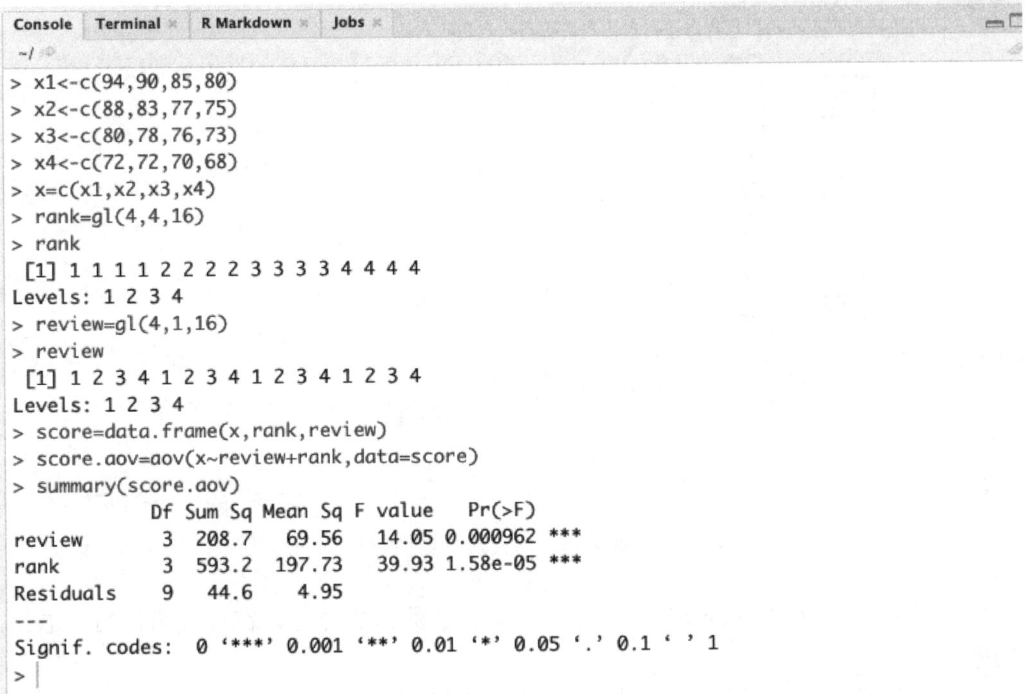


```
> x1<-c(94,90,85,80)
> x2<-c(88,83,77,75)
> x3<-c(80,78,76,73)
> x4<-c(72,72,70,68)
> x=c(x1,x2,x3,x4)
> rank=gl(4,4,16)
> rank
 [1] 1 1 1 1 2 2 2 2 3 3 3 3 4 4 4 4
Levels: 1 2 3 4
> review=gl(4,1,16)
> review
 [1] 1 2 3 4 1 2 3 4 1 2 3 4 1 2 3 4
Levels: 1 2 3 4
> score=data.frame(x,rank,review)
> score.aov=aov(x~review+rank,data=score)
> summary(score.aov)
            Df Sum Sq Mean Sq F value   Pr(>F)    
review       3  208.7   69.56   14.05 0.000962 ***
rank         3  593.2  197.73   39.93 1.58e-05 ***
Residuals    9   44.6    4.95                     
---
Signif. codes:  0 '***' 0.001 '**' 0.01 '*' 0.05 '.' 0.1 ' ' 1
> 
```

图 9-41　无重复双因素方差分析输出结果

summary(score.aov)下方列示了双因素方差分析的结果，将这部分结果与 Excel 数据分析—方差分析：无重复双因素分析的输出结果对照后，很容易理解其含义。

“review”复习时长因子这一行等价于 Excel 方差分析表中“行”那一行，“rank”教师评价等级因子这一行等价于 Excel 方差分析表中“列”那一行，“Residuals”残差这一行等价于 Excel 方差分析表中“误差”那一行，Df 是自由度，Sum Sq 是平方和，Mean Sq 是均方，F value 是 F 检验统计量的值，Pr(>F)是 F 检验的 P 值，***代表的是 P 值小于 0.001。

9.3.5　可重复双因素方差分析在 R 中的实现

本节沿用例 9.2，研究推销场所和资历是否对推销员的年薪有显著影响，以及推销场所和资历的交互作用是否对年薪有显著影响。

从数据结构看，推销场所（室内和户外）和资历（高、中、低）一共有 6 种组合，在每种组合下都分别记录了 20 名推销员的年薪，是一个可重复双因素方差分析数据结构。首先导入原始的 Excel 数据文件“例题 9.2 数据.xlsx”中第 1 个表单“9.2”中的数据，导入过程如图 9-42 所示。

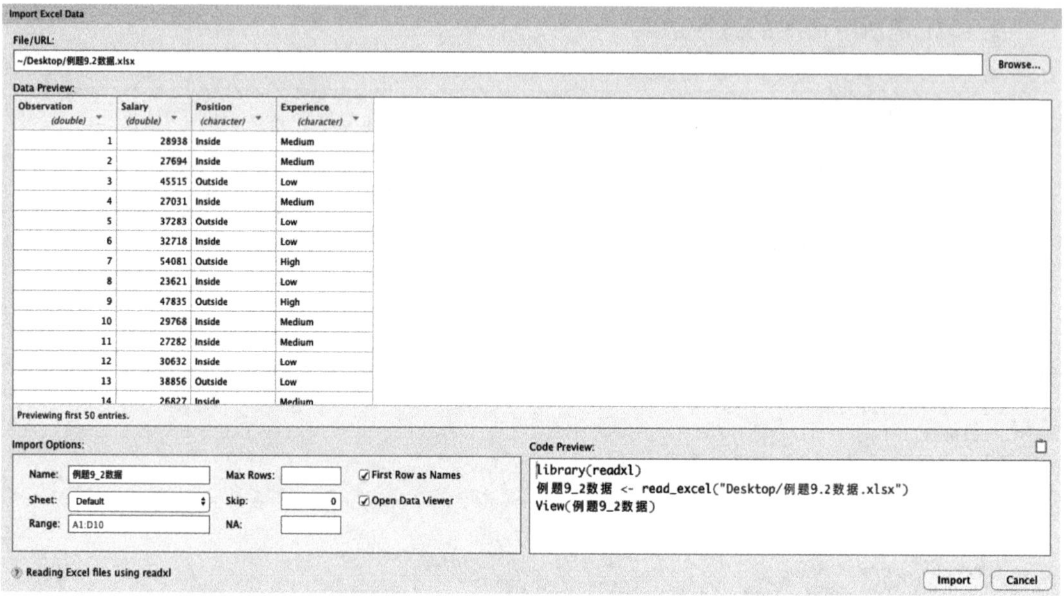

图 9-42　导入数据窗口

单击图 9-42 中的“Import”按钮后，就完成了数据的导入，在环境窗口可以看到导入的数据信息。

单击“例题 9_2 数据”的表单按钮，可以预览其数据，如图 9-43 所示。

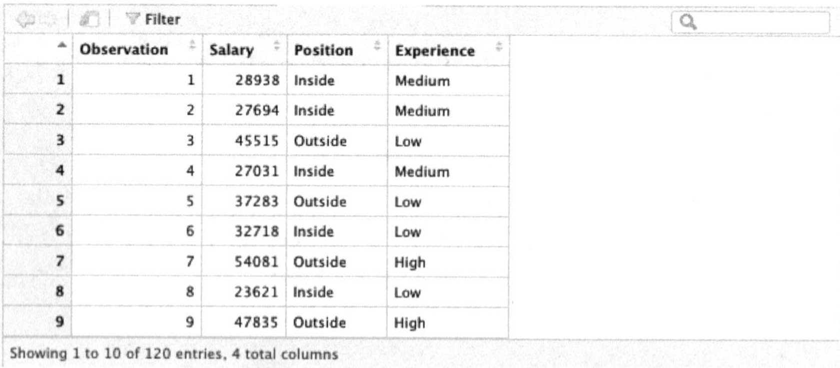

	Observation	Salary	Position	Experience
1	1	28938	Inside	Medium
2	2	27694	Inside	Medium
3	3	45515	Outside	Low
4	4	27031	Inside	Medium
5	5	37283	Outside	Low
6	6	32718	Inside	Low
7	7	54081	Outside	High
8	8	23621	Inside	Low
9	9	47835	Outside	High

Showing 1 to 10 of 120 entries, 4 total columns

图 9-43　预览“例题 9_2 数据”

在命令窗口录入如下命令。

```
library(readxl);
setwd("C:\\Users\\sun\\Desktop\\教材数据")    #数据的路径
例题9_2数据 = as.data.frame( read_excel("例题9.2数据.xls"))   #读取数据
salary.aov ~ aov(Salary ~ Experience*Position,data = 例题9_2数据)
summary(salary.aov)
```

第 4 行：调用 aov()函数，并将其结果保存到 salary.aov 中。

对于 aov(Salary～Experience*Position,data=例题 9_2 数据)中的第 1 项参数 Salary～Experience*Position，Salary 就是方差分析中的定量变量，Experience*Position 中两个因子用乘号连接，代表要考虑两个因子的交互作用；第 2 项 data 后指定的是数据集。

第 5 行：显示 salary.aov 的详细信息，即方差分析的输出结果。

图 9-44 是考虑了交互作用的方差分析的输出结果，将其与 Excel 数据分析中的方差分析：可重复双因素分析输出结果做一个对照，很容易理解其含义。

纳入一个分析框架中，考察推销场所和资历的交互作用对年薪是否有显著影响。

```
Console  Terminal ×  R Markdown ×  Jobs ×
~/
> View(例题9_2数据)
> salary.aov=aov(Salary~Experience*Position,data=例题9_2数据)
> summary(salary.aov)
                     Df    Sum Sq   Mean Sq F value Pr(>F)    
Experience            2 1.668e+09 8.341e+08   65.86 <2e-16 ***
Position              1 9.516e+09 9.516e+09  751.36 <2e-16 ***
Experience:Position   2 1.352e+09 6.760e+08   53.38 <2e-16 ***
Residuals           114 1.444e+09 1.266e+07                   
---
Signif. codes:  0 ‘***’ 0.001 ‘**’ 0.01 ‘*’ 0.05 ‘.’ 0.1 ‘ ’ 1
>
```

图 9-44 可重复双因素方差分析输出结果

“Experience”资历这一行等价于 Excel 方差分析表中“样本”那一行；“Position”推销场所这一行等价于 Excel 方差分析表中“列”那一行；“Experience*Position”代表交互作用，该行等价于 Excel 方差分析表中“交互”那一行；“Residuals”代表残差，该行等价于 Excel 方差分析表中“误差”那一行。

Df 是自由度，Sum Sq 是平方和，Mean Sq 是均方，F value 是 F 检验统计量的值，Pr(>F)是 F 检验的 P 值，***代表的是 P 值小于 0.001。

在 R 中实现单因素或双因素方差分析调用的都是 aov()函数，该函数的一般形式是 aov(formula, data=…)，formula 定义方差分析模型，如果 Y 是定量变量，A 和 B 是因子，单因素方差分析的 formula 是 $y \sim A$，无重复双因素方差分析的 formula 是 $y \sim A+B$，可重复双因素方差分析的 formula 是 $y \sim A*B$；data 数据集中要包括定量变量 Y、因子 A 和因子 B。

第 10 章

回归分析及预测

10.1 实 验 目 的

回归分析是定量反映数值型变量之间存在的相关关系的一种统计推断方法。简单线性回归分析就是在一个因变量与一个自变量之间进行的线性相关关系的统计推断。本章利用 Excel 软件、R 语言对两组数据变量进行回归分析，通过分析使学生准确理解简单线性回归分析的方法原理，熟练掌握运用 Excel、R 语言等软件进行简单线性回归分析的基本操作以及进行预测的方法，从而培养运用简单线性回归分析解决身边实际问题的能力。

10.2 实 验 内 容

本章实验内容包括一元回归模型的参数估计、显著性检验、对回归分析结果的评价。

10.3 实 验 步 骤

（1）通过所给数据做散点图。

（2）利用 Excel 和 R 语言两种方法分别计算相关系数。

（3）由 Excel、R 语言输出回归结果。

（4）分析说明。

用 Excel 进行回归的具体步骤如下。

第一步，将两个变量（X、Y）的数据输入 Excel 工作表中。

第二步，按下列步骤进行操作。①选择“工具”下拉菜单，并选择“数据分析”选项；②在分析工具中选择“回归”，然后单击“确定”；③在“Y 值输入区域”方框内输入数据区域，在“X 值输入区域”方框内输入数据区域，在“置信度”选项中给出所需的数值（这里使用隐含值 95%），在“输出选项”中选择输出区域（这里选新工作表组），在“残差”中选择所需的选项（本章这里暂时未选）。

单击“确定”后可得到 Excel 输出的回归结果，包括以下三个部分。

第一部分，回归统计。这部分给出了回归分析中的一些常用统计量，包括相关系数（Multiple *R*）、判定系数（*R* Square）、调整的判定系数（Adjusted *R* Square）、标准误差、观测值的个数等。

第二部分，方差分析。这部分给出的是回归分析的方差分析表，包括回归分析和残差的自由度（df）、总平方和（SS）、均方（MS）、检验统计量（*F*）、*F* 检验的显著性水平（Significance *F*）。这部分的主要作用是对回归方程的线性关系进行显著性检验。

第三部分，回归参数估计的有关内容。包括回归方程的截距（Intercept）和变量（*X*）的系数（Coefficients）、标准误差、*t* 统计量（*t* Stat）、*P* 值（P-Value）以及截距和斜率的置信区间（Lower 95%和 Upper 95%）等。

10.4　实 验 举 例

Excel 作为强大的数据处理软件，包含大量的相关分析与回归分析的函数和工具，通过函数和工具我们可以方便快捷地进行相关分析与回归分析，降低对统计专业知识的要求，提高实际工作的应用效率。很好地应用 Excel 软件，对于利用统计专业知识解决实际问题有事半功倍的效果。本节以 Excel 为例来介绍 Excel 在相关分析与回归分析中的应用。

10.4.1　散点图的绘制

用表 10-1 中的数据资料建立 Excel 工作表，如图 10-1 所示。

表 10-1　广告投入与月平均销售额（单位：万元）

指标	指标数值							
广告投入	12	15	24	26	34	35	40	45
销售额	21	24	33	34	43	43	49	53

A	B
广告收入	销售额
12	21
15	24
24	33
26	34
34	43
35	43
40	49
45	53

图 10-1　整理数据文件

散点图常用于表现两个变量之间的关系，在进行回归分析之前先通过图形观察变量之间的关系是一种良好的习惯。制作散点图的步骤如下。

（1）选择区域 A1:B9。

（2）点击 Excel 图表向导。

（3）在“图表类型”中选择“XY 散点图”（图 10-2）。

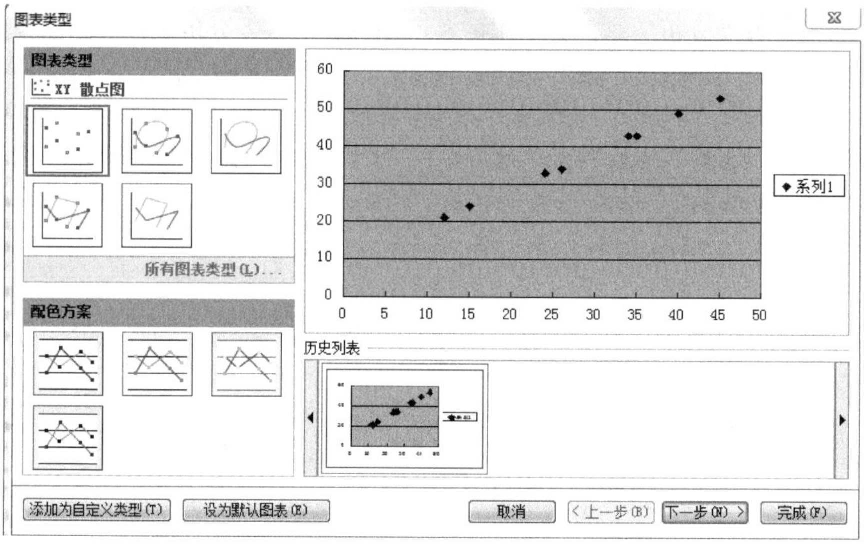

图 10-2　图表类型对话框

（4）在“子图表类型”中选择第一种散点图，并点击“下一步”（图 10-3）。

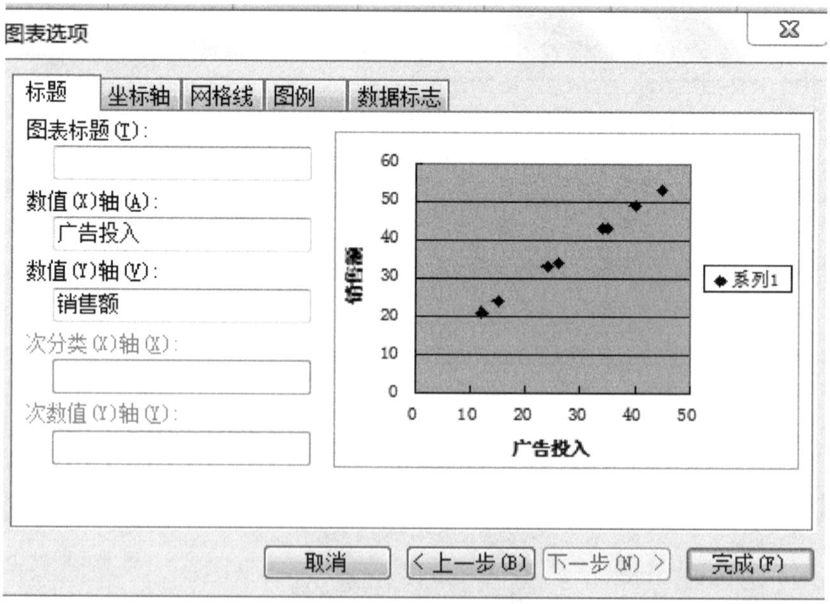

图 10-3　图表选项对话框

（5）点击“完成”，并对图形进行修饰编辑，最后得到广告投入与销售额之间的散点图（图 10-4）。

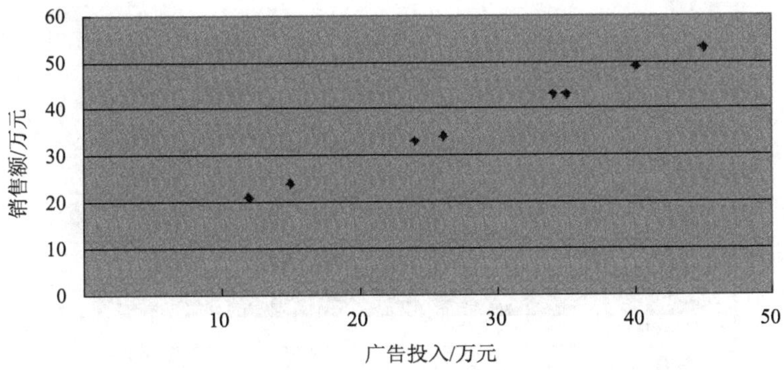

图 10-4　广告投入与销售额的散点图（一）

用 R 语言绘制散点图的命令如下。

```
x <- c(12,15,24,26,34,35,40,45);    #广告投入
y <- c(21,24,33,34,43,43,49,53);    #销售额
#R语言自带的画图
plot(x,y,type="p",col=rainbow(length(x)),cex=2,pch=17,main="广告投入和销售额散点图",xlab="广告投入",ylab="销售额")
mod = lm(y~1+x)
abline(mod)
```

10.4.2　相关系数

在 Excel 中，相关系数函数和相关系数宏提供了两种计算相关系数的方法。

1. 相关系数函数

在 Excel 中，CORREL 函数和 PERSON 函数提供了计算两个变量的相关系数的方法，这两个函数是等价的。与相关系数有关的函数还有 RSQ（相关系数的平方，即判定系数 R^2）和 COVAR（协方差函数）。

在这里我们以 CORREL 函数和表 10-1 中的资料为例，介绍利用函数计算相关系数的方法。

第一步，点击 Excel 函数按钮“*fx*”，选择“统计”函数。

第二步，在统计函数中选“CORREL”，进入函数向导（图 10-5）。

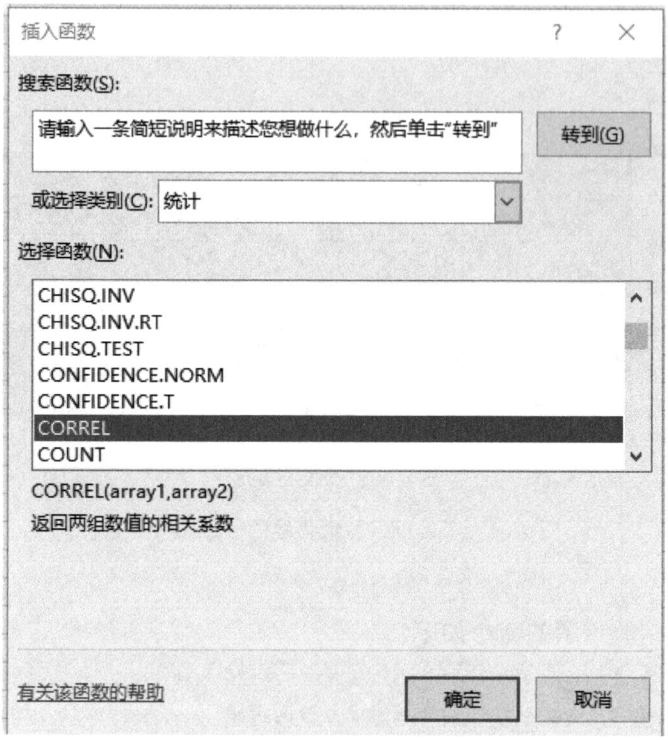

图 10-5　插入函数对话框

在“Array1”中输入第一个变量“广告投入”的数据区域 A2:A9，在“Array2”中输入第二个变量“销售额”的数据区域 B2:B9（图 10-6），即可在当前光标所在单元格显示函数的计算结果（图 10-7）。

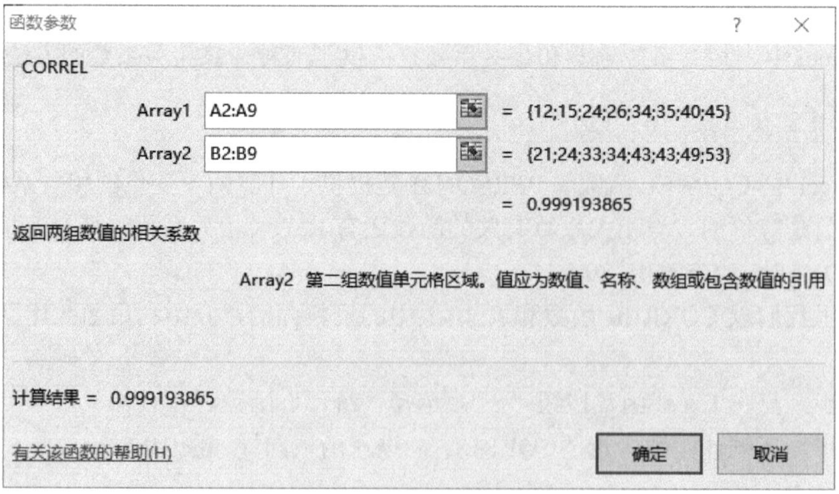

图 10-6　函数参数对话框

广告投入	销售额
12	21
15	24
24	33
26	34
34	43
35	43
40	49
45	53
0.999193865	

图 10-7　CORREL 函数计算相关系数结果

2. 相关系数宏

在 Excel 数据分析宏中，Excel 专门提供了计算相关系数宏的过程。利用此宏过程，可以计算多个变量之间的相关系数矩阵。

仍以表 10-1 资料为例，利用相关系数宏计算相关系数矩阵的过程如下。

第一步，点击 Excel“数据”菜单，选择“数据分析”。

第二步，在“数据分析”宏过程中，选择“相关系数”（图 10-8）。

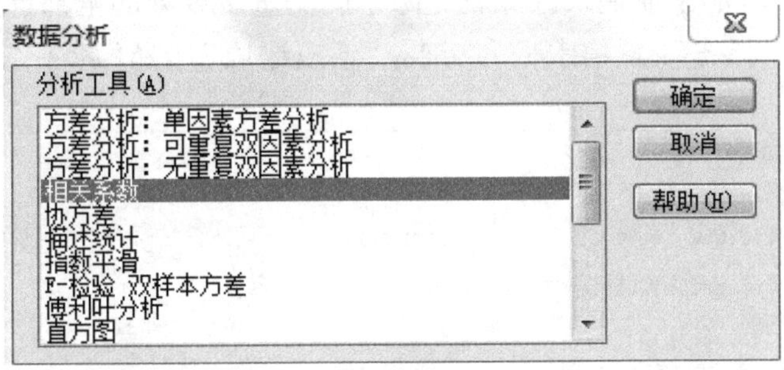

图 10-8　数据分析对话框

第三步，在“输入区域”中输入两个变量所在区域 A2:B9，数据以列排列，输出区域选择“新工作表组”（图 10-9）。得到相关系数矩阵见图 10-10。

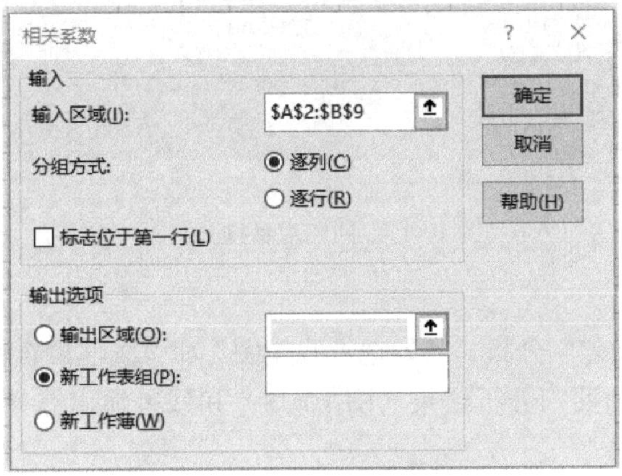

图 10-9　相关系数对话框

	列 1	列 2
列 1	1	
列 2	0.999194	1

图 10-10 利用相关系数宏计算的相关系数矩阵

用 R 语言编制相关系数的命令如下。

```
x <- c(12,15,24,26,34,35,40,45);   #广告投入
y <- c(21,24,33,34,43,43,49,53);   #销售额
cor(x,y)
```

10.4.3 回归分析宏

回归分析宏确定两个变量之间定量关系的过程如下。

第一步，在工具菜单“数据分析”中选择“回归”宏过程。

第二步，在“*Y* 值输入区域”输入“$B$1:$B$8”，在“*X* 值输入区域”输入“$A$1:$A$8”，若是多元线性回归，则 *X* 值输入区域就是除了因变量 *Y* 以外的全部自变量。

第三步，选择“标志”；置信水平为 95%，“输出选项”选择“新工作表组”（图 10-11）。

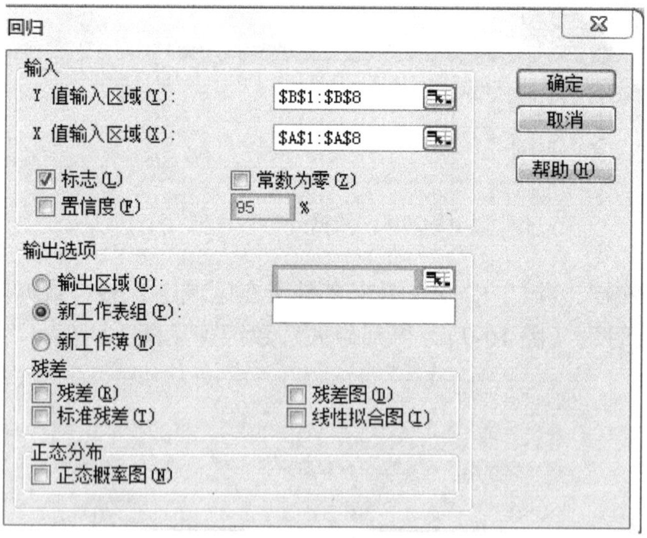

图 10-11 回归对话框（一）

第四步，选择“残差”分析，并勾选“残差图”和“线性拟合图”，如图 10-12 所示，点击“确定”即可得出回归分析结果（图 10-13）和残差输出结果（图 10-14）。

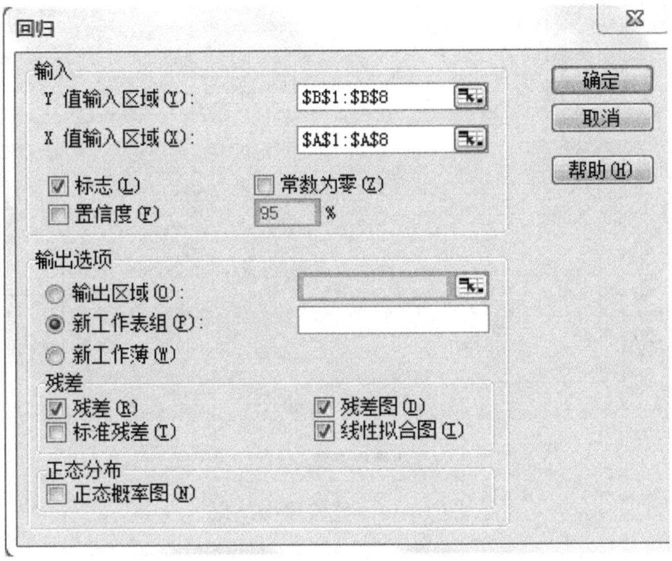

图 10-12　加入残差分析的回归对话框

SUMMARY OUTPUT									
回归统计									
Multiple R	0.998783236								
R Square	0.997567953								
Adjusted R Square	0.997081544								
标准误差	0.544200189								
观测值	7								
方差分析									
	df	SS	MS	F	Significance F				
回归分析	1	607.3764	607.3764	2050.881	9.91257E-08				
残差	5	1.480769	0.296154						
总计	6	608.8571							
	Coefficients	标准误差	t Stat	P-value	Lower 95%	Upper 95%	下限 95.0%	上限 95.0%	
Intercept	9.173076923	0.708085	12.95477	4.88E-05	7.352886349	10.99327	7.3528863	10.9932675	
X	0.980769231	0.021657	45.28666	9.91E-08	0.925098361	1.03644	0.9250984	1.0364401	

图 10-13　回归分析结果（一）

回归方程为 Y=0.9808×X+9.1731。

RESIDUAL OUTPUT		
观测值	Y预测值	残差
1	23.88461538	0.115385
2	32.71153846	0.288462
3	34.67307692	-0.67308
4	42.51923077	0.480769
5	43.5	-0.5
6	48.40384615	0.596154
7	53.30769231	-0.30769

（a）残差

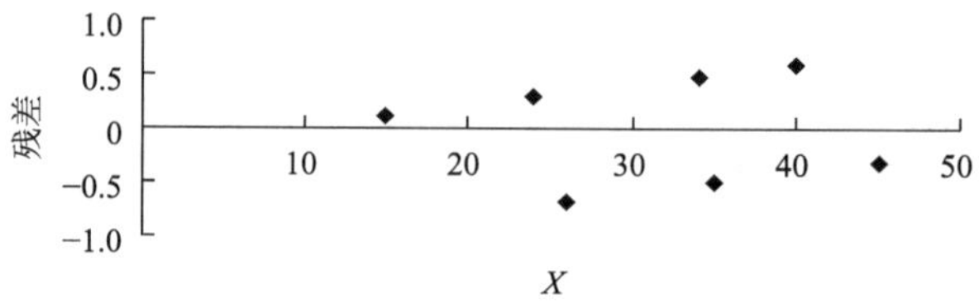

(b) 残差图

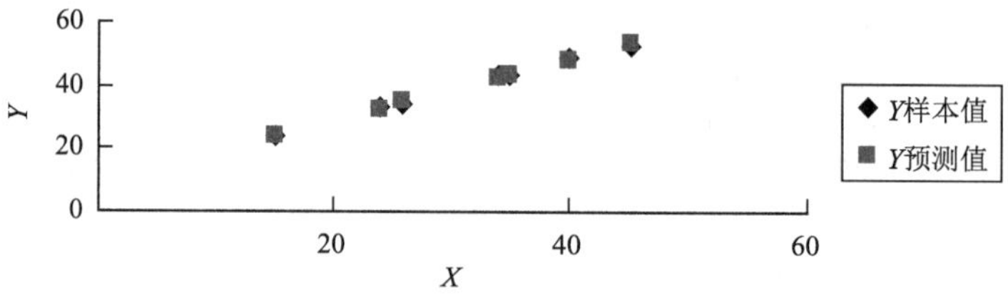

(c) 线性拟合图

图 10-14 残差输出结果

10.5 案例分析

某国居民人均消费额（Y）与人均 GDP（X）如表 10-2 所示。

表 10-2 某国居民人均消费额（*Y*）与人均 GDP（*X*）（单位:元）

年份	Y	X
1978	184.00	381.23
1979	202.55	408.27
1980	227.30	442.43
1981	253.76	473.08
1982	280.72	514.44
1983	304.31	561.12
1984	335.54	646.16
1985	409.06	786.78
1986	494.15	957.67
1987	554.87	1 092.44
1988	689.49	1 318.64
1989	821.95	1 584.45
1990	836.21	1 650.34
1991	893.38	1 814.33
1992	1 025.38	2 123.43
1993	1 337.74	2 879.43
1994	1 824.24	4 024.67
1995	2 274.17	4 872.55

续表

年份	Y	X
1996	2 653.88	5 562.68
1997	2 990.51	6 395.61
1998	3 105.31	6 880.52
1999	3 216.24	6 880.89
2000	3 481.50	7 532.08
2001	3 810.43	8 491.20
2002	4 013.47	9 186.27
2003	4 311.60	10 304.41
2004	4 773.67	11 956.55
2005	5 270.61	13 606.64
2006	5 820.27	15 318.80

要求：建立一元线性回归模型，并对回归结果进行分析（参数估计，经济学检验、统计学检验，解释参数估计值含义）

10.5.1　Excel 在相关回归分析中的应用

步骤：数据→数据分析→回归，按要求设置选项（图 10-15）。

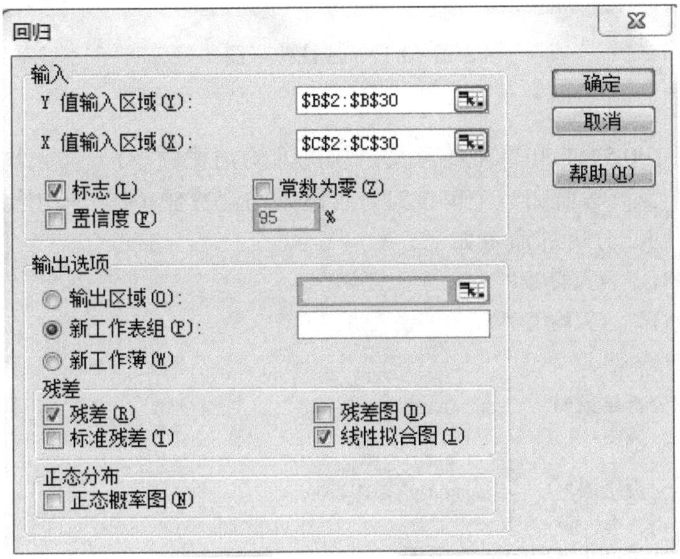

图 10-15　回归对话框（二）

回归分析输出结果如图 10-16 所示，线性拟合图如图 10-17 所示。

SUMMARY OUTPUT

回归统计	
Multiple R	0.99456937
R Square	0.989168232
Adjusted R Square	0.988751625
标准误差	187.1282347
观测值	28

方差分析

	df	SS	MS	F	Significance F
回归分析	1	83142444	83142444	2374.347	4.40114E-27
残差	26	910441.4	35016.98		
总计	27	84052885			

	Coefficients	标准误差	t Stat	P-value	Lower 95%	Upper 95%	下限 95.0%	上限 95.0%
Intercept	190.5385341	51.39218	3.707539	0.000998	84.90038495	296.17668	84.900385	296.17668
X	0.396654442	0.00814	48.72727	4.4E-27	0.379921822	0.4133871	0.3799218	0.4133871

图 10-16　回归分析结果（二）

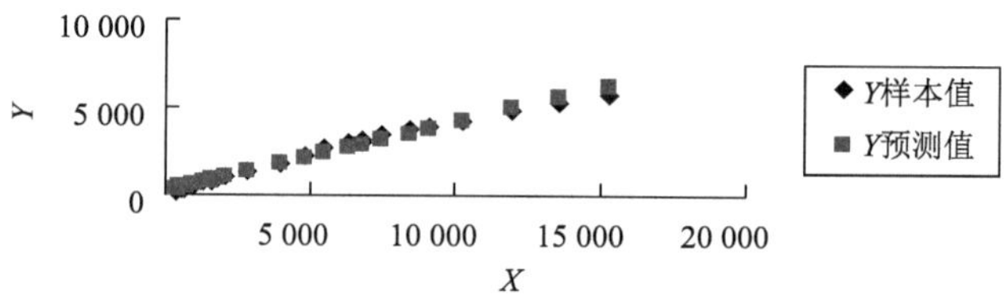

图 10-17　线性拟合图

回归方程 $Y=190.54+0.397\times X$ 的意义：居民人均消费额（Y）与人均 GDP（X）正相关，当人均 GDP（X）每增加一个单位时，居民人均消费额（Y）平均增加 0.397 个单位。

用 R 语言作回归分析的命令如下。

```
x <- data$X;   #人均GDP
y <- data$Y;   #人均消费
mod = lm(y~1+x)
print("回归分析结果");  summary(mod)
AOV = aov(mod)
print("方差分析结果");  summary(AOV)
```

10.5.2　SPSS 在相关回归分析中的应用

SPSS 实现步骤：输入数据→分析→回归→线性，按要求设置选项（图 10-18）。

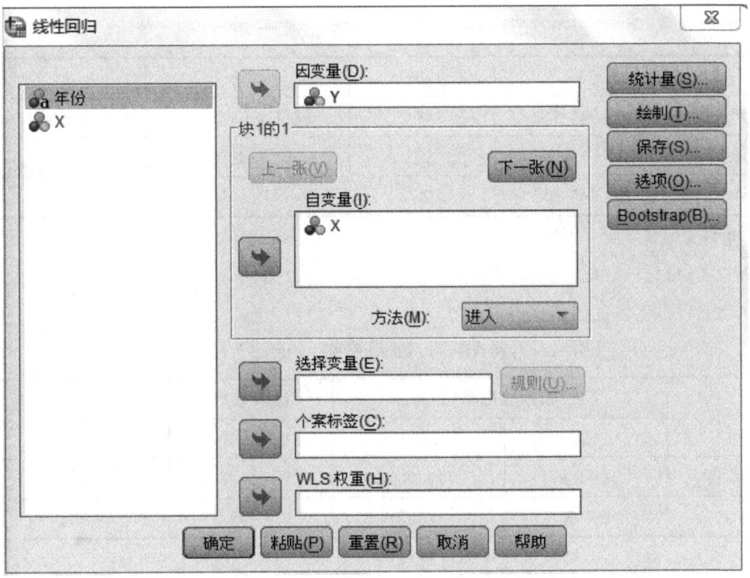

图 10-18　SPSS 线性回归对话框

线性回归输出结果如表 10-3～表 10-8 所示。

表 10-3　描述性统计量

变量	均值	标准偏差	*N*
Y	1944.70	1765.378	29
X	4436.11	4413.746	29

表 10-4　*X*、*Y* 相关性

		Y	*X*
Pearson 相关性	*Y*	1.000	0.995
	X	0.995	1.000
Sig.（单侧）	*Y*		0.000
	X	0.000	
N	*Y*	29	29
	X	29	29

表 10-5　模型汇总 b

模型	*R*	R^2	调整 R^2	标准估计的误差	更改统计量					Durbin-Watson
					R^2 更改	*F* 更改	df1	df2	Sig. *F* 更改	
1	0.995a	0.989	0.989	185.963	0.989	2496.369	1	27	0.000	0.169

a 预测变量：（常量），*X*

b 因变量：*Y*

表 10-6 方差分析表（一）[b]

模型		平方和	df	均方	F	Sig.
1	回归	86 329 947.560	1	86 329 947.560	2 496.369	0.000[a]
	残差	933 719.742	27	34 582.213		
	总计	87 263 667.302	28			

a 预测变量：（常量），X
b 因变量：Y

表 10-7 回归系数（一）[a]

模型		非标准化系数		标准系数	t	Sig.
		B	标准误差	试用版		
1	常量	179.896	49.398		3.642	0.001
	X	0.398	0.008	0.995	49.964	0.000

a 因变量：Y

表 10-8 残差统计量（一）[a]

统计量	极小值	极大值	均值	标准偏差	N
预测值	331.560	6274.130	1944.700	1755.908	29
残差	–453.861	305.138	0.000	182.612	29
标准预测值	–0.919	2.466	0.000	1.000	29
标准残差	–2.441	1.641	0.000	0.982	29

a 因变量：Y

通过显著性检验，模型结果为 Y=179.90+0.398×X。

10.5.3 用 R 语言做预测分析

```
x <- c(12,15,24,26,34,35,40,45);    #广告投入
y <- c(21,24,33,34,43,43,49,53);    #销售额
mod = lm(y~1+x)
print("回归分析结果"); summary(mod)
AOV = aov(mod)
print("方差分析结果"); summary(AOV)

#输出残差与预测值和作图
res = resid(mod);   #残差值
fit_value = fitted(mod)   #拟合值
print("残差"); print(res)
print("拟合值"); print(fit_value);
```

```
par(mfrow = c(2,1))
plot(x,res,type="p",col=rainbow(length(res)),pch=19,cex=3,ylim=c(-1,1),
ylab="残差")
plot(x,fit_value,type="p",col=rainbow(length(res)),pch=19,cex=3,ylab=
"预测")
res = resid(mod);   #残差值
fit_value = fitted(mod)   #拟合值
print("残差"); print(res);
print("拟合值"); print(fit_value);
par(mfrow = c(2,1))
plot(x,res,type="p",col=rainbow(length(res)),pch=19,cex=3,ylim=c(-1,1),
ylab="残差")
plot(x,fit_value,type="p",col=2,pch=19,cex=3,ylab="预测")
points(x,y, col=3,pch=18,cex=3)
legend("topleft",c("预测值","真实值"),col=c(2,3),pch=c(19,18))

cor(x,y, method ="pearson")"pearson"   #相关系数
cor(x,y, method ="kendall")"kendall"   #相关系数
cor(x,y, method ="spearman")"spearman"   #相关系数

print("预测值统计描述"); summary(fit_value)
print("残差统计描述"); summary(res)
print("标准预测值统计描述"); summary(scale(fit_value))
print("标准残差统计描述"); summary(scale(res))
```

10.5.4 用 R 语言进行方差分析

```
x <- c(12,15,24,26,34,35,40,45);   #广告投入
y <- c(21,24,33,34,43,43,49,53);   #销售额
mod = lm(y~1+x)
print("回归分析结果"); summary(mod)
AOV = aov(mod)
print("方差分析结果"); summary(AOV)

#输出残差与预测值和作图
res = resid(mod);   #残差值
fit_value = fitted(mod)   #拟合值
print("残差"); print(res);
print("拟合值"); print(fit_value);
```

```
    par(mfrow = c(2,1))
    plot(x,res,type="p",col=rainbow(length(res)),pch=19,cex=3,ylim=c(-1,1),
ylab="残差")
    plot(x,fit_value,type="p",col=rainbow(length(res)),pch=19,cex=3,ylab=
"预测")
```

10.5.5 练习题

1. 作散点图

第一步：输入数据→图形→散点图/点图，如图 10-19 所示。

图 10-19 SPSS 数据分析界面

第二步：选择“简单分布”，如图 10-20 所示。

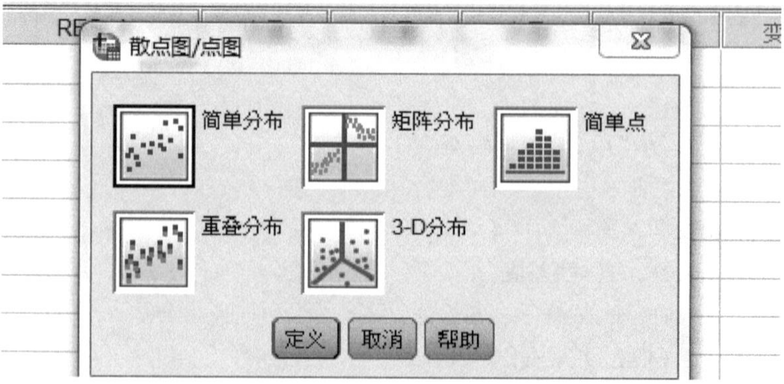

图 10-20 散点图对话框

输出结果如图 10-21 所示。

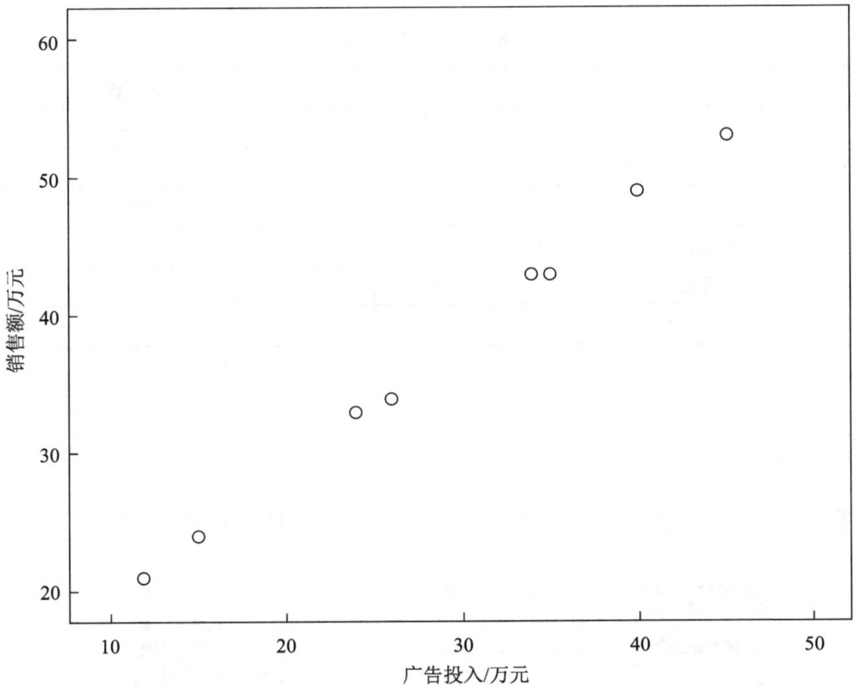

图 10-21　广告投入与销售量的散点图（二）

2. 计算相关系数

输入数据→分析→相关性→双变量相关，按要求设置选项，见图 10-22。

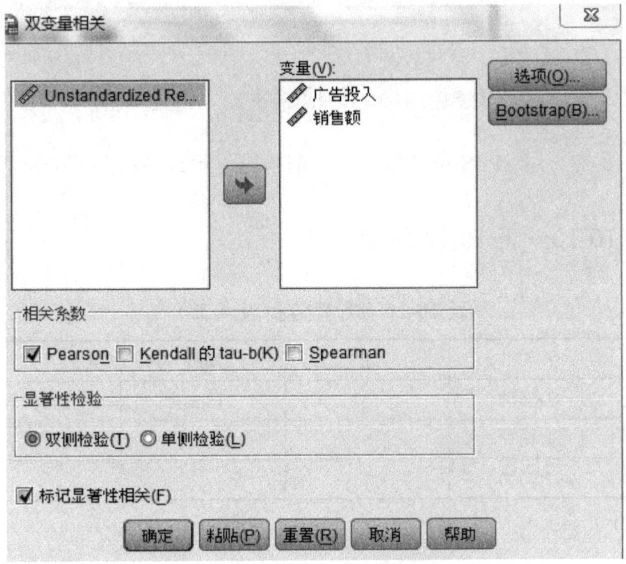

图 10-22　相关系数计算的设置选项

输出相关性结果如表 10-9 所示。

表 10-9 相关性

		广告投入	销售额
广告投入	Pearson 相关性	1	0.999**
	显著性（双侧）		0.000
	N	8	8
销售额	Pearson 相关性	0.999**	1
	显著性（双侧）	0.000	
	N	8	8

** 在 0.01 水平（双侧）上显著相关

3. *回归方程和残差*

输入数据→分析→回归→线性回归，按要求设置选项，见图 10-23。

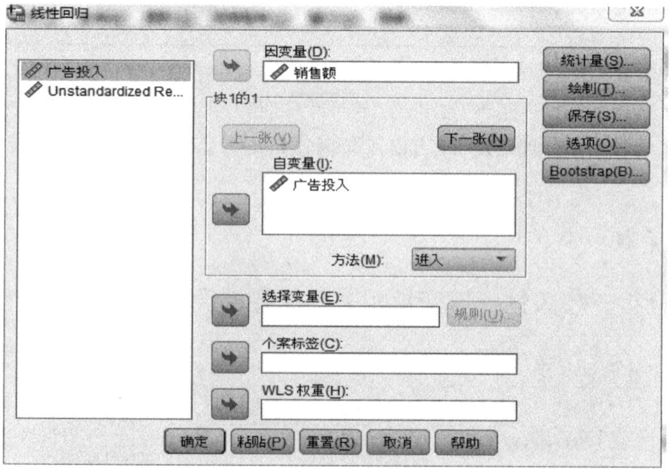

图 10-23 用 SPSS 对广告投入与销售额进行线性回归的分析界面

输出结果如表 10-10～表 10-12 所示。

表 10-10 方差分析表（二）[b]

模型		平方和	df	均方	F	Sig.
1	回归	918.517	1	918.517	3716.960	0.000[a]
	残差	1.483	6	0.247		
	总计	920.000	7			

a 预测变量：(常量)，广告投入

b 因变量：销售额

表 10-11 回归系数（二）[a]

模型		非标准化系数		标准系数	t	Sig.
		B	标准误差	试用版		
1	（常量）	9.210	0.496		18.561	0.000
	广告投入	0.980	0.016	0.999	60.967	0.000

a 因变量：销售额

表 10-12 残差统计量（二）[a]

	极小值	极大值	均值	标准偏差	N
预测值	20.967	53.299	37.500	11.455	8
残差	−0.683	0.600	0.000	0.460	8
标准预测值	−1.443	1.379	0.000	1.000	8
标准残差	−1.374	1.208	0.000	0.926	8

a 因变量：销售额

第 11 章

时间序列的分析和预测

11.1 时间序列数据的收集

时间序列（time series）是由同一现象在不同时间上的相继观察值排列而成的序列。我们常用的宏观经济数据多以时间序列的形式给出，如各国的 GDP、价格数据等，微观上如定期记录的某工厂产品产量、学生每天上网的时间等。实际上，世界上的各种事物、事件的变化发展所表现出来的任一特征，只要能被持续地观察、度量、记录，就是时间序列。时间序列与一般统计数据的不同之处在于有严格的先后顺序。不同时点或时期的数据之间可能没有关联而互相独立，但大多数情况下它们的数据之间存在着某种前后相承的关系，而非完全互相独立。对这类数据进行分析和研究就需要使用一些特殊的方法，时间序列就是为了分析具有这种独特特征的数据而形成和发展起来的一系列统计分析方法的完整体系。

现代经济学有关时间序列的分析方法非常丰富，而且方法的更替也非常快，有些方法趋于成熟，有些新的方法随着时间序列特征研究不断地深化、细化和推陈出新。传统的方法一般有从因果关系出发的回归分析方法、趋势外推方法、灰色系统等，以及现代经济学中基于随机过程的分析方法、从物理学演化而来的频域等分析方法。

时间序列数据示例如表 11-1 所示。

表 11-1　2010～2023 年我国生猪各种产量

年份	出栏量/万头	存栏量/万头	年末母猪存栏/万头	猪肉供给/万 t
2010	66 686.4	46 460.0	4 854.9	5 071.2
2011	66 170.3	46 862.7	4 921.1	5 053.1
2012	69 789.5	47 592.2	5 043.2	5 342.7
2013	71 557.3	47 411.3	5 132.3	5 618.6
2014	73 510.0	46 582.7	4 962.5	5 820.8
2015	70 825.0	45 112.5	4 693.1	5 645.4
2016	68 502.0	43 503.7	4 456.2	5 425.5

续表

年份	出栏量/万头	存栏量/万头	年末母猪存栏/万头	猪肉供给/万 t
2017	68 861.0	43 325.0	3 465.0	5 451.8
2018	69 382.4	42 817.0	3 466.0	5 403.7
2019	54 419.0	31 041.0	3 080.0	4 255.3
2020	52 704.0	40 650.0	4 161.0	4 113.3
2021	67 128.0	44 922.0	4 329.0	5 296.0
2022	69 995.0	45 256.0	4 390.0	5 541.4
2023	72 662.0	43 422.0	4 142.0	5 794.3

11.2　时间序列数据准备及缺失数据的处理方法

时间序列数据最显著的特点就是数据有着严格的先后顺序，并且与一定的时间点或时间段相对应，因此，要把一系列变量作为时间序列来处理，必须先指明与每个数据相对应的时间点或时间段，以及整个数据所对应的期间。

11.2.1　用 SPSS 处理缺失数据

要按时间定义功能将数据编辑整理，给它们赋予相对应的时间标志。具体操作步骤如下。

选择菜单“数据（DATA）→定义日期”，出现如图 11-1 所示的窗口。然后根据数据的实际情况选择相匹配的时间格式和参数。本章数据来自 2010～2023 年月度数据，就可以在右侧输入 2010 年 1 月。

这样就完成了 SPSS 的时间定义操作，自动生成了数据所需的时间格式（图 11-2）。

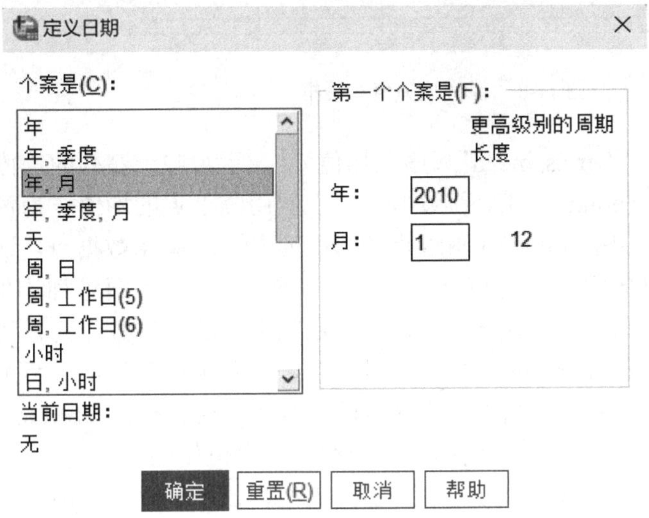

图 11-1　定义日期对话框

图 11-2　数据所需的时间格式

缺失数据是处理时间序列数据时经常会遇到的问题，即使是官方的数据有时也会出现缺失。多时点数据的缺失使时间序列的总体发展趋势无法被完整准确地反映出来，也会造成数据间隔不一致，会影响到模型的选择和模型参数的估计，使模型的预测精度大大下降。因此通常情况下不能对数据一删了之，应在对缺失数据进行预处理补齐后再实施建模。处理方法是寻找合适的值对缺失值进行替换处理。替换处理是处理时间序列数据的重要方法，通常情况下使用前后两期的均值、移动均值等进行替换，或用趋势法得到的推算值进行替换等。如果不进行替换，有些软件会默认缺失值为 0，会增大误差。

SPSS 软件中设计了缺失值的处理方法，方法如下。

选择菜单"Transform（转换）→Replace Missing Values（替换缺失值）"，就会出现图 11-3 的操作界面。把需要处理的变量序列选入"New Variable(s)"（新变量）框中。然后在下面的"Name and Method"中填入名称并选择方法，点击"OK"。

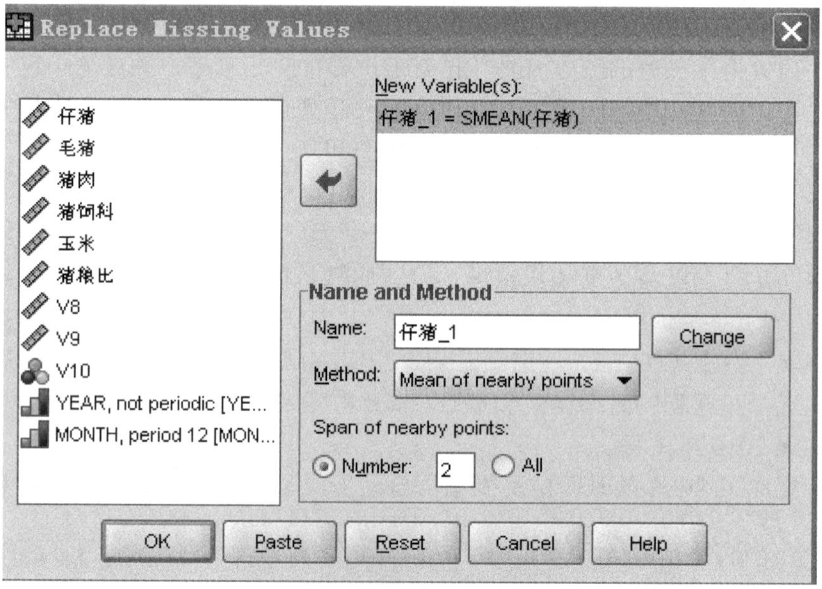

图 11-3　替换缺失值对话框

这里采用的方法有：①"Series mean"（序列均值），表示用整个序列的均值来作为替代值。②"Mean of nearby points"（临近点均值），表示用临近点的均值作为替代值。在此方法中，在"Span of nearby points"（附近点的跨度）中输入 K 个数据点，这样最后填补的值就是这 $2K$ 个数的平均数；也可选择"All"（全部），作用同序列均值选项。③"Media of nearly point"（临近点的中位数），表示用临近点的中位数作为替代值，方法同临近点均值。④"Linear interpolation"（线性插值），表示用缺乏值前后两个时点数据的某种线性组合进行填补，是一种加权平均的方法。⑤"Linear trend at point"（点处的线性趋势），也称线性趋势值法，表示用回归拟合线的拟合值作为替代值。

需要注意的是，如果序列的第一和最后一个数据为缺失值，则只能利用序列均值和线性趋势值法处理，其他方法不适用。

11.2.2　用 R 语言处理缺失数据

```
library(readxl);   #加载Excel
setwd("C:\\Users\\sun\\Desktop\\教材数据");   #读取位置
data = as.data.frame(read_excel("2010～2023年我国生猪各种产量.xlsx"));   #
读取数据
colnames(data)=c("年份","出栏量","年底存栏","猪肉供给");   #命名各序列
cunlan = data$年底存栏;   #缺失数据处理办法，选年底存栏作为序列
#判断有无缺失值以及缺失值的位置
cunlan[12] = NA   #人为制造一个缺失值
idx = which(is.na(cunlan));idx   #会发现在第12个位置上有缺失值
#用序列均值替代
cunlan[idx] = mean(cunlan[-idx])
#设置临近点均值，要确认只有一个空缺值
K = 3;   #设置临近点距离
cunlan[12] = NA   #人为制造一个缺失值
idx = which(is.na(cunlan))
sub_idx = c((idx-K):(idx-1),(idx+1):(idx+K))
cunlan[idx] = mean(cunlan[sub_idx])
#采用线性插值，在临近点均值里设置K等于1，就是这里不加权的线性插值了
#采用线性趋势插值法，这里需要回归，以出栏量为例
cunlan[12] = NA   #人为制造一个缺失值
idx = which(is.na(cunlan))
chulan = data[,2];   #出栏量
mod = lm(cunlan[-idx] ~ 1 + chulan[-idx]);   #非空缺部分建立回归
cbind(rep(1,length(idx)),chulan[idx]) %*% as.vector(mod$coef)
sum(c(1,chulan[idx])*as.vector( mod$coef ))
cbind(rep(1,length(idx)),chulan[idx]) %*% as.vector(mod$coef)
```

11.3　时间序列的描述性分析

对于时间序列数据，应该首先观察图形数据是如何随着时间的变化而变化的，直观地感觉时间序列变化的规律，为进一步分析是否具有趋势、季节性规律、周期性波动规律以及进行时间序列的预测等提供分析的基础。

11.3.1　用 Excel 绘制时间序列图

用 Excel 绘制时间序列图非常简单，将数据和相应的时间选中，选择折线图就完成

了时间序列图，如果需要对图形的线段及颜色等进行修改，就点右键，选择“设置坐标轴选项”，可以选择线条、数字、颜色、三维动画等进行修改，直到满意为止。

11.3.2　用 SPSS 绘制时间序列图

在 SPSS 软件中，选择菜单“图形”→“图形画板模板选择器”，然后再将选用的变量选入窗口，选择线形图，出现如图 11-4 所示的窗口。将需要绘图的序列变量加入变量框中，在“详细”中选定纵坐标和横坐标，在“标题”中输入图形标题，在“选项”中选择颜色等，点击“确定”。

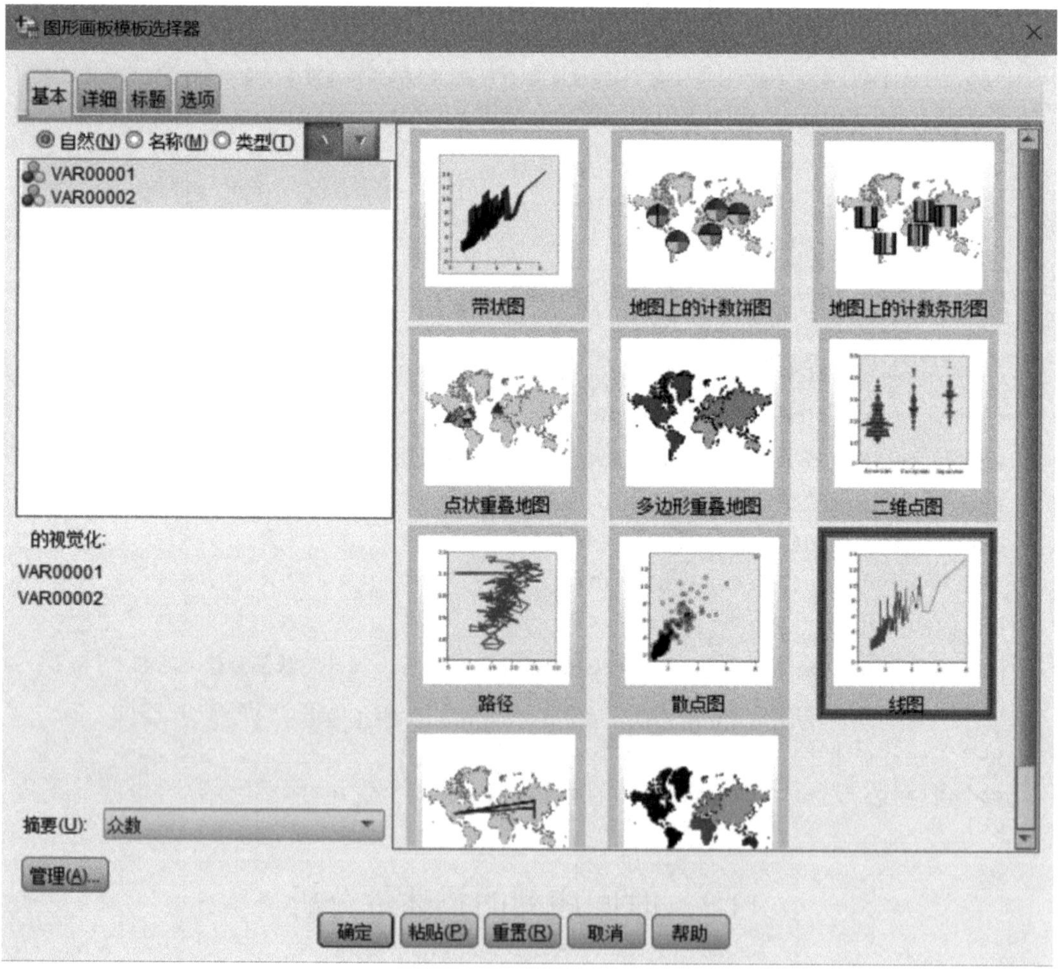

图 11-4　图形画板模板选择器对话框

从图 11-5 可以看出，我国 2012～2022 年猪粮比时间序列图是一个具有稳定趋势的变化图，但也观察到，随着时间的推移，猪粮比的波动幅度越来越大。从图 11-6 的猪饲料价格和玉米价格波动图中可以看出，价格波动具有很强的时间趋势，也就是随着时间的推移，价格在逐渐上升，在波动幅度上也有小幅度增大的趋势。

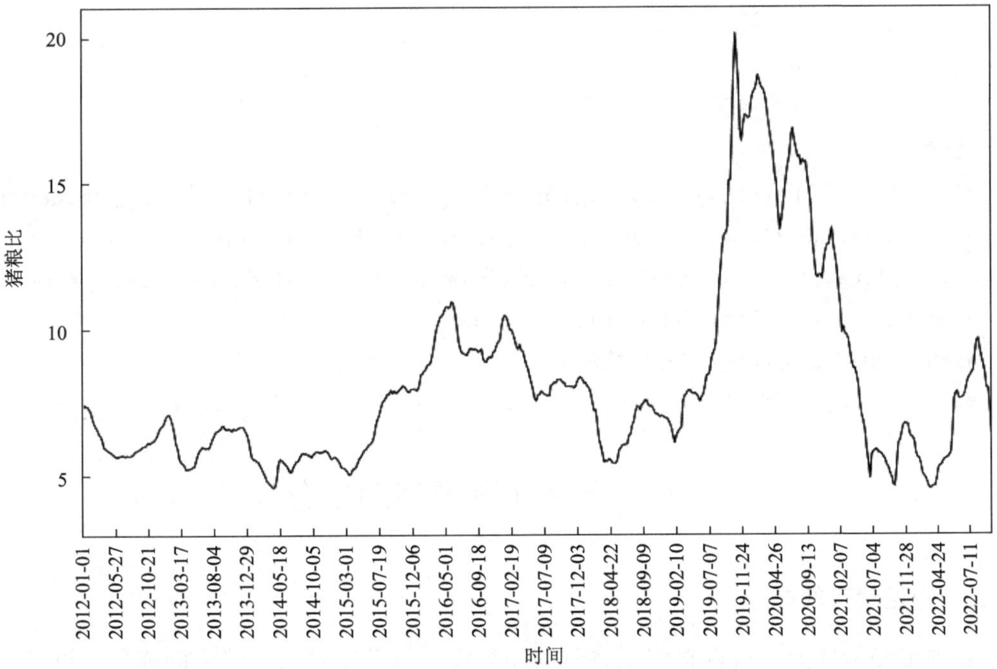

图 11-5　2012~2022 年猪粮比的时间序列图

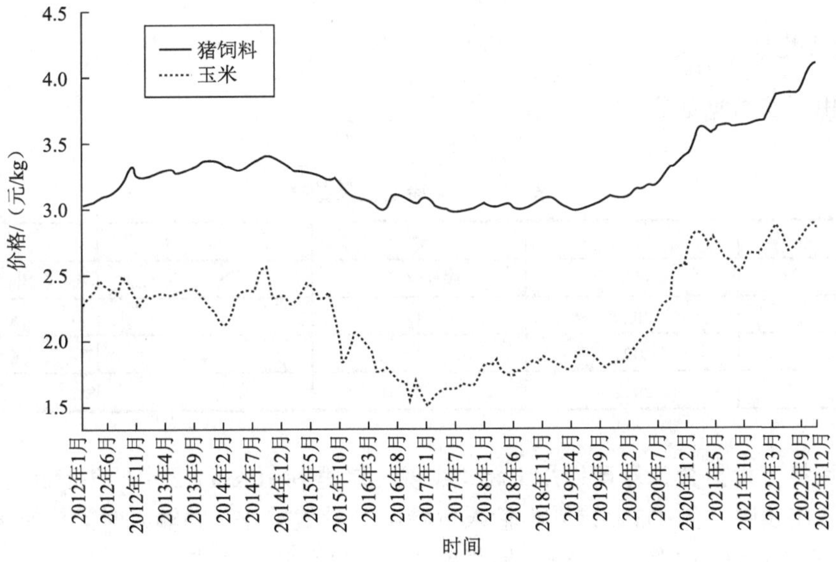

图 11-6　2012 年 1 月～2022 年 12 月猪饲料价格和玉米价格波动图

11.3.3　用 R 语言绘时间序列图

仍然采用表 11-1 中的数据，读取数据用前面的程序。

```
cunlan = data$年底存栏; chulan = data[,2]
names(cunlan) = data$年份
```

```
names(chulan) = data$年份
plot(data$年份,cunlan,type="o",pch=16,col=rainbow(length(cunlan)),
xlab="年份",ylab="出栏量",cex=2)
#波动幅度
plot(data$年份[-1],abs(diff(cunlan))/cunlan[-length(cunlan)],type="o",
pch=16,col=rainbow(length(cunlan)-1),xlab="年份",ylab="出栏量",cex=2)
lines(data$年份[-1],abs(diff(chulan))/chulan[-length(chulan)],type="o",
pch=17,col=rainbow(length(chulan)-1),cex=2)
#确定时间序列趋势成分，以存栏量为例
t1 = 1:length(cunlan); t2 = t1**2; t3 = t1**3; t4 = t1**4
```

11.4 确定时间序列的成分

11.4.1 确定趋势的成分

要确定趋势成分，可以首先观察时间序列图，看其中是否有趋势的成分，以及所存在的趋势是线性还是非线性的。然后在此基础上，用回归分析等方法，进行线性、非线性预测，进行系数检验、整体拟合优度检验及其误差大小的检验等。

1. 线性趋势

生猪出栏量数据如表 11-2 所示。

表 11-2 生猪出栏量数据

1	A	B	C	D
2	年份	序号（t）	$t\times t$	出栏量/头
3	2020	1	1	52 704
4	2021	2	4	67 128
5	2022	3	9	69 995

线性趋势方程拟合计算可以用 Excel 实现，这里利用表 11-2 中的生猪出栏量数据。在 Excel 工作表中（如 D3:D15）中输入生猪出栏量数据 Y，并输入时间序列号 t（如在 B3:B15 或者 A3:A15 中输入），在工具菜单的“数据分析”中点击“回归”，点击“确定”即得回归结果。

在 SPSS 中，点“回归”，选择“线性回归”，然后把自变量和因变量选入变量，点击“确定”（图 11-7）。

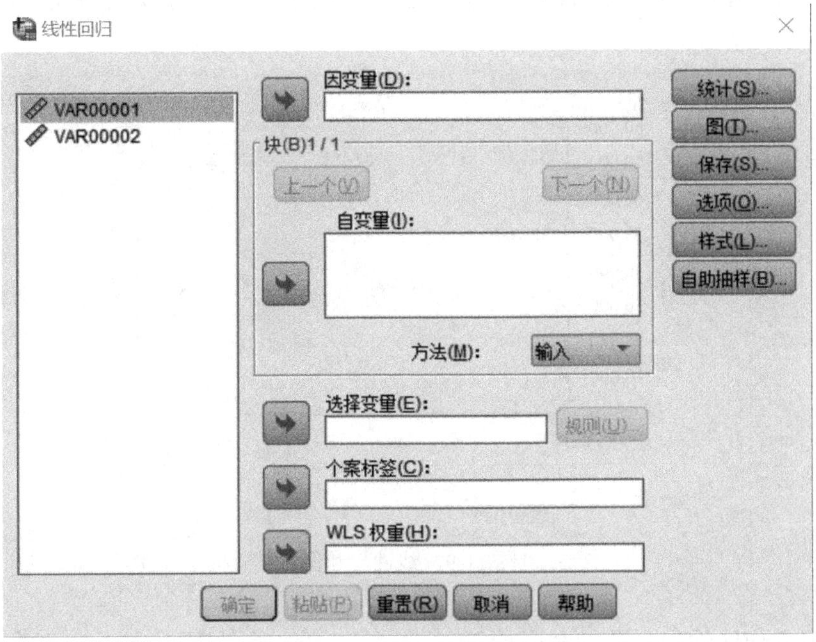

图 11-7 线性回归对话框

Excel 的回归结果如图 11-8 所示。

SUMMARY OUTPUT								
回归统计								
Multiple R	0.932946							
R Square	0.870389							
Adjusted R	0.740778							
标准误差	4718.125							
观测值	3							
方差分析								
	df	SS	MS	F	ignificance F			
回归分析	1	1.49E+08	1.49E+08	6.71539	0.234457			
残差	1	22260708	22260708					
总计	2	1.72E+08						
	Coefficient	标准误差	t Stat	P-value	Lower 95%	Upper 95%	下限 95.0%	上限 95.0%
Intercept	45984.67	7207.056	6.380507	0.098971	-45589.7	137559	-45589.7	137559
X Variable	8645.5	3336.219	2.591407	0.234457	-33745.2	51036.18	-33745.2	51036.18

图 11-8 Excel 回归结果

或者更简单地，也可以直接在时间序列图中点击左键，添加趋势线，可选择显示公式（此处未添加），得到线性趋势图如图 11-9 所示。这样可以获得简单的直线回归结果。

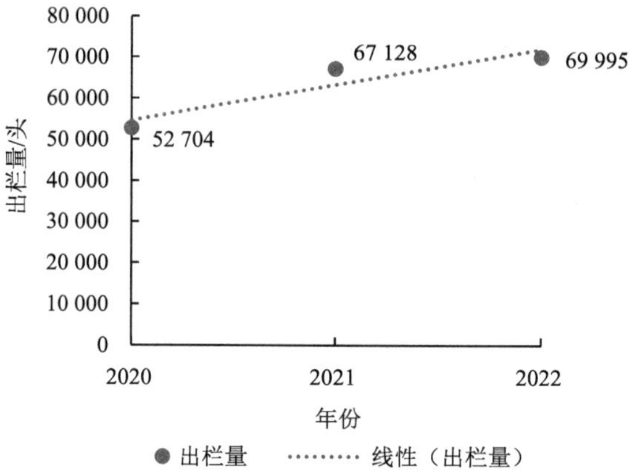

图 11-9 线性趋势图

用 R 语言作线性趋势图的命令如下。

```
#线性趋势（接前面的程序及数据）
mod = lm(cunlan~1+t1)
print(summary(mod))
plot(t1,cunlan,type="l",col=2,xlab="",ylab="")
abline(mod)
```

2. 非线性趋势

用 Excel 来处理非线性趋势比较麻烦，一般来讲，是先计算出多项序列的值，再进行回归运算。例如，在抛物线型的二项式方程（$Y=a+bt+ct^2$）的回归拟合中，一般先把 t^2 的序列计算出来，再用回归方法进行拟合。对于本例，可在 Excel 工作表中输入数据，点击“数据分析”→“回归”，然后在“Y 值输入区域”输入出栏量数据（D3:D15），在“X 值输入区域”输入“B3:C15”，这里就已经包括了“t”和“t^2”的值，在输出区域输入指定位置，点击“确定”即可得到回归结果。其他非线性曲线，其思路和抛物线型曲线相似，先计算出非线性的变量，然后再进行回归计算（过程略）。

在 SPSS 中，进行非线性回归比较简单。在“分析”→“回归”中选择曲线，就出现如图 11-10 所示的界面，只需要把变量放在自变量和因变量中，在模型中选择所需要的模型。

最终可得到非线性回归输出结果如图 11-11 所示。

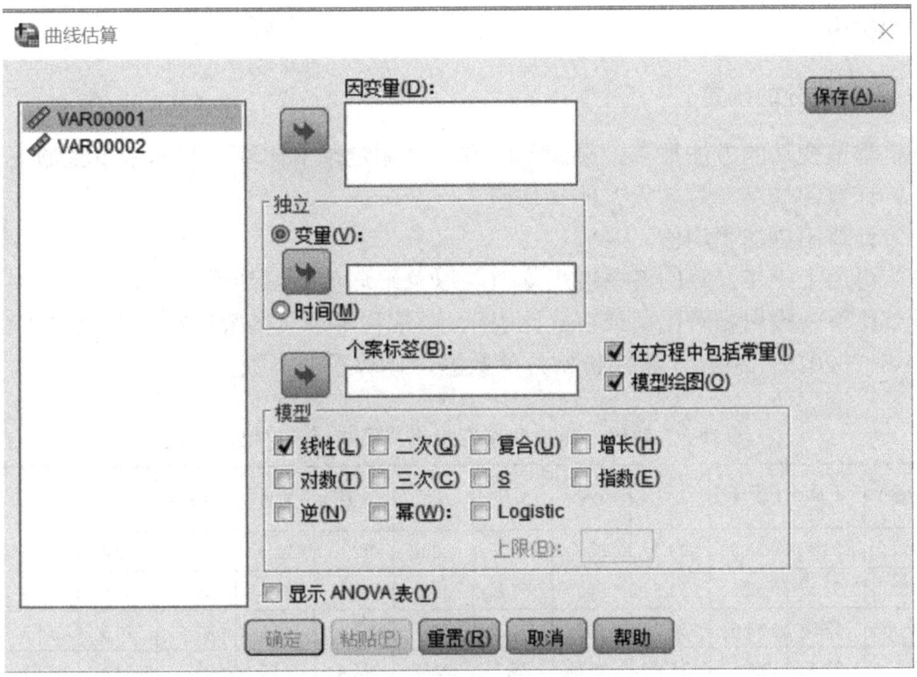

图 11-10　曲线估算对话框

SUMMARY OUTPUT

回归统计	
Multiple R	1
R Square	1
Adjusted R	65535
标准误差	0
观测值	3

方差分析

	df	SS	MS	F	ignificance F
回归分析	2	1.72E+08	85875024	#NUM!	#NUM!
残差	0	0	65535		
总计	2	1.72E+08			

	Coefficient	标准误差	t Stat	P-value	Lower 95%	Upper 95%	下限 95.0%	上限 95.0%
Intercept	26723	0	65535	#NUM!	#VALUE!	#VALUE!	26723	26723
X Variable	31759.5	0	65535	#NUM!	31759.5	31759.5	31759.5	31759.5
X Variable	-5778.5	0	65535	#NUM!	-5778.5	-5778.5	-5778.5	-5778.5

图 11-11　非线性回归输出结果

用 R 语言进行非线性回归的命令如下。

```
mod = lm(cunlan~1+t1+t2+t3+t4)
print(summary(mod))
```

```
aov(mod)
```

11.4.2 季节成分的确定

测定季节变动的方法很多，最简单的方法是测定季节比率，其基本步骤如下。

（1）计算各季度（月、天）的平均值。

（2）计算出总的平均值。

（3）再用上一步计算的各季度平均值除以总平均值就得到季节比率。

季节比率一般用相对比率或百分比表示，通常利用季节指数进行数据的季节性调整。用表 11-3 中 2019～2022 年猪肉价格月度数据，计算季节指数。

表 11-3 2019～2022 年猪肉价格月度数据（单位：元）

年份（指标）	1月	2月	3月	4月	5月	6月	7月	8月	9月	10月	11月	12月
2019	23.8	23.5	23.3	22.8	22.5	22.6	22.6	22.5	22.4	22.4	23.6	24.1
2020	51.2	52.5	53.5	54.7	57.2	57.6	59.1	59.6	59.2	58.5	57.8	56.9
2021	53.0	53.6	54.2	53.7	52.3	51.7	51.1	48.5	47.5	46.3	45.3	44.1
2022	27.4	26.5	25.9	25.6	25.7	25.4	24.4	23.7	23.2	22.6	22.1	21.8
同月平均	38.9	39.0	39.2	39.2	39.4	39.3	39.3	38.6	38.1	37.5	37.2	36.7
季节指数	1.01	1.01	1.01	1.01	1.02	1.02	1.02	1.00	0.99	0.97	0.97	0.95

根据表 11-3 绘得 2019～2022 年猪肉价格季节指数变动图如图 11-12 所示。从中可以看出，2019～2022 年猪肉价格月度季节指数的变化并不是特别大。

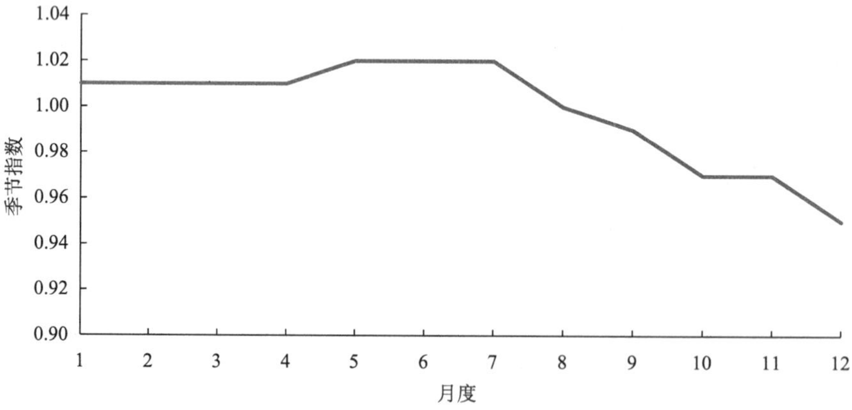

图 11-12 2019～2022 年猪肉价格季节指数变动图

```
#季节成分数据——模拟数据
price = 1+ 0.1*sin(2*pi/12*(1:60))+ rnorm(60)*0.1
plot(price,type="o",ylim=c(0.8,1.2))
#季节比率
```

```
bilv = NULL   #季节比率，每年4个季节，共计4年
idx1 = NULL    #相当于清空数据
for(k in 0:4){idx1 = c(idx1,1:3+k*12)}    #选取每年的第1季度数据
sub1 = price[idx1]    #选取所有年份第1季度数据
a1 = mean(sub1)/mean(price);    #计算第1季度比率，用每年第1季度平均值除以总季度平均值
idx2 = NULL
for(k in 0:4){idx2=c(idx2,4:6+k*12)}
sub2 = price[idx2]    #选取所有年份第2季度数据
a2 = mean(sub2)/mean(price);    #计算第2季度比率
idx3 = NULL
for(k in 0:4){idx3=c(idx3,7:9+k*12)}
sub3 = price[idx3]    #选取所有年份第3季度数据
a3 = mean(sub3)/mean(price);    #计算第3季度比率
idx4 = NULL
for(k in 0:4){idx4=c(idx4,10:12+k*12)}
sub4 = price[idx4]    #选取所有年份第4季度数据
a4 = mean(sub4)/mean(price);    #计算第4季度比率
print(c(a1,a2,a3,a4))
```

11.4.3　平稳序列的预测

1. 移动平均法

移动平均法是通过对时间序列逐期递移求得平均数以作预测的方法。在采用 Excel 进行移动平均数预测时，在“数据分析”选项中选择“移动平均”，出现如图 11-13 所示的界面，在“输入区域”输入要进行平均的数据区域，间隔中选取移动平均的阶数，在“输出区域”输入需要输出的数据位置，点击“确定”。

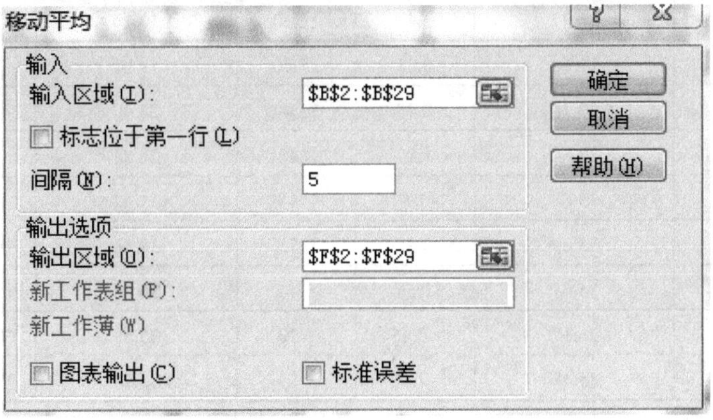

图 11-13　移动平均对话框

本例采取了3项移动平均和5项移动平均进行计算，进而计算了预测误差（实际值和预测值的差）和误差平方，计算结果如表11-4所示。经过计算，3项移动平均误差平方的值为211.47，而5项移动平均误差平方的值为460.99，远远大于3项移动平均。两种移动平均法预测结果与生猪价格变动对比见图11-14。

表11-4 移动平均法计算结果

时间	生猪价格/(元/kg)	3项移动平均预测	预测误差	误差平方	5项移动平均预测	预测误差	误差平方
2018/1/1	14.79						
2018/2/1	13.06						
2018/3/1	10.55	12.80	−2.25	5.06			
2018/4/1	10.08	11.23	−1.15	1.32			
2018/5/1	10.11	10.25	−0.14	0.02	11.72	−1.61	2.59
2018/6/1	11.10	10.43	0.67	0.45	10.98	0.12	0.01
2018/7/1	12.09	11.10	0.99	0.98	10.79	1.30	1.70
2018/8/1	13.43	12.21	1.22	1.50	11.36	2.07	4.28
2018/9/1	13.90	13.14	0.76	0.58	12.13	1.77	3.15
2018/10/1	13.40	13.58	−0.18	0.03	12.78	0.62	0.38
2018/11/1	12.82	13.37	−0.55	0.31	13.13	−0.31	0.10
2018/12/1	12.77	13.00	−0.23	0.05	13.26	−0.49	0.24
2019/1/1	11.62	12.40	−0.78	0.61	12.90	−1.28	1.64
2019/2/1	11.85	12.08	−0.23	0.05	12.49	−0.64	0.41
2019/3/1	14.20	12.56	1.64	2.70	12.65	1.55	2.40
2019/4/1	14.86	13.64	1.22	1.50	13.06	1.80	3.24
2019/5/1	14.73	14.60	0.13	0.02	13.45	1.28	1.63
2019/6/1	16.33	15.31	1.02	1.05	14.39	1.94	3.75
2019/7/1	17.91	16.32	1.59	2.52	15.61	2.30	5.31
2019/8/1	22.36	18.87	3.49	12.20	17.24	5.12	26.23
2019/9/1	27.71	22.66	5.05	25.50	19.81	7.90	62.44
2019/10/1	37.71	29.26	8.45	71.40	24.40	13.31	177.05
2019/11/1	35.51	33.64	1.87	3.48	28.24	7.27	52.85
2019/12/1	33.81	35.68	−1.87	3.48	31.42	2.39	5.71
2020/1/1	35.96	35.09	0.87	0.75	34.14	1.82	3.31
2020/2/1	37.23	35.67	1.56	2.44	36.04	1.19	1.41
2020/3/1	35.92	36.37	−0.45	0.20	35.69	0.23	0.05
2020/4/1	33.28	35.48	−2.20	4.83	35.24	−1.96	3.84

续表

时间	生猪价格(元/kg)	3 项移动平均预测	预测误差	误差平方	5 项移动平均预测	预测误差	误差平方
2020/5/1	28.80	32.67	−3.87	14.95	34.24	−5.44	29.57
2020/6/1	32.36	31.48	0.88	0.77	33.52	−1.16	1.34
2020/7/1	37.13	32.76	4.37	19.07	33.50	3.63	13.19
2020/8/1	37.14	35.54	1.60	2.55	33.74	3.40	11.55
2020/9/1	35.54	36.60	−1.06	1.13	34.19	1.35	1.81
2020/10/1	29.66	34.11	−4.45	19.83	34.37	−4.71	22.15
2020/11/1	29.63	31.61	−1.98	3.92	33.82	−4.19	17.56
2020/12/1	33.38	30.89	2.49	6.20	33.07	0.31	0.10
合计		22.54		211.47			460.99

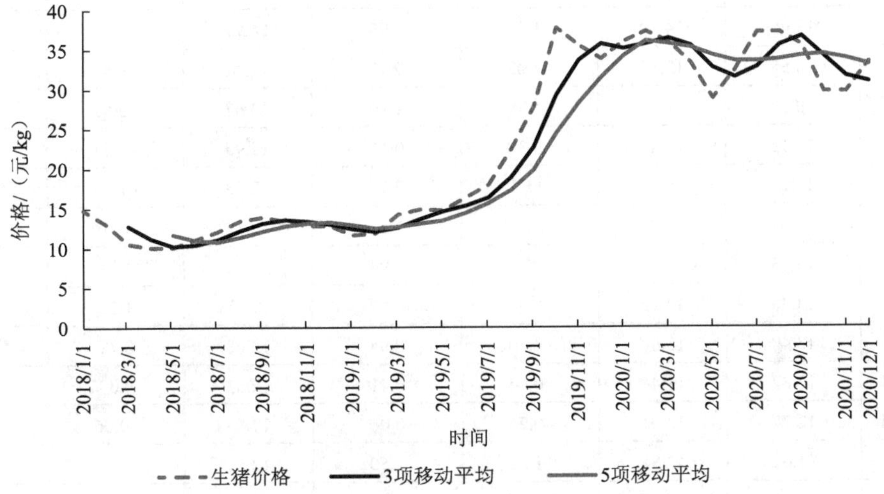

图 11-14　两种移动平均法预测结果与生猪价格变动对比

2. 指数平滑法

在 Excel 中，指数平滑法比较简单，点“数据分析”→“指数平滑”，便出现如图 11-15 所示的界面，在输入区域中，输入要进行平滑的数据。然后输入阻尼系数，在输出区域输入预测值的放置区域。表 11-5 列出了假定阻尼系数 a 为 0.3 和 0.8 时的预测误差和误差平方。根据表 11-5 中数据可绘得两种指数平滑法预测结果与生猪价格变动对比图（图 11-16）。

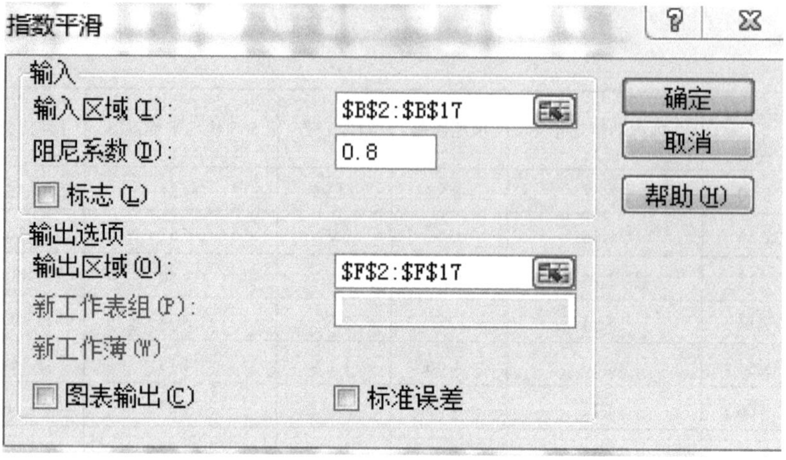

图 11-15　指数平滑对话框

表 11-5　指数平滑法预测结果

时间	生猪价格	a=0.3	预测误差	误差平方	a=0.8	预测误差	误差平方
2018/1/1	14.79						
2018/2/1	13.06	14.79	−1.73	2.99	14.79	−1.73	2.99
2018/3/1	10.55	13.58	−3.03	9.17	14.44	−3.89	15.16
2018/4/1	10.08	11.46	−1.38	1.90	13.67	−3.59	12.85
2018/5/1	10.11	10.49	−0.38	0.15	12.95	−2.84	8.06
2018/6/1	11.10	10.23	0.87	0.77	12.38	−1.28	1.63
2018/7/1	12.09	10.84	1.25	1.57	12.12	−0.03	0
2018/8/1	13.43	11.71	1.72	2.94	12.12	1.31	1.72
2018/9/1	13.90	12.92	0.98	0.97	12.38	1.52	2.31
2018/10/1	13.40	13.60	−0.20	0.04	12.68	0.72	0.51
2018/11/1	12.82	13.46	−0.64	0.41	12.83	−0.007	0
2018/12/1	12.77	13.01	−0.24	0.06	12.83	−0.06	0
2019/1/1	11.62	12.84	−1.22	1.50	12.81	−1.19	1.43
2019/2/1	11.85	11.99	−0.14	0.02	12.58	−0.73	0.53
2019/3/1	14.20	11.89	2.31	5.33	12.43	1.77	3.13
2019/4/1	14.86	13.51	1.35	1.83	12.78	2.08	4.31
2019/5/1	14.73	14.45	0.28	0.08	13.20	1.53	2.34
2019/6/1	16.33	14.65	1.68	2.83	13.51	2.82	8.00
2019/7/1	17.91	15.83	2.08	4.35	14.07	3.84	14.74
2019/8/1	22.36	17.28	5.08	25.76	14.84	7.529	56.57
2019/9/1	27.71	20.84	6.87	47.23	16.34	11.37	129.21
2019/10/1	37.71	25.65	12.06	145.49	18.62	19.09	364.57
2019/11/1	35.51	34.09	1.42	2.01	22.43	13.08	170.96
2019/12/1	33.81	35.08	−1.27	1.62	25.05	8.76	76.74

续表

时间	生猪价格	a=0.3	预测误差	误差平方	a=0.8	预测误差	误差平方
2020/1/1	35.96	34.19	1.77	3.12	26.80	9.16	83.87
2020/2/1	37.23	35.43	1.80	3.24	28.63	8.60	73.90
2020/3/1	35.92	36.69	−0.77	0.59	30.35	5.57	30.99
2020/4/1	33.28	36.15	−2.87	8.24	31.47	1.81	3.29
2020/5/1	28.80	34.14	−5.34	28.53	31.83	−3.03	9.18
2020/6/1	32.36	30.40	1.96	3.83	31.22	1.14	1.29
2020/7/1	37.13	31.77	5.36	28.70	31.45	5.68	32.26
2020/8/1	37.14	35.52	1.62	2.62	32.59	4.55	20.73
2020/9/1	35.54	36.65	−1.11	1.24	33.50	2.04	4.17
2020/10/1	29.66	35.87	−6.21	38.62	33.91	−4.25	18.03
2020/11/1	29.63	31.52	−1.89	3.59	33.06	−3.43	11.74
2020/12/1	33.38	30.20	3.18	10.12	32.37	1.01	1.02
合计		22.08		211.47			1168.23

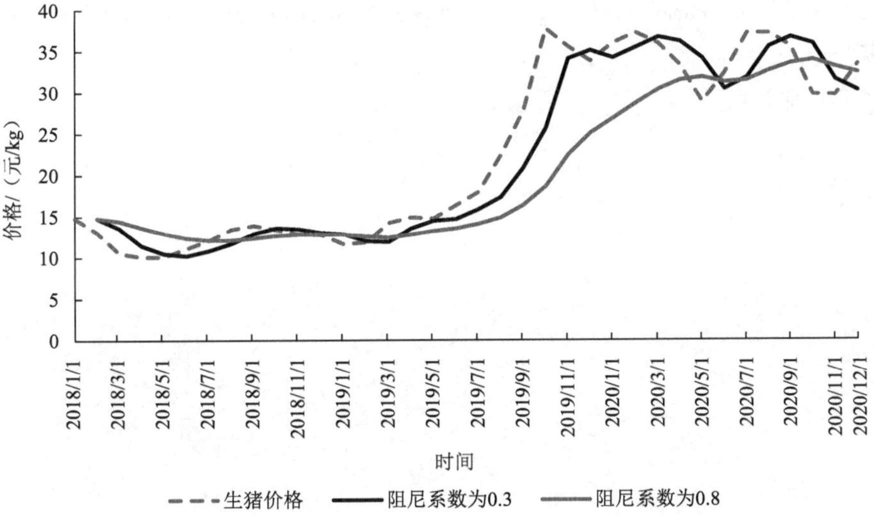

图 11-16　两种指数平滑法预测结果与生猪价格变动对比

根据上述分析，可看到阻尼系数为 0.3 的误差平方要远远小于阻尼系数为 0.8 的误差平方，因此本例中，阻尼系数选择小于 0.5，预测的误差会比较小些（图 11-16）。当然系数是多少，需要进一步验证。就本例而言，近期价格波动对猪肉现期价格的影响不大，反而远期猪肉价格的波动对现期价格的影响较大。这可能是由于猪肉的生产周期比较长，近期价格对现期价格的影响不大，远期价格对本期价格的影响比较大。

11.4.4 复合型序列的分解和预测

本节主要的思路是先按前面介绍的方法，分别测算是否具有季节性因素、趋势性成分或随机性成分，再按乘法或加法模型进行分解，如加法模型就用减法分解，乘法模型就用除法分解；最后得到预测值。

$$F_{t+1} = \alpha Y_t + (1-\alpha)F_t \tag{11-1}$$

平滑系数在 Excel 中称为阻尼系数。式（11-1）表明第 $t+1$ 期的预测值是 t 期的实际值 Y_t 与 t 期预测值 F_t 的加权平均。

R 语言命令如下。

```
a=0.3  #基尼系数
forcast_price = c(NA,price[1])
for(k in 3:length(price)){
forcast_price[k] = forcast_price[k-1]*a + price[k-1]*(1-a)
}
error = abs(forcast_price- price)
squr_error = error*2
result = data.frame("价格"=price, "a=0.3" = forcast_price, "预测误差"=error,
"平方误差"=squr_error)
#其他的改成0.8
```

第 12 章

指数

12.1 指数的基本理论

指数的核心问题是对比和加权。

最常见的对比对象是综合价格水平的变化，而且主要是指不同时间上的变化，即价格指数。有时也可以比较不同空间上价格水平的整体差异。与价格相对的另一个重要变量是物量，如商品销售量、产品产量等，这些物量也可能需要做综合比较。

加权的目的是恰当地调节不同物品在综合变动中应该起的作用。假如只考虑粮食零售价格的综合变动水平，在中国北方，小麦粉的销售量远大于稻米，在计算粮食的价格指数时，小麦粉的价格变动更重要。相反，中国南方的稻米消费远大于小麦粉，在计算粮食的价格指数时，稻米的价格变动更重要。

【例 12.1】 中国南方、北方粮食价格指数的权数不同。

要在太原和南昌两个城市计算粮食价格指数，假设小麦粉和稻米的消费结构与价格变动情况如表 12-1 所示。

表 12-1 小麦粉和稻米的消费结构与价格变动情况

城市	小麦粉价格/(元/kg)		稻米价格/(元/kg)		消费额之比 (小麦粉：稻米)
	2023 年	2024 年	2023 年	2024 年	
太原	5.7	6.4	5.4	5.8	9：1
南昌	5.7	6.4	5.4	5.8	1：9

显然，单就价格本身而言，两个城市的变化相同，但在比较粮食这个整体的价格变动时，要顾及消费结构。本例中，小麦粉价格上涨较多，稻米价格上涨较少，太原市民比南昌市民在粮食方面支出的钱更多。具体计算结果为

$$\text{太原粮食价格指数}=\frac{6.4}{5.7}\times 0.9+\frac{5.8}{5.4}\times 0.1=111.8\%$$

$$南昌粮食价格指数=\frac{6.4}{5.7}\times 0.1+\frac{5.8}{5.4}\times 0.9=107.9\%$$

两者的差异显而易见。在两种商品各自的价格变化程度相同时，仅仅因为消费结构不同，就表现出明显不同的粮食价格指数。

12.2 加 权 指 数

商品的价格和销售量变动频繁，每次进行统计时，都可能记录到不同的商品价格和销售量，基期有基期的数值，计算期有计算期的数值。计算价格指数是使用基期的销售量作权数，还是使用计算期的销售量作权数，在指数理论中有不同意见。最基本的差异是拉氏价格指数以基期销售量为权数，帕氏价格指数以计算期销售量为权数。

12.2.1 拉氏指数

拉氏价格指数的公式为

$$I_p=\frac{\sum p_1q_0}{\sum p_0q_0}\times 100$$

其中，I 表示价格指数，其下标 p 表示针对价格计算指数；p 表示价格，q 表示销售量，下标 0 和 1 分别表示基期和计算期。

拉氏价格指数的分母 $\sum p_0q_0$ 就是基期的销售额，即按照上一期的价格 p_0 卖，上一期 q_0 数量的商品值多少钱；分子 $\sum p_1q_0$ 是一个虚拟数值，表示如果按照本期的价格 p_1 卖，上一期 q_0 数量的商品值多少钱。分子、分母之中，“上一期商品销售量”这个结构保持不变，变化的因素是价格，其比值自然是价格的变化。又由于计算过程中，分子和分母首先需要加总，是一个综合的过程，该比值反映的现象是各种商品综合来看的价格水平变化。

【例 12.2】 拉氏价格指数计算。

设有四种商品的价格和销售量数据如表 12-2 所示。

表 12-2 四种商品的价格和销售量

商品名称	计量单位	价格/元		销售量	
		去年 p_0	今年 p_1	去年 q_0	今年 q_1
A	kg	5.9	6.4	3000	3200
B	L	15.7	15.8	280	330
C	支（350 ml）	26.0	27.0	600	640
D	包（454 g）	45.0	55.0	540	380

将表 12-2 中数据粘贴到 Excel 中（图 12-1），在 G～J 栏增设“计算栏”，标注相应的计算方法，如“p0q0”表示基期价格与基期销售量的乘积，“p1q0”表示计算期价格与基期销售量的乘积，等等。在 G3 单元格内输入“=C3*E3”，在 H3 单元格内输入“=D3*F3”，

在 I3 单元格内输入 “=C3*F3”，在 J3 单元格内输入 “=D3*E3”。同时选中 G3～J3 这四格，使用向下自动填充方法将所有四种商品的对应项目计算完毕，在 G7 单元格输入 “=sum(G3:G6)”，使用向右自动填充方法将所有四种商品对应项目的合计计算完毕。此时，J7 单元格的数值 69 524 与 G7 单元格的数值 61 996 之比是 $\sum p_1q_0 / \sum p_0q_0$，约为 1.121 427，即拉氏价格指数约为 112.14%，价格总水平上涨了约 12.14%。

G3　fx　=C3*E3

	A	B	C	D	E	F	G	H	I	J
1	商品名称	计量单位	价格(元)		销售量		计算栏			
2			去年p0	今年p1	去年q0	今年q1	p0q0	p1q1	p0q1	p1q0
3	A	kg	5.9	6.4	3000	3200	17700	20480	18880	19200
4	B	L	15.7	15.8	280	330	4396	5214	5181	4424
5	C	支(350ml)	26	27	600	640	15600	17280	16640	16200
6	D	包(454g)	45	55	540	380	24300	20900	17100	29700
7	合计	-	-	-	-	-	61996	63874	57801	69524

图 12-1　价格指数的 Excel 计算过程

拉氏指数将权数所属时期固定在基期的原则也可以用于计算销售量指数。表 12-2 中四种商品的销售量有变化，有升有降且幅度不一。计算销售量的综合指数就要以价格作为权数。

拉氏销售量指数的公式为

$$I_q = \frac{\sum q_1p_0}{\sum q_0p_0} \times 100$$

为了凸显本公式是对销售量计算指数，将销售量的符号 q 放在前面。分子的意义是，假如按上一期的价格卖，本期这些商品值多少钱；分母的意义是，假如按上一期的价格卖，上一期那些商品值多少钱。在两相比较中，“上一期价格”这个因素被约去，剩下的是两年间销售量的综合变动程度。

【例 12.3】　拉氏销售量指数计算。

沿用例 12.2 中的数据，图 12-1 中 I7 单元格的数值 57 801 与 G7 单元格的数值 61 996 之比是 $\sum q_1p_0 / \sum q_0p_0$，约为 0.932 334，即拉氏销售量指数约为 93.23%，表明销售量整体下降了约 6.77%。

12.2.2　帕氏指数

帕氏价格指数的公式为

$$I_p = \frac{\sum p_1q_1}{\sum p_0q_1} \times 100$$

帕氏价格指数与拉氏价格指数的计算原理近似，只是将权数所属时期固定在计算期。帕氏价格指数的分母 $\sum p_0q_1$ 是一个虚拟数值，表示如果按照上一期的价格 p_0 卖，本期 q_1 数量的商品值多少钱；分子 $\sum p_1q_1$ 是计算期的销售额，即按照本期的价格 p_1 卖，本期 q_1 数量的商品值多少钱。分子、分母之中，“本期商品销售量”这个结构保持不变，变化的因素是价格，其比值自然是价格的变化。

由于计算方法不同，拉氏价格指数和帕氏价格指数的计算结果不同。

【例 12.4】 帕氏价格指数计算。

沿用例 12.2 中的数据，帕氏价格指数是图 12-1 中 H7 单元格的数值 63 874 与 I7 单元格的数值 57 801 之比，即 $\sum p_1q_1/\sum p_0q_1$，约为 1.105 067，即帕氏价格指数约为 110.51%，价格总水平上涨了约 10.51%。

帕氏销售量指数的公式为

$$I_q = \frac{\sum q_1p_1}{\sum q_0p_1} \times 100$$

分子的意义是，假如按本期的价格卖，本期这些商品值多少钱；分母的意义是，假如按上一期的价格卖，上一期那些商品值多少钱。在两相比较中，“本期价格”这个因素被约去，剩下的是销售量的综合变动程度。

【例 12.5】 帕氏销售量指数计算。

沿用例 12.2 中的数据，图 12-1 中 H7 单元格的数值 63 874 与 J7 单元格的数值 69 524 之比是 $\sum q_1p_1/\sum q_0p_1$，约为 0.918 733，即帕氏销售量指数约为 91.87%，表明销售量整体下降了约 8.13%。

拉氏价格指数和帕氏价格指数各有局限。拉氏指数的权数定在基期，忽视了现在，不易反映商品消费结构变化对物价总水平的影响，尤其是计算期与基期的时间跨度较大时，消费结构可能产生巨大变化，再依照过去的消费结构计算价格指数，肯定出错。夸张一些做个比喻，二十多年前几乎每家都有的 DVD 播放机，现在已经没地方买了；二十多年前家庭轿车比较稀少，如今道路上车水马龙。帕氏指数的作用机制恰好相反，它的权数定在计算期，忽视了过去，也不易反映商品消费结构变化对物价总水平的影响。同理，用拉氏方法和帕氏方法计算销售量指数时，也会存在同样的困扰。

现实中计算指数，选择代表商品时比较注重其稳定性，对比的基期也会适当进行调整。另一个需要注意到的事情是，指数固然没有恰好描述某一种商品的价格走势，但由于计算方法相同，计算对象非常接近，它反映的是宏观变化，尤其通过指数间的相对变化能够较准确地反映宏观变化的走向和程度。

12.3 固定权数指数

在一定时期内，如果消费结构变化很小，可以采用固定权数来计算指数，工作效率很高，且不失准确。其基本公式为

$$I = \frac{\sum iW}{\sum W}$$

其中，I 表示总指数；i 表示个体指数或类指数；W 表示权数（也叫权重）。

中国政府统计中，计算消费价格指数（consumer price index，CPI）即采用固定权数。“固定”是指在一段时间内固定，有些商品或服务项目的权数可以在两年之内固定，有些

可能在四五年之内固定。权数的计算依据是各类商品和服务在消费金额中的比重，比如，居民消费额有 32%用于食品，则食品类的权数为 32%。美国的“人寿保险之父”伊莱泽·赖特（Elizur Wright）说：“没有任何东西比一个人寿命的长短更难确定，然而，也没有任何东西比一千个人的平均寿命更为肯定。”这个大数定律也可以解释如下现象：每一餐饭似乎都是“随便”吃什么菜，但把一个月吃掉的菜合起来，却能发现这些菜在不同年份的同一月份之间几乎完全相同——不仅结构相同，总消费量也相同。因此，“一篮子菜”结构不变的特征可以成为计算指数的便利条件。

【例 12.6】　使用固定权数方法计算 C 市菜篮子价格指数。

C 市菜篮子价格指数由两级指数计算而成，其大类名称及权数见表 12-3。其中“类指数 i”由表 12-4 计算结果汇总而来。

表 12-3　C 市菜篮子价格指数大类名称及计算结果

大类名称	大类权数 w/%	类指数 i	iw
粮油类	23.7	104.24	104.24×23.7%=24.70
肉类	20.9	117.82	117.82×20.9%=24.63
禽蛋类	9.4	103.15	103.15×9.4%= 9.70
水产品	10.7	103.34	103.34×10.7%=11.06
干鲜瓜果	10.0	102.98	102.98×10%=10.30
蔬菜	25.3	148.68	148.68×25.3%=37.62
合计	100.00		118.00

注：表中数据经过四舍五入修约

表 12-3 中“大类权数”基本上由消费结构决定，即居民为“菜篮子”每花掉 100 元，其中有 23.7%用于购买粮油类，有 25.3%用于买蔬菜……每一个大类下由若干个“代表规格品”组成。“大类权数 w”与“类指数 i”的乘积（即 iw 一列）之和为所有商品的价格指数。另外，每类商品价格的变动幅度（指数–100%）与权数的乘积即为该类商品价格变动对 CPI 的作用数值。例如，表 12-3 中蔬菜价格猛涨了 48.68%（148.68%–100.00%），其权数为 25.3%，两个数值的乘积为 12.32%，这意味着，在物价总水平上涨的 18%（118.00%–100.00%）之中，有 12.32%是由蔬菜价格变动产生的作用，其他五类商品合起来对物价总水平上涨产生的作用为 18.00%–12.32%=5.68%。假设某年五月和次年五月 C 市菜篮子价格指数代表规格品价格资料如表 12-4 所示。

表 12-4　C 市菜篮子价格指数代表规格品价格资料

大类名称	代表规格品	权数 w/%	某年五月价格/元	次年五月价格/元	个体指数 i	iw
粮油类	标一晚三级籼米	36	6.16	6.08	101.32	36.47
	丝苗米（优质）	36	7.63	7.25	105.24	37.89
	一级精面粉	4	6.18	5.73	107.85	4.31
	罐装花生油（胡姬花 5 升装）	24	122.72	115.21	106.52	25.56

续表

大类名称	代表规格品	权数 w/%	某年五月价格/元	次年五月价格/元	个体指数 i	iw
肉类	瘦肉	37	36.90	31.24	118.12	43.70
	有皮上肉	36	30.10	24.50	122.86	44.23
	肋条肉（新鲜）	17	29.43	25.47	115.55	19.64
	鲜牛肉（新鲜去骨）	10	81.78	79.80	102.48	10.25
禽蛋类	冻鸡髀	6	33.89	22.50	150.62	9.04
	本地毛鸡	64	29.29	29.14	100.51	64.33
	毛鸭	14	24.08	24.20	99.50	13.93
	红壳鸡蛋	16	9.95	10.04	99.10	15.86
水产品	冻红三鱼	12	55.07	53.79	102.38	12.29
	冻鲜鱿	10	38.25	39.19	97.60	9.76
	鲈鱼	23	32.71	28.55	114.57	26.35
	明虾	31	49.64	51.32	96.73	29.99
	花蟹	18	64.89	60.96	106.45	19.16
	元贝	6	51.85	53.64	96.66	5.80
干鲜瓜果	苹果（一级红富士）	21	14.30	14.75	96.95	20.36
	雪梨（一级）	13	8.97	10.33	86.83	11.29
	菠萝（一级）	11	5.60	5.00	112.00	12.32
	香蕉（一级本地香蕉）	12	5.60	6.27	89.31	10.72
	西瓜（黑美人）	9	8.00	5.75	139.13	12.52
	龙眼（一级本地龙眼）	9	20.00	17.58	113.77	10.24
	荔枝（桂味一级）	10	29.00	27.64	104.92	10.49
	红提（进口一级）	8	34.00	34.00	100.00	8.00
	红枣（一级鸡心枣）	3	24.00	24.00	100.00	3.00
	花生米（一级）	4	16.00	15.82	101.14	4.05
蔬菜	白萝卜	7	4.09	3.58	114.25	8.00
	大葱	4	14.64	9.22	158.79	6.35
	蒜头	6	18.94	9.93	190.74	11.44
	莲藕	4	10.31	10.82	95.29	3.81
	土豆	4	7.44	5.90	126.10	5.04
	本地芹菜	5	11.31	9.00	125.67	6.28
	大肉姜	5	12.76	16.31	78.23	3.91
	小豆芽菜	6	4.08	3.58	113.97	6.84
	本地菜心	9	9.84	6.11	161.05	14.49
	本地白菜	6	8.10	5.13	157.89	9.47
	生菜	5	6.64	4.79	138.62	6.93
	水空心菜	4	10.54	5.85	180.17	7.21
	青皮冬瓜	6	9.79	3.70	264.59	15.88
	苦瓜	5	11.94	7.91	150.95	7.55

续表

大类名称	代表规格品	权数 w/%	某年五月价格/元	次年五月价格/元	个体指数 i	iw
蔬菜	节瓜	5	12.94	8.14	158.97	7.95
	茄瓜	5	8.72	6.61	131.92	6.60
	西红柿	6	9.75	6.18	157.77	9.47
	白豆角	6	13.82	8.91	155.11	9.31
	鸡髀菇	2	14.64	13.60	107.65	2.15

注：表中数据经过四舍五入修约

表 12-4 中，“权数 w”表示每类商品内的消费份额。以“粮油类”为例，居民在粮油类商品上每消费 100 元，其中有 36 元购买“标一晚三级籼米”，36 元购买“丝苗米（优质）”，4 元购买“一级精面粉”，24 元购买“罐装花生油（胡姬花 5 升装）”。“个体指数”一列表示单一商品的价格变动情况，计算方法是：个体指数 $= \dfrac{\text{某年五月价格}}{\text{次年五月价格}} \times 100\%$。“$iw$”一列是“个体指数 i”与“权数 w”的乘积，每列中所有商品的 iw 之和即为该类商品的价格指数，如“粮油类”的价格指数为 104.24%，“肉类”的价格指数为 117.82%，等等。

12.4　价值量变量剔除通货膨胀因素

在经济分析中，经常需要使用价值量变量的时间序列，如 GDP、居民消费额、税收收入等，由于这些数据都是按当年价格（又称现价）计算的，各年的数值会受到通货膨胀的影响，不能直接对比，需要利用 CPI 来剔除通货膨胀因素。

【例 12.7】　利用 CPI 剔除通货膨胀因素。

图 12-2 中有 1978～2014 年某国的 GDP、各项税收两个价值量变量，都是按照当年价计算，导致不同年份之间的数值不能直接对比。为了剔除通货膨胀因素，须先计算累计的 CPI，图中“CPI”一列是居民消费价格指数的年度环比数值，如 1978 年的数值 100.70%表明 1978 年的物价水平相当于 1977 年的 1.007 倍，1979 年的数值 101.90%表明 1979 年的物价水平相当于 1978 年的 1.019 倍，2011 年的数值 105.40%表明 2011 年的物价水平相当于 2010 年的 1.054 倍。如果需要计算 1979 年的物价水平相当于 1977 年的多少倍，须将 100.70%和 101.90%相乘；如果需要计算 2000 年的物价水平相当于 1977 年的多少倍，须将 1978～2000 年的 23 个 CPI 连乘。

图 12-2 中，是将年份标号写在 Excel 的一个工作表的 A2～A38 单元格，在 B1 单元格标注“GDP（亿元，当年价）”，在 C1 单元格标注“各项税收（亿元，当年价）”，D1 单元格标注“CPI（%）”，将这三个变量的数据填入下方单元格内。

	A	B	C	D	E	F	G	H	I	J
1		GDP(亿元，当年价)	各项税收(亿元，当年价)	CPI(%)	累计CPI(按1977年价格计算)	累计CPI(按2000年价格计算)	GDP(按1977年价格计算)	各项税收(按1977年价格计算)	GDP(按2000年价格计算)	各项税收(按2000年价格计算)
2	1978	3650.17	519.28	100.70	100.70	23.03	3624.79	515.67	15849.48	2254.78
3	1979	4067.67	537.82	101.90	102.61	23.47	3964.08	524.12	17332.99	2291.74
4	1980	4551.58	571.70	107.50	110.31	25.23	4126.20	518.27	18041.88	2266.14
5	1981	4898.15	629.89	102.50	113.07	25.86	4332.07	557.09	18942.07	2435.90
6	1982	5333.05	700.02	102.00	115.33	26.38	4624.23	606.98	20219.53	2654.03
7	1983	5975.59	775.59	102.00	117.63	26.90	5079.78	659.32	22211.42	2882.89
8	1984	7226.26	947.35	102.70	120.81	27.63	5981.46	784.16	26154.02	3428.75
9	1985	9039.95	2040.79	109.30	132.05	30.20	6846.03	1545.51	29934.39	6757.76
10	1986	10308.76	2090.73	106.50	140.63	32.16	7330.44	1486.69	32052.47	6500.59
11	1987	12102.18	2140.36	107.30	150.90	34.51	8020.24	1418.44	35068.62	6202.15
12	1988	15101.07	2390.47	118.80	179.26	41.00	8423.94	1333.49	36833.80	5830.72
13	1989	17090.33	2727.40	118.00	211.53	48.38	8079.34	1289.36	35327.03	5637.75
14	1990	18774.32	2821.86	103.10	218.09	49.88	8608.57	1293.90	37641.11	5657.62
15	1991	21895.53	2990.17	103.40	225.50	51.57	9709.60	1326.00	42455.41	5797.94
16	1992	27068.32	3296.91	106.40	239.94	54.87	11281.47	1374.08	49328.43	6008.18
17	1993	35524.35	4255.30	114.70	275.21	62.94	12908.24	1546.22	56441.51	6760.87
18	1994	48459.64	5126.88	124.10	341.53	78.11	14188.92	1501.14	62041.30	6563.78
19	1995	61129.80	6038.04	117.10	399.93	91.47	15285.00	1509.76	66833.90	6601.46
20	1996	71572.32	6909.82	108.30	433.13	99.06	16524.53	1595.33	72253.77	6975.61
21	1997	79429.48	8234.04	102.80	445.26	101.83	17839.08	1849.28	78001.69	8086.03
22	1998	84883.69	9262.80	99.20	441.69	101.02	19217.79	2097.11	84030.10	9169.65
23	1999	90187.74	10682.58	98.60	435.51	99.60	20708.55	2452.89	90548.49	10725.31
24	2000	99776.25	12581.51	100.40	437.25	100.00	22818.95	2877.41	99776.25	12581.51
25	2001	110270.36	15301.38	100.70	440.31	100.70	25043.66	3475.12	109503.83	15195.01
26	2002	121002.04	17636.45	99.20	436.79	99.89	27702.57	4037.74	121129.96	17655.09
27	2003	136564.64	20017.31	101.20	442.03	101.09	30894.78	4528.48	135087.95	19800.86
28	2004	160714.42	24165.68	103.90	459.27	105.04	34993.40	5261.75	153009.23	23007.10
29	2005	185895.76	28778.54	101.80	467.54	106.93	39760.61	6155.34	173853.93	26914.34
30	2006	217656.59	34804.35	101.50	474.55	108.53	45865.83	7334.17	200549.13	32068.78
31	2007	268019.35	45621.97	104.80	497.33	113.74	53891.76	9173.40	235642.62	40110.84
32	2008	316751.75	54223.79	105.90	526.67	120.45	60142.19	10295.56	262972.75	45017.52
33	2009	345629.23	59522.00	99.30	522.98	119.61	66087.82	11381.21	288970.13	49764.54
34	2010	408902.95	73210.79	103.30	540.24	123.55	75688.67	13551.45	330950.02	59253.94
35	2011	484123.50	89738.39	105.40	569.42	130.23	85021.00	15759.71	371755.77	68909.62
36	2012	534123.04	100614.28	102.60	584.22	133.61	91424.80	17221.95	399756.47	75303.27
37	2013	588018.76	110497.00	102.60	599.41	137.09	98099.43	18434.26	428941.45	80604.13
38	2014	636138.73	119175.31	102.00	611.40	139.83	104046.38	19492.23	454944.58	85230.09

图 12-2 利用 CPI 对 GDP 和“各项税收”剔除通货膨胀因素

需要计算的各项变量名标注在第一行的 E～J 单元格中。Excel 工作表 E～J 列 2～4 行的计算方法见表 12-5，其余各行可以使用自动填充单元格方法计算。在 F 列填入以 2000 年人民币价值为标准的累计 CPI 的计算公式，由于 E 列中每一个数值都要除以 E24 单元格的 2000 年数值，故须“绝对引用”E24 单元格的内容，做法是在“24”之前加西文半角符号“$”。

表 12-5 对 GDP 和“各项税收”剔除通货膨胀因素的计算方法

E	F	G	H	I	J
=D2	=E2*100/E$24	=B2*100/E2	=C2*100/E2	=B2*100/F2	=C2*100/F2
=D3*E2/100	=E3*100/E$24	=B3*100/E3	=C3*100/E3	=B3*100/F3	=C3*100/F3
=D4*E3/100	=E4*100/E$24	=B4*100/E4	=C4*100/E4	=B4*100/F4	=C4*100/F4

如果直接以 2014 年的 GDP 和各项税收除以 1978 年的数值，得到的比值分别为 174.3 和 229.5，似乎表明 2014 年 GDP 是 1978 年的 174.3 倍，2014 年各项税收是 1978 年的 229.5 倍，但剔除通货膨胀因素之后，这两个比值分别为 28.7 和 37.8，意即按照 CPI 进行推算，2014 年物价水平是 1977 年的 6.11 倍，2014 年 GDP 是 1978 年的 28.7 倍，2014 年各项税收是 1978 年的 37.8 倍，36 年间，GDP 的年均增长率是 9.77%，各项税收的年均增长率是 10.62%。